中央民族大学国家"十一五""211工程"建设项目

浑沌学与语言文化研究新收获

HUNDUNXUE YU YUYAN WENHUA YANJIU XINSHOUHUO

张公瑾 丁石庆／主编

中央民族大学出版社
China Minzu University Press

图书在版编目（CIP）数据

浑沌学与语言文化研究新收获/张公瑾等主编. —北京：中央民族大学出版社，2010.11
ISBN 978-7-81108-938-7

Ⅰ.①浑… Ⅱ.①张… Ⅲ.①浑沌学－应用－文化语言学－文集 Ⅳ.①H0－05

中国版本图书馆 CIP 数据核字(2010)第 219284 号

浑沌学与语言文化研究新收获

主　　编	张公瑾　丁石庆
责任编辑	方　圆
封面设计	布拉格
出 版 者	中央民族大学出版社
	北京市海淀区中关村南大街 27 号　邮编:100081
	电话:68472815(发行部)　传真:68932751(发行部)
	68932218(总编室)　　　68932447(办公室)
发 行 者	全国各地新华书店
印 刷 者	北京宏伟双华印刷有限公司
开　　本	880×1230(毫米)　1/32　印张:11
字　　数	270 千字
版　　次	2010 年 11 月第 1 版　2010 年 11 月第 1 次印刷
书　　号	ISBN 978-7-81108-938-7
定　　价	28.00 元

版权所有　翻印必究

目　录

继承与创新（代序）…………………………… 张公瑾（1）

理论与方法篇

模糊概念和精确科学之间的浑沌学 …（德）司提反·米勒（13）
试论平衡破缺与语言系统的发展……………… 王　锋（24）
蝴蝶与黑天鹅：对语言学几个问题的思考……… 张铁山（34）
浑沌学与语言预测……………………………… 周国炎（47）
自相似性与词语预测…………………………… 吴　平（56）
黏着型语言构词形态标记现存定态及其
　　源流……………………………………… 曹道巴特尔（68）
上层的任意性与底层的像似性………………… 刘朝华（77）
浑沌学理论应用于二语习得研究的动态
　　描写方法……………………………………… 洪　芸（96）
二语习得：一个复杂的非线性系统……………… 莫海文（109）
以浑沌学理论为基础的文化语言学与文化
　　相对论………………………………………… 彭　凤（118）

研究与应用篇

弱势族群的社区强势母语现象………………… 丁石庆（133）
加拿大因纽特人语言保护的非线性思考……… 王松涛（148）
英语语音演化中的浑沌现象举例……………… 吴海英（161）
英语中"性别词"的浑沌学研究……… 王显志　王丽瑾（170）
外语学习中的"蝴蝶效应"……………………… 井兰柱（179）

论汉语词兼类和活用的初始条件 …………………… 杨大方（186）
昭通方言咒死詈语的语义演变动因探究 ………… 王国旭（198）
"哥"类词语的浑沌学阐释…………………………… 李丽虹（207）
无序与有序：嵌入式新语块衍生机制探讨 ……… 孟德腾（216）
从浑沌学角度看言语幽默 ………………………… 刘　浩（226）
从基本颜色词看汉越文化的交流 ………………… 何思源（238）
达斡尔语亲属称谓中的"尊长卑幼、男尊女卑"
　　思想 ……………………………………………… 宫海荣（255）
藏文化的奇异吸引子——以藏文为例 …………… 尹蔚彬（263）
安多藏语方言内语音差异的浑沌性解释 ………… 杨　琳（270）
从浑沌学看布依语差比句结构 …………………… 包贵萍（282）
英雄故事与英雄史诗的自相似性 ………………… 吴　刚（292）
浑沌学视阈下的神话解读 ………………………… 李　鹏（298）
仪礼观念之于朝鲜半岛的"蝴蝶效应" ………… 师存勋（310）
从浑沌学角度看韩剧对中韩交流史的影响 ……… 薛育从（315）
"第三届浑沌学与语言文化研究专题研讨会"
　　会议纪要……………………………………… 李志芬（324）
主要参考书目………………………………………………（332）

继承与创新（代序）

——传统语言学著作中的浑沌学思想资源

张公瑾

20世纪70年代，浑沌学开始在自然科学领域广泛传播，到九十年代我们才将其引用到语言学研究中来，这之前还没有人注意到语言学中的浑沌现象。但一接触到浑沌学，我们就知道语言中或语言与文化关系中其实存在着大量的浑沌现象。十多年前，我说过这样一段话："语言中的浑沌现象，以往语言学家并不是没有觉察到。不论是梅耶、索绪尔、萨丕尔或是霍凯特等人，他们都曾注意到语言分布和演化中的浑沌现象，只是当时浑沌学理论尚未被科学界普遍接受，还没有发展起来，因此，也没能用浑沌学的原则加以处理。"[①] 如今我们对以往语言学著作中的浑沌学思想加以梳理，将有助于我们自己学科对以往语言学遗产的继承和创新，为文化语言学打下更加坚实的基础。

一、对研究对象的整体把握

浑沌学思想的一个基本原理是对研究对象作整体的把握。整体性的观察方法是浑沌学的一个理论基点，而这种整体性的观点

[①] 张公瑾，丁石庆：《文化语言学教程》，第108页，教育科学出版社，2007年。

在传统语言学著作中早就有过十分充分的论述，其中令人感受最深的是萨丕尔对几种代表性语言所作的比较。他说："每一种语言都像有一个基本规划或固定的体裁。语言的这种类型或规划或结构'本性'，比我们所能举出的任何单一现象都更是根本性质的，更是弥漫一切的。""每一种语言都像有一个基本规划或固定的体裁……单只罗列零碎的语法事实并不能使我们恰如其分地了解某种语言的性质。从拉丁语到俄语，我们觉得视野所及，景象是大体相同的，尽管近处的、熟悉的地势已经改变了。到了英语，我们好像看到山形歪斜了一点，不过整个景象还认得出来。然而，一来到汉语，头上的天都变了。"（108页）① 他讲的是语言的类型，但类型分类的根据不是"任何单一现象"，不是"罗列零碎的语法事实"，而是对各种语言的整体印象。在萨丕尔的《语言论》里，曾经在很多处表达过这种整体观察语言对象的思想，这种思想显然提高了他对语言作局部细致分析的深度和质量。

　　对于把握语言的整体印象这个问题，索绪尔曾经说过："语言本身就是一个整体。"（30页）"整体的价值决定于它的部分，部分的价值决定于它们在整体中的地位。"（173页）因此，部分与整体是不能分开的。他在《普通语言学教程》第四章"语言的价值"中说到"要素"和"整体"的关系时，道出了一个很有远见的思想。他指出："把一项要素简单地看作一定声音和一定概念的结合将是很大的错觉。这样规定会使他脱离它所从属的系统，仿佛从各项要素着手，把它们加在一起就可以构成系统。实则与此相反，我们必须从有连带关系的整体出发，把它加以分

---

① 本文中所引用的梅耶、索绪尔和萨丕尔著作中的言论，都引自下列三部著作，文中只注页码。梅耶：《历史语言学中的比较方法》，科学出版社，1957年；索绪尔：《普通语言学教程》，商务印书馆，1996年；萨丕尔：《语言论—言语研究导论》，商务印书馆，1997年。

析，得出它所包含的要素。"（159页）他把系统看成是由要素的价值编制成的整体，要素的价值不是孤立的，是在整体中显示出来的，因此，"任何要素的价值都是由围绕着它的要素决定的。"（162页）"一个要素在句段中只是由于它跟前一个或后一个，或前后两个要素相对立才取得它的价值。"（171页）索绪尔在他的"价值"理论与要素之间的相互联系中达到了一致的认识。他还有一个最明确的表述："整个要素的价值永远不等于各部分的价值的总和。"（183页）这几段话表明他在处理语言问题时已越出还原论的局限，看到了整体与局部关系中的非线性本质，是一段关于整体观的极为精彩的表述。有意思的是，萨丕尔也曾在不同的情况下，表达过同样的思想，他说："只要词和词、成分和成分排成某种次序，彼此之间就不仅会建立某种关系，并且会在不同程度上互相吸引。"（99页）"建立某种关系"就不再是孤立的现象，"互相吸引"就会有互相作用，性质就发生变化了。萨丕尔把这种整体观贯彻到从语系、语言到单词的各种不同层次上。在他看来，一个句子是一个整体（见74页"句子的结构是一个整体"），一个词也是一个整体，他说："这个复合整体的意义和组成它的成分的词源价值并不一致，就像英语 typewriter（打字机）的意义和 type（印记）、writer（写字者）加起来的价值并不一致。"（56页）他把 unthinkable（难以想象的，不可思议的）这样一个由几个成分组成的复合词"当做一个整体，一件小小的艺术品"。（31页）"一件小小的艺术品"，多么巧妙的表述！这个思想在梅耶的著作中同样得到了简明的表述，他说："语言里头每一项事实都是一个息息相关的整体的一部分。"（11页）严谨的语言学家在细心处理语言现象时，在不同的材料里都能观察到纷繁事实中的浑沌现象。

在对研究对象作整体把握的时候，必然会发现语言所具有的不可分析的连续体的性质。从非还原论的观点看来，许多事物常常是无法进行简单分割的连续体,这一点在语言中也表现得十分明显。索绪尔和萨丕尔都注意到这个事实。索绪尔说:"我们不知道一个声音从哪里开始,另一个到什么地方为止。"(67页)他还说:"变化的原则是建立在连续性原则的基础上的。"(112页)"连续性必然隐含着变化,隐含着关系的不同程度的转移。"(116页)连续性而非阶段性的转移,这是语言非线性本质的表现。

二、语言的平衡与平衡破缺

语言是一个开放的、演化的、有着大量外界干扰的复杂系统。这个系统常因内部一些微小的不确定因素或来自系统之外的某些微小干扰,就可导致巨大的、不可预测的波动。立足于浑沌学对语言的这种观察,其实在传统语言学家对具体语言材料的分析里早已有所表述。萨丕尔在说到语言沿流的走向时,曾提出过下述语言演化的模式:一种语言里 p 变为 b,新形成的 b、t、k 就不和谐了。于是,t、k 相应地变为 d、g,形成了 b、d、g 的新格局,当它与另一个历史来源传下来的 b、d、g 相混杂时,原有的 b、d、g 可以变为送气的 bh、dh、gh 或者擦音化或鼻音化了,仍能保持一个完整的格局。萨丕尔讲述的这个演化过程,用浑沌学术语来说,就是系统的平衡和平衡破缺推动了语言的演化。萨丕尔说:"单只一个音的改变也有推翻原来的语音格局的危险,因为它把声音的分组弄得不谐和了。要想重新建立旧的格局而在沿流上不走回头路,唯一可能的办法是叫同一组里的其他声音按类化的方式移动。"(164页)平衡破缺达到新的平衡,萨丕尔把它叫做"按类化的方式移动",同样对这个演化的事实做出了很好的解释。梅耶的说法是:"有一些细节的创新常打乱了平行的发展。"（89页）索绪尔对这样的问题采取了另一种表述的方法，他以下棋作比喻："每着棋都会对整个系统有所反响……一着棋可能使整盘棋局发生剧变，甚至对暂时没有关系的棋子也有影响。"他接着说："对语言来说，情况也恰好一样。"（129页）这里他说出了单个事实影响全局的事。

平衡破缺推动了语言的演化。萨丕尔以英语里的 whom 为例，这个人称代词作为宾格与 me、him、her、us、them 是成系列的，但它作为疑问代词，又与 what、which、when、where 不一致，这几个疑问代词都是没有宾格的。萨丕尔说："失群孤雁总是性命难保。"（141页）这种不平衡状况促使 whom did you see 最终要向 who did you see 靠拢。平衡破缺又要以达到平衡而告终。萨丕尔总结说："总的沿流抓住了某些个人变异，因为它们有助于保持形态平衡，或导致这语言所力求达到的新的平衡。"（168页）

三、蝴蝶效应和对初值的敏感依赖性

一个小小的波动（p 变为 b），引起了系统的格局变换。这个演化过程也可以看成是一场蝴蝶效应。蝴蝶效应在语言演化中表现极为明显。萨丕尔说："一种沿流，从语音的轻微调整或扰动开始，会在几千年的历程中引起最深刻的结构变化。"（156页）他又说："一个简单的语音规律，本身是没有意义的，最终能感染或改造一种语言的成大片的形态。"（172页）沿流本身是一个蝴蝶效应过程。

蝴蝶效应在语言演化过程中是一条最基本的规律，但在出现"蝴蝶效应"这个词之前，人们只能用各种各样的方法去解释它。索绪尔的说法是："形态从来不是直接改变的，它本身不变，改变的只是某些要素，不管它们跟整体的连带关系怎样。""头一个系统的一个要素改变了，而这就足以产生出另一个系统。""孤立的事实将会引起普遍的后果。"（124页）

蝴蝶效应源于对初值的敏感依赖性。系统长期行为对初值的敏感依赖性就是浑沌运动的本质。在讨论语言发展的沿流时，他已经讲到初值的问题。他说："一个语言社团一旦解体，语言会向不同的方向瓦解……如果其中一个的言语开始自发地流动了，它几乎肯定会离开它的伙伴们越来越远。"每个方言都继承共同母语的总沿流，可是没能坚定保持总沿流的各组成部分的不变价值。对沿流来说，差异积小成大，是不可避免的。（145页）次方言演变为方言，而原来的方言演变为互不相通的语言，"这种萌芽过程会继续下去，直到分化如此之大，以至只有用文献证据和比较法或构拟法武装起来的语言学家才能推论出这些语言是在发生上有关系……是来自一个遥远的共同起点的。"他以一些很少有相似之点的语言为例，认为它们"只不过是不同的沿流现今到达的终点。各个沿流在悠远的古代汇合在一起。"（136页）在《浑沌学纵横论》"对初值的敏感依赖性"一节中，有这样一段话："处在浑沌状态的系统，运动轨道将敏感地依赖于初始条件。从两个极其邻近初值出发的两条轨道，在短时期内似乎差距不大，但在足够长的时间以后，必然呈现出显著的差异来。从长期行为看，初值的小改变在运动过程中不断被放大，导致轨道发生巨大偏差，以至在相空间中的距离可能要多远就有多远。这就是系统长期行为对初值的敏感依赖性。"[①] 将萨丕尔上面那一段话与浑沌学的初值原理相对照，简直就是这个浑沌学原理的极好的注疏。

[①] 苗东升、刘华杰：《浑沌学纵横论》，第71—72页，中国人民大学出版社，1994年。

历史语言学经过比较方法和古音构拟所能够设定的母语系统，其实就是一个语系的初始条件。初始条件的扰动，产生了如今的众多语言。这些语言之间存在的差异，也要用初始条件来解释。在这个问题上，语言学史上格里姆定律和维尔纳定律是极好的例证。格里姆定律只解释了希腊、拉丁语 p、t、k 在哥特语中为 f、sh、h，却不能解释一部分词变为 b、d、g 的情况。这些现象只能说是格里姆定律的例外，后来，维尔纳发现这种变化是由原始母语里的重音位置决定的，即当重音在前时 p、t、k 变为 f、sh、h，重音在后时，变为 b、d、g。这个情况在亚洲的梵语中保存着。如果没有梵语材料，就不可能了解音变的初始条件，格里姆定律的例外之谜就永远得不到解释。正是初始条件的微小差别，造成了后来语音系统的两种走向。历史语言学史上的这个典型事例，是对初始条件的最好解说。历史语言学揭示了这样一组有规则的音变规律，浑沌学理论可以给予圆满的解说。

四、语言演化的随机性

　　系统行为敏感地依赖于初始条件所必然导致的结果就是所谓的内在随机性。语言符号的任意性又决定了语言演化的随机性。索绪尔说："语言根本无力抵抗那些随时促使所指和能指的关系发生转移的因素。这就是符号任意性的后果之一。"（113页）历史语言学大师梅耶对此体会最深，在他的《历史语言学的比较方法》一书中，多处说到这种演化的随机性。他说："事实上语言的符号是任意规定的。"（2页）他提到法国南部一个小地区的人"用许多奇奇怪怪的名称来叫'公鸡'"时说："在这种情况之下，说话者的幻想是任意奔放的。"（58页）这时候的选择带有极大的随机性。可见在浑沌学理论广泛传播开来之前，语言中的浑沌事实早已为语言学家们注意到了。

萨丕尔讲到语言的沿流时说:"任何重要的改变一开始必须作为个人变异存在……个人变异本身只是偶然的现象。"(138页)他在此基础上又前进了一步,指出:"语言的沿流是有方向的。或者说,只有按一定方向流动的个人变异才勾画出潮流的轮廓。"(138页)这是说,偶然性中存在必然性,必然性体现为偶然性。这是多么有远见的认识。这是说,随机性决定于任意性,但任意性也是有根据的,它同样要受制于一种规律的支配。这一点,在梅耶对印欧语"二"字演化的分析上最能说明问题。

读了梅耶的《历史语言学的比较方法》一书,你会感觉到他对印欧语"二"字的演化史是多么的倾心,多么的兴趣盎然,多么的津津乐道。印欧语的"二"字在梵语和欧洲多数语言中的演变规律是那么清楚,只是到了亚尔明尼亚语中就变得面目全非,一个近似于 dw—、dyo—这样的音,怎么到了亚尔明尼亚语中变成了 erku—,梅耶对此作了详尽的分析,最后他对这一合乎规律的现象说了四次奇怪,两次奇特。其实,这个貌似无序的现象隐含着有序,这就是我们所说的浑沌序。

五、继承与创新

一个有生命力的学科不仅要创新,还要善于继承,对以往本学科的成果要充分地汲取和吸收其有益的成分。用浑沌学理论和方法装备起来的文化语言学,对以往的语言学来说,是一次思维框架的转换,但这个转换依旧要建立在继承以往语言学有益成果的基础之上。这个继承包含两个方面的内容,一方面是经过检验的理论成果和方法论原则,如系统理论和比较方法,我们要从一些长期被认为简单的运动方程中揭示其中产生的复杂行为;另一方面是语言资料中有利于新理论解释的事实材料，以新的视角重新审视已经被研究过的非线性现象。浑沌既是自然界的普遍现象，以往的语言学肯定已触及这样的问题，只是因于传统观念的束缚，只把那些现象作为有序现象来研究，而未能作为浑沌现象来研究。一种新的理论体系应该能够对已知的语言事实作出新的解释。传统语言学著作中揭示的许多语言事实和传统的理论解述，我们可以用新的理论观点加以说明，这也是一种继承。可能有人要问，一种语言事实，既然用传统的理论也能得到解释，何必又要用新理论再作说明呢？这里的区别是：传统理论常常是作为简单的有序现象来处理的，我们现在可以作为复杂的规律性现象来加以处理了。通俗一点说，就是梅耶讲的奇怪的现象，现在不再是奇怪的了。既然这是一种规律性的现象，我们就能够发现更多类似的现象，将它纳入规律性的运行轨道，得到更加完满的处理。

　　同时需要注意的是，一种新的理论和方法，不仅能够处理一般的语言现象，还能发现语言中原来没有观察到的现象，发现新领域中的新现象。例如，历史语言学揭示的格里姆定律和维尔纳定律，都是针对具体现象作了有说服力的说明，我们把它看成是一种初值现象。有了这样的认识，我们就能用以观察其他现象，如傣语中短元音的问题[①]。至于语言与文化关系中的复杂现象，传统语言学方法是无能为力的。这就要依靠文化语言学的新理论和新方法。我们的事业是一番创新的事业，但创新也包含着继承。处理好创新和继承的关系，我们的事业就会更快地壮大起来。

---

　　① 张公瑾：《文化语言学的时代课题和浑沌学在语言学中的运用》，载张公瑾、丁石庆主编：《浑沌学与语言文化研究》，中央民族大学出版社，2005年。

理论与方法篇

野叟曝言

模糊概念和精确科学之间的浑沌学

（德）司提反·米勒

一

当今学术界，浑沌学的理论和方法越来越受到人们的重视。人们对自然界中的浑沌现象从认识、探讨到研究应用已经有几十年时间了，大家对浑沌学的定义有了一定的共识，但也存在许多差异，尤其是在民间，多数人认为：周围的人所讨论的浑沌学与自己所想象的浑沌学（现象）是一样的，浑沌就是浑沌。因而对浑沌学的定义进行梳理是非常有必要的。

在 2008 年发表的关于浑沌学的著作中，给"浑沌学"所下的定义五花八门，差异很大。有的定义直接把浑沌学囿于自然科学的领域，有的定义却限制了浑沌学的研究范围（非线性现象、复杂系统、动态系统等），而有的定义只将浑沌学具体指向一些常见的浑沌学现象（如：蝴蝶效应、奇异吸引子、分形现象），如此等等，不一而足。

但相比之下，"浑沌"的定义比"浑沌学"的定义还多，汇总这些定义，我们可以发现，他们分布在三个极端点之间。对有些人来说，浑沌是一个整体系统，系统中早晚会出现一些浑沌现象或者非线性行为；对有些人来说，系统本身不属于浑沌，但是在一定的发展阶段，此系统会变成浑沌系统；还有些人认为，系统本身不是浑沌系统，可是有的系统中有时会产生一些浑沌现象。

归纳起来，我们对"浑沌"的定义似乎应该包含以下几个方面：

（一）某一个系统本身是一个浑沌系统，不管它现在处于什么状态；（二）一个系统将会成为一个浑沌系统或者进入浑沌状态；（三）一个系统在一定的条件下包含一些浑沌现象。

当然，除以上提到的概念外，还有另外一种可能性，这就是我们在研究中常见的：系统既具有浑沌性，也具有非浑沌性。张公瑾先生认为"语言中存在一些浑沌现象"表达的正是这种情况。例如，在某种语言中，动词和名词是严格按照语法规律变化的（线性、非浑沌性），而介词在某种情况下表现出一点浑沌性。正如在现实中，如果把我们这些学者看作一个系统，那么从礼拜一至礼拜五，大家的生活都表现出一定的规律性、线性、静态及非浑沌性，可是一到周末我们的生活就变成浑沌性的了。

二

到底能否给"浑沌"这个现象下一个准确的、完整的且能满足精确科学要求的定义？答案是否定的，任何事物的概念都有自己的内涵和外延，浑沌的概念同样限制了它所定义的现象及其范围。既然如此，这种受限制的"浑沌"还是浑沌吗？回顾浑沌的学科发展历程，可能对我们有所启发。

精确科学对浑沌学的态度是明确的：从自然科学的角度最早提出浑沌概念的是法国学者儒勒·昂利·庞加莱（Jules Henri Poincare）。他发现确定性浑沌，这个确定性浑沌现象不仅作为一种抽象的、超过当时科学能解释的概念而存在，而且庞加莱通过数学和物理学的方法计算和证明了确定性浑沌的存在。

当爱德华·诺顿·洛伦茨用数学方法证明和计算奇异吸引子时，奇异吸引子成为浑沌科学的一部分；当 Verhulst 发现单峰映象准确的公式，米切尔·杰·费根鲍姆（Mitchell Feigenbaum）找到了准确的费根鲍姆常数后，非线性动力学的分叉现象在科学界被公认，分叉现象成为浑沌科学的一个重要的概念。

李天岩－约克（J. A. Yorke und Li Tianyan）首次在数学中应用"浑沌"这个单词时，他们已经能计算和掌握一些数学中的浑沌现象。

在浑沌学的发展历程中，人们根据科学以传统的公式和计算方法掌握、计算和控制了一些浑沌现象，浑沌一词才被所谓的精确科学作为专业词（术语）承认和吸收。但不可否认，许多无法计算的、难以掌握的、不符合传统科学规律的浑沌现象还是被精确科学所忽略或仍被否定。

浑沌学的创始人庞加莱提出浑沌学的概念正是为了强调那些被精确科学视为封闭的系统事实上却都是开放的。浑沌的概念本身是超过限制的。蝴蝶效应的因素不是系统内的一种很小的因素，它要比传统科学所指的还要小。传统科学根本不能表达或者考虑到那么小的、那么突然的因素。如果传统科学不通过定义去除那么小的因素、限制自己的规模在比较宽泛的范围中，那么，科学就什么都不能（肯定）断言，任何过程在受到蝴蝶效应的影响后都会完全偏离正常规律。传统的科学概念通过定义剔除了浑沌现象出现的可能性。

芒德布罗提出"英国的海岸到底有多长"的问题时，发现了一个有趣的现象：要测量英国海岸线的长度，出发点离海岸线越近，它的长度越大；所测量出的海岸长度的任何一个具体数字都是从一定的距离出发而获得的。从远处看，海岸比较短，从近处看，海岸变得更长。事实上，英国的海岸是无限长的，测量方法越详细，长度越大。无限的长、无限的详细，永远没有穷尽。无限虽然在精确科学中存在表达的符号，可这仅仅是一种抽象概念，涉及不到具体的事情。

　　因而，当我们要给浑沌下定义时，立刻就会面对一个大的问题：精确科学将自己的研究限制在一个很小的范围之内，各学科既不能超过也不可离开它自己界定的小小的范围。每个学科把自己的研究范围限定为一种封闭的系统，在这个系统之内决定最小的单位及最小能引起作用的因素。可是，由于许多学科的定义没有考虑到一些极小的单位，蝴蝶效应的出现让人感觉到浑沌现象会很突然地发生。因为这些学科的定义限制了本学科的研究范围，不允许人更多地接近学科的研究对象，那么很自然地会遇到一种浑沌的现象。大部分物理学的规律否定实际情况总不发生在封闭的、理想的、符合该规律的环境中。在精确科学的理想条件下不符合规律的浑沌现象是不会发生的。然而实际情况是永远不可能具备这种理想和封闭的条件！根据精确科学的理念，浑沌的定义必须符合其规定的所有理想条件。但是一种受条件限制的浑沌、确定性的浑沌只不过是许多浑沌现象中的一种情况，无法代表完整的浑沌。

　　如果必须给浑沌下一个定义，我们就会发现：传统精确科学的思维框架太窄，在此框架下不可能给出一种全面的、准确的定义。而自然界中，既属于彼，也属于此的现象广泛存在。在物理学方面，人们开始慢慢地发现定义不能限制一种现象：物理学在给"光"下定义的时候承认光也是一种波浪，也是一种物质。所以光的定义包含波粒二象性的概念。

　　复杂系统的浑沌现象也是这样：在现有的认识条件下，任何一个定义都有其局限性，任何定义都只能在很小的范围之内有效。每一个定义所排除的东西比包含的东西还要多。"如果我们考虑到这个、这个和这个方面而不考虑到那个、那个和那个方面，那么，我们可以下这个定义。"浑沌学能不能把某种系统既说成是线性的、又是非线性的，既是静态的、又是动态的，既是开放的、又是封闭的？某种系统同时是线性、非线性、静态、动态、开放和封闭的？这些问题在学科将来的发展中会逐步得到澄清。

而作为语言学学者我们必须承认：这完全有可能，语言正好就是这种系统。各语言中，跨范畴的现象不少。同样的一个词汇，有时候做动词，有时候做形容词，也有可能做名词——上下文决定这个单词到底属于什么词类。德语中，女孩子(Mädchen)一词虽然内容是阴性的，可是词性是中性的。所以用德语必须说"小女孩摔了，它哭了"（The little girl fell down. It cried.）。这从语法来看是线性的，从内容来看是非线性的，也就是说：即线性又非线性。

三

任何一种事物都要求具体的、永恒的、准确的定义——可是浑沌系统的所有成分都拒绝传统定义。定义对浑沌现象来说就像一扇锁着的门，禁止它成为一种科学被接受。因为我们不知道浑沌现象从什么细节、从什么成分进入系统，进而改变系统，所以，任何一个系统的成分在下定义时必须保持自己的开放性、多元性。说到语言的例子，我们很少可以说"这个单词只是一个动词"，而只能说"这个单词在这个情况下起动词的作用"。

浑沌学在分形系统中分形的自相似性就是采用这种多可能性的要求修复或恢复系统的一些问题：如果某一个成分受损失，其他成分中几乎每个都能代替它，起到与失去成分的同样作用，正如萨丕尔所说的："世界上任何一种语言都能表达任何一个事情，无论事情多么复杂。"表达的方式虽有区别，可是结果都一样：

任何一种语言都能表达它想表达的事物,不存在优劣之分。

浑沌的定义本身是不稳定的、模糊的,这并不是浑沌定义的缺点,而是一个新的机会。在科学层面上,为某一现象或学科下一个准确的定义越来越困难,因为,任何一个定义都把复杂的现象简单化了。传统的演绎推理、演绎法正好与浑沌学所提倡的方法相悖。浑沌学专门研究各学科中的复杂现象、不规则现象、传统定义经常排除的现象。例如,为各种语言中的语法下一套定义,在给词分类时,德语名词的概念是通过判断这个词是否符合一些固定的条件,有几个固定的变格、数、性等等而定。可是如果有一些名词,不符合这些条件,那么,浑沌学就不把这些单词作为边缘现象对待,而把这些单词列为研究中心,并专门研究这些特殊情况。这种努力一旦有成果,就完全有可能彻底改变对名词的传统定义。

被某个定义排除的或者作为特殊情况、不符合规律的现象经常是浑沌学研究的关键内容。所以给浑沌和浑沌学下定义时,必须注意到给出一种开放性的定义,不排除任何发展的可能性。目前对浑沌学的定义都是限制性的,这对语言的浑沌学研究也不适合。所以,我们经常提到的"(本身非浑沌性的)语言系统中的浑沌现象",而在自然科学中却不能说某一种系统既是浑沌系统,也是非浑沌系统,自然科学中的系统只能择其一。所以我们如果把语言作为一种系统,按照许多自然科学中的定义我们必须明确语言的整体是规则系统还是浑沌系统,但是这违背语言的事实,语言是多系统的统一体,有的系统是浑沌系统,其他的系统是非浑沌系统。

所以,作为语言学学者和浑沌学学者,我们不要被传统自然科学影响下的浑沌学定义所限制,约束我们对一些现象进行研究和分析。如果通过这种定义限制浑沌学在语言中的浑沌系统的范围,把语言现象简单地分为:浑沌学能研究的现象和浑沌学不能研究的现象，那就背叛了浑沌学研究的整体性理念。浑沌学提出各个系统都具有整体性和开放性，这就意味着不可能把任何一个系统任一的细节从整个系统中分出去或进行单独地处理。语言中的任何一个现象都应该有可能用浑沌学去理解和分析它。浑沌学作为一种科学理论和研究方法，有资格去研究任何一个语言现象。

四

  有的语言或语言现象显得很简单，学界没有人为此提出复杂系统的说法。在多数语言中，名词系统相对比较稳定，变化比较少，于是一些人认为名词不应该是浑沌学的研究内容。然而这不能一概而论，在语言河流中，名词的作用就像大自然中河流里的石头，有时候会使水产生涡流和漩涡，导致水回流（往上面流）。正如在浑沌学视野下，奇异吸引子在一种系统中经常是非常稳定的成分。如果把稳定成分从浑沌学研究的范围排出，那么许多浑沌现象将无法解释。当河流中水的速度和能力提高，最后石头也被冲走，稳定性与不稳定性会同时并存，线性与非线性也会共现。

  根据系统学的说法，有简单系统，也有复杂系统。复杂系统属于浑沌学的研究范围，甚至许多地方用"复杂系统学"的单词代替"浑沌学"。简单系统按照这种理解不属于浑沌学的研究范围。但是简单系统仅在静态状态时是简单系统。简单系统如果加上能量，很容易变成复杂浑沌系统。水壶里的水是一种稳定的简单系统，水分子的分配是完全有规律的。可是一旦水壶里的水烧开了，那么这个系统就成为浑沌学的一个研究对象了。气泡的分配不服从任何传统物理学的规律，他们都是随机地往上冒。

一种系统可能在几百年间呈线性发展，但这不能证明这个系统就是线性系统。线性系统定义的根据大部分不局限在浑沌学的研究范围之内。近几年，许多浑沌学的研究机构将自己的名称改为"非线性现象研究所"，强调浑沌学的研究范围及内容是向非线性的方向发展。就语言系统而言，直到一百年前，人们还认为语言的发展是呈线性的，语言属于线性系统。甚至现在仍有许多语言还是处在线性发展过程中——尤其是一些比较偏远、封闭的地方性语言，他们还没有受到外界条件的推动。语言学者必须掌握语言线性发展阶段的一般规律，例如，雅各布·格林在语言线性发展阶段常见的语音变化和变音规律（格里姆定律）、当代语法研究及语义研究的普遍规律。掌握这些规律，我们才能发现系统的发展是何时离开线性路线的，才能识别和解释非线性的现象。举例来说，如果我们不知道一路公共汽车运行的正常路线，那么，当它突然改变路线行驶时我们也不会发现异常情况。我们只有了解了常见的语言发展的规律，才能很容易地发现有的语言在发展中偏离常规规律进入非线性的动态系统中。

在语言的线性和非线性发展方面，浑沌学之父曼德勃罗做过一些基础探索，提出齐夫－曼德勃罗定律。语言学中已经存在许多很有用的定律，用以解释语言线性发展过程中的许多现象。但从不同的视角来看，语言的发展越来越不遵循这些规律，需要新的解释理论和研究方法。因此，转变思维框架，我们就可以使用浑沌学的理论和研究方法，解释一些非线性发展的现象。

目前，有不少学者把浑沌学在语言方面的研究限制在少数特殊情况、一些不符合规律的范围之内，但我们认为，浑沌学本身是不受限制的，它包括所有的语言层次。在每个语言层次上，我们可以同时应用传统语言学的规律和浑沌学所提供的新的解释视角和模型。浑沌学和传统语言学的理论不是互相排斥的，而是互相支持的、互相帮助的。在语言学方面，我们应该尝试将传统研究和浑沌学结合成为一种整体的新的研究方法。我们不要一味去找传统理论和浑沌学的矛盾，而是要强调所有方法和理论的共同目的：更准确地理解语言的本质和语言发展规律。

　　浑沌学作为一门科学接近量子力学。语言的特点接近光的特点，光的特点不是数学中的人造公式所能解释的，而量子力学提出波粒二像性的概念对了解光的本质很有帮助。浑沌的模糊性并不表示浑沌是用科学方法研究不了的、非科学的现象。模糊性和科学性不是互相排斥的现象。浑沌没有一个精确的定义或者学者有意识地放弃给出精确的定义——这是两个完全不同的事情。科学定义是限制所描写的内容，创造一种封闭的范围——而浑沌学要求系统全面开放、不受任何范围的限制。所以浑沌和给事物定义是无法融合的两个概念。

五

　　谈到对浑沌学的理解，还有一个更重要的、更本质性的问题是：浑沌学研究哪种系统？学者们都赞同浑沌学是研究复杂系统的一种科学。可是上面已经提到，任何一个简单系统加上能量会成为一种浑沌系统。我们研究语言是以一般的规律为基准的，否则便没有语法。语法中会出现过去浑沌发展过程的一些痕迹，但我们目前面对的语言基本上都是线性发展的或静态状态中的语言系统。在这个状况中，语言是否在浑沌学研究的范围之内？

　　任何一个系统的发展大部分时间是线性的，但任何时候它都有可能突然离开其运行的轨道，变成非线性发展的系统，比如出现分叉现象、奇异吸引子引发的现象、蝴蝶效应等。浑沌学研究的现象都是在线性发展后突然出现的。如果认为长期线性发展阶段不属于浑沌学的研究范围，那么，浑沌学所研究的正是偏离线性发展或线性发展过程结束后的情况。

世界上的各种语言,他们在不同发展阶段、形式、应用和功能中都显示出整个语言系统的各种特点。从宏观上来说,语言的整体不能被放弃,更不能破坏,不能把整体中的现象分给结构主义、功能主义和浑沌学单独去研究,各司其职的做法只能画地为牢。浑沌学是研究任何一个系统的整体,包括简单阶段和复杂阶段、线性阶段和非线性阶段。浑沌学不是一种混合理论和方法,而是一个完整的研究方法。如果我们放弃浑沌学的整体性,那么尽管浑沌学很快就被各学科所吸收,与此同时浑沌学也失去了它本身的目的。

目前,浑沌学缺少一个全面的系统理论将浑沌学所有的知识和模型都联系到一起。近几年浑沌学的发展趋势应该是把比较复杂的各个理论(分叉性、奇异吸引子、分形论、蝴蝶效应等等)贯通为一个整体,把浑沌学的各种现象融入一体化的概念中。在西方科学界,伴随着浑沌学的发展,过去的系统科学越来越占优势,并逐渐渗透到复杂系统的研究领域,许多浑沌学研究机构故意取名为"某某系统研究所",这种不加区别地选择,存在系统学吸收合并浑沌学的危险。

西方的系统学从功能主义出发,只注意到系统对环境的作用而不考虑系统的内部结构。因此分形论、初始条件的依赖性、自相似性等理论在系统学中常被忽视,它们也很难在系统学中找到自己的位置。系统学有时候会注意到分叉现象,但是注意力仅集中在某一种系统的分叉及引起系统的分裂方面。客观地看,系统学的分叉论不包括系统内部的分叉。系统学认识到系统的浑沌情况,但是在这个情况中系统内部到底发生了什么,却不是系统学的研究内容。

当然,对系统理论的相应理论进行吸收,也是其学科发展的特色,比如反馈作用的认识来自系统理论的系统控制论。但它与浑沌理论也有区别，如系统控制论不研究为什么一种系统能对另一个系统起反馈作用，各系统内部结构在反馈情况下会发生什么变化以及反馈情况对系统内部结构的作用是什么等。

在语言科学领域，研究系统内部结构的组成是结构主义的强项。如果语言学把结构主义对系统细节的理解和系统学关于系统作用的知识作为出发点，那么就可以整合浑沌学的理论和方法去研究语言的各层次。

研究语言系统和外界的关系，必须从语言内部结构出发解释这个关系。把整个语言系统内部成分的关系网看作一个整体，成为许多新的语言研究领域的新课题。鉴于此，我们如果从整体出发，浑沌学的一切规律和理论就都可以应用在语言学的研究中。作为一种复杂的巨系统，语言内部的各个层次可以帮助我们发现浑沌的痕迹或在语言发展中的浑沌现象，而浑沌学能帮助我们理解系统内部结构的细节关系对外所起的作用。因而，浑沌学的理论方法可以从语言系统内部的规律出发解释对外的功能。

浑沌学不是系统学的一部分，它在研究对象方面远远超过系统学的范围。自然科学可以用物理学或数学方法揭示一些浑沌现象，反之，浑沌学也可以帮助自然科学更准确地理解各门学科的研究对象。浑沌学不能受任何定义的限制。但是，在自然界、人类社会、语言及文化现象中有更多精确科学所不能解释的现象。浑沌学如果不受定义的限制，就可以去挖掘并解释这些现象。

从目前来看，浑沌概念的模糊性是浑沌学的优势，这种优势为我们创造了更多发现和研究对现代科学、自然界和社会有益的、更符合自然的新规律，更准确理解各学科的研究对象的机会。

试论平衡破缺与语言系统的发展

王 锋

张公瑾先生曾经指出:"语言演化中的内在随机性以及奇异吸引子的作用造成的平衡破缺等理论使我们有可能看到语言演化的多样性和复杂性。语言的无限丰富源于语言结构的平衡破缺。语言学理论的各个主要部分就是要研究语言的不同层次上究竟有哪些对称现象和它们又如何破缺而产生形形色色的结构特征。"(张公瑾1997)这一概括,对于我们认识平衡破缺和语言发展之间的关系带有指导性意义。平衡破缺是与语言结构发展变化密切相关的新概念,它是语言系统发展变化之源,同时也直接导致了语言系统的丰富性和多样性。新概念的提出,不是简单地换个说法,而是反映了在新的理论基础上、在新的视野中对事物形成的新认识,是对事物本质属性认识的进一步深化。

作为浑沌学的一个重要概念,平衡破缺有着深刻而广泛的理论基础,还需要我们进一步学习和探讨,以更好地认识和应用这一概念。

一、关于平衡破缺的概念及其他

(一) 平衡破缺的概念

平衡破缺是基于对称破缺理论形成的概念。20世纪初,人们逐渐认识到非对称的价值,著名物理学家皮埃尔·居里更是宣称:"非对称创造了世界"。对称与非对称理论以及在此基础上提出的对称性破缺,在20世纪60年代以来有了非常大的发展,是20世纪物理学的三大成就之一。杨振宁、李政道更是凭借对对称与非对称的独特认识获得了诺贝尔物理学奖。

对称破缺是与对称、非对称密切相关的概念,它是指在一定变换下所表现的可变性或对称性的降低。各种不均匀、非平衡的系统都不能保持时空变换下的不变性,因此它们都是对称破缺的。对称破缺不只是存在,更是一种演化过程。复杂性和层次结构正是起源于某种对称性的破缺。自然界的有序是对称破缺的结果,正是由于对称破缺,才造就了一个对称性越来越低、状态越来越复杂多样的世界。

在物理学中,守恒与不守恒、平衡与非平衡、无序与有序是与对称性破缺理论相关的三对重要范畴。在平衡与非平衡这一对范畴中,平衡破缺就是将系统平衡态与非平衡态联系起来的关键。

一般认为,平衡态是指在没有外界(指与系统有关的周围环境)影响的条件下,系统各部分的宏观性质长时间内不发生变化的状态。而与之相对应,由于外界环境以及自身条件扰动,系统各部分的性质和状态发生变化,平衡性不断降低,这种过程就是平衡破缺。平衡破缺使系统从平衡态向非平衡态发展,引起系统格局的调整,建立新的、更高层次的平衡。因此,平衡破缺不完全是非平衡的系统状态或存在,更重要的是它也是系统发展的行为和运动的一个过程。

普里戈金的耗散结构理论,讨论了系统从平衡态到近平衡态再到远平衡态的发展过程。他指出:一个热力学开放系统(包括物理的、化学的、生物的、社会的)当处于平衡态和近平衡态时是稳定的,不可能产生新的有序结构,只有在系统达到远离平衡的某一关节点时,系统有可能从稳定态变为不稳定,产生质变,再跃迁到一个稳定的状态,产生一个新的结构,这个结构在时间、空间或功能上是稳定有序的。这个过程就是平衡破缺的过程。

（二）平衡破缺的普遍性

相对于平衡态来说，平衡破缺是宇宙、自然界以及各种社会系统的一种常态，这可以有两个层次的理解。

一个层次是涉及最高级的、哲学意义上的平衡和平衡破缺。根据对称破缺的相关理论，我们可以知道，最对称的世界是没有任何秩序和结构的，没有任何特殊方向和特殊点，这是绝对平衡态的特征。宇宙就起源于浑沌，起源于最高的对称性。可以想象宇宙处于大爆炸前的浑沌状态时，空间不分上下、左右、前后，时间不分过去与未来，物质不分正反粒子与场，是完全对称的。而当宇宙经过大爆炸形成以后，产生了空间和时间，且宇宙中的事物都已经随时间、空间的发展有了巨大的变化，只要有了时间和空间的变化，宇宙的任何发展实际上都已无法与大爆炸前形成对称，因此，从最高的哲学层次上讲，宇宙形成以后就是一个对称破缺或平衡破缺的过程，因此，所有的事物及系统都处于平衡破缺之中。

另一个层次是就具体的系统而言。由于实际上并不存在完全不受外界影响，并且宏观性质绝对保持不变的系统，所以平衡态只是一个理想化的概念，它是在一定条件下对实际情况的抽象和概括。现在人们已经十分清楚，无论是宏观或微观的系统，都时时刻刻处在发展运动之中。只要是发展运动，就必然会造成系统相对于原来平衡状态的平衡破缺。不断扰动的微量不平衡正是推动各种系统不断发展演化的动力。从这个层次上说，平衡破缺同样是系统发展的常态，而平衡态只是相对的。

平衡与平衡破缺是对立统一的。平衡指系统处于相对静止的状态，而这种相对静止的本身又是以事物的绝对运动为前提的，它自身又包含着运动。我们把平衡看做是事物矛盾的相对的静止状态,并不是把平衡看作没有任何量或质的变动,而是恰恰相反,认为平衡中包括运动,包括量的变动以及质的变动,只是由于微小的涨落不足以引起状态的改变,或者是不同的涨落互相抵消,从而保持体系的状态不变。也就是说,相对的平衡态中包含着平衡破缺。

对平衡与平衡破缺普遍性和相对性的认识,是符合辩证唯物主义的相关原理的。运动和静止是事物发展对立统一的两个方面。一方面,任何事物都处于运动之中,没有绝对静止的事物;另一方面,我们在讨论具体事物时,既要看到事物处于运动和发展之中,但同时也要承认相对静止,不承认这一点,就会导致不可知论。承认了相对平衡态的存在,讨论平衡破缺才有意义。就语言系统而言,我们知道语言就像一条河流,时时刻刻都在流淌,其结构在不断发生变化,同时也要承认作为一个有内在发展规律的系统,在一定的时间内,它是保持稳定的。否则,无数的个人变异就会将一种语言变成杂乱无章的、无法用来交际的无意义的信息垃圾。这也正是萨丕尔强调语言的个人变异与方言变异不同的原因所在。

(三) 平衡破缺是系统发展的源泉和动力

根据对称破缺发展原理,发展的基本特征之一是对称破缺和对称性的统一。其中,对称性是系统存在、保持稳定、产生一定的结构、发挥一定的功能的根据和必要条件;对称破缺则是系统发展的根据、推动力,没有对称破缺就没有系统的发展。同样,我们也可以说,平衡破缺是系统发展的源泉和动力。

客观世界每发展到一个新的里程碑,必有一个基本的物质的或相互作用的、时间的或空间的对称破缺与之相适应;高度复杂化、有序化的系统,即是对称性逐步破缺的产物。据此,我们可以把对称破缺看做是自然界(包括人类社会)演化发展的一条基本原理。发展的基本特征之一就是对称破缺和对称性的统一。对称破缺与否标志着系统的发展状况，系统的发展离不开破缺。

对称性破缺是一个打破静态平衡与对称，使事物发展成为不对称或非对称状态的一个动态过程。正因为如此，它才是事物发展、向前运动的不竭动力，也可以说正是因为有了对称性破缺才有了我们这个丰富多彩的世界。

二、平衡破缺的类型

平衡破缺有两种形式：一种是由于外部原因造成的，叫诱导破缺；一种是由于内部原因造成的，这叫自发破缺。浑沌学的相关理论表明，一个系统可以通过系统自身的轻微扰动，导致系统的发展和变化，原有的系统平衡性降低，这就是自发破缺。同时，正如前文所说，完全不受外界影响的系统是没有的，如果一个系统没有与外部环境的物质、能量、要素的交换，这个系统将会死亡。而作为与外部环境有密切关系的有活力的系统，外部环境的影响必然要通过各种形式，引起其系统内部的扰动和变化，导致其平衡破缺。这就是诱导破缺。

语言系统的平衡破缺显然也有这两种形式。结构主义语言学强调语言结构变化的内在属性。而建立在浑沌学视野之上的文化语言学，则既看到语言系统的自发破缺形式，更强调外部社会、历史和文化环境对于语言发展的影响，即诱导破缺。一个概念的引入，不仅能更好地概括在特定社会文化环境中语言系统的发展特点，同时也表明了我们对语言系统的属性有了更深层次的理解。

语言系统发展的自发破缺和诱导破缺，可以举白语的语言材料来说明。白语的辅音系统各方言对应整齐，而擦音则有不同的表现。看下表，白语大多数方言中都只有不送气的擦音，而大理白族自治州鹤庆话中则有一套送气擦音。这就是白语擦音系统的平衡破缺。

	大理挖色	鹤庆金墩	剑川金华	怒江弥罗岭	云龙宝丰
血	sua^{44}	shua^{44}	sua^{44}	sua^{44}	sua^{44}
小	se^{31}	she^{31}	se^{31}	sɛ^{42}	se^{31}
火	xue^{33}	xhue^{33}	xue^{33}	xue^{33}	xue^{33}
看	xa^{55}	xhã^{55}	xã^{55}	ʔɛ^{33}	xa^{55}
心	ɕi^{55}	ɕhĩ^{35}	ɕĩ^{55}	sɿ^{55}	ɕi^{55}
星	ɕe^{55}	ɕhẽ^{35}	ɕẽ^{55}	ɕã^{55}	ɕe^{55}
蜂	fv̩^{55}	fhv̩^{35}	fv̩^{55}	fo^{55}	fv̩^{55}

众所周知，在汉藏语系语言中，送气擦音较为少见。因此，鹤庆白语中送气擦音的来源就引起了较多的讨论。有的学者对比了藏语、汉语的复辅音系统，认为白语中的送气擦音是自我发展的结果，送气擦音是由前置的浊辅音擦化脱落以后的补偿机制所造成的。因此，这就是一种自发的破缺形式。笔者的意见是，白语各方言都没有送气擦音，如果说送气擦音脱落了，那么也应该有发展程度的差异，应有不同程度的保留，不会脱落得这么整齐；即使脱落了，也应该有其他的补偿形式。考虑到鹤庆白语在地理上接近中甸藏族自治州，中甸藏族自治州属于藏语康方言，而康方言中就恰好存在送气擦音。因此，鹤庆白语中的送气擦音，更有可能是受藏语康方言影响的结果。这应该是诱导性的破缺形式。很显然，破缺形式的不同，也就是语言发展演化性质、方向的本质区别。

三、平衡破缺：系统发展的方式和途径

现在我们来看，平衡破缺是如何推动系统的发展的。

在对称性破缺理论中，人们已经认识到，差异、分叉是对称破缺之源。在浑沌学的视野中，我们将差异视为一种初始条件，即初值；而分叉则是在初始条件基础上的后续发展，在浑沌系统中，分叉主要表现为随机性的选择行为。

（一）具有差异性的初始条件是平衡破缺的内在推动力

一个系统自产生以来，就处于不断的发展变化之中。系统内部不是整齐划一的，而是充满差异性。在一个不断发展的系统中，这些差异既是系统发展、演变的结果，也是新的发展和演变的初始条件。也就是说，初始条件也是有差异性的。而有差异性的初始条件，则会推动系统进一步的平衡破缺。这在语言系统中是很好理解的。正如萨丕尔所说，"仔细考查一下每一个人的言语，就会发现无数细节上的差别，存在于词的选择，句子的构造，词的某些形式或某些组合的相对使用频率，某些元音、辅音或二者合并时的发音等方面，也存在于快慢、轻重、高低等给口语以生命的方面。可以说，他们说的不是完全相同的一种语言，而是这种语言的各种稍后分别的方言。"（《语言论》132 页）这里说的是语言的个人变异形式。在此基础上，语言还有因社会和地理因素形成的社会变体和地域变体。这些变异和方言形式，就是语言系统差异性的体现。语言的进一步发展，就是以这些有差异的语言形式为初始条件。由于初始条件的差别，即使是受到同样的内在或外在的扰动，其变化的程度、性质和方向都可能会有巨大的差异。在这个平衡破缺的过程中，初始条件的差异性发挥了重要的内在推动作用。

（二）分叉：平衡破缺的基本运动形式

从生命的起源和演化中可以看出，生物进化是一种从简单到复杂的树状分化过程。实际上，这种"进化树"模式是自然界演化发展的一种普遍形式。非平衡态热力学和浑沌理论的研究表明，分叉是现实世界中复杂系统的一种奇特属性和基本的行为方式，是系统各部分与系统及其环境之间的内禀差别的表现。浑沌动力学的研究成果也告诉我们，物质世界的演化至少可以有以下四种可能的选择：不动点平衡态、极限环、环面和浑沌吸引子。至于选择哪一种吸引子为发展的目标，则由系统内的各种因素相互作用、内外涨落作用的结果随机决定。这种随机的选择过程，即是一个对称破缺的过程。如果说，自然系统开始于一个同一的原始状态，那么在以后的演化中，就会由随机涨落而不断发生分叉，出现多个方向、多种形态。分叉的存在及其选择过程的随机性，必然使系统的发展过程呈现出非线性的、具有普遍意义的特点，而这正体现了平衡破缺的基本运动形式。

结合到语言系统，如果说差异性是强调了语言结构初始条件的扰动、变化从而导致系统的极大发展，分叉则表明，即便是同样的初始条件，它也有着多样的、随机性的发展可能，也会导致语言系统的非线性发展。例如，汉语元音高化以后产生的随机性的分叉，使处于临界点的语音形式发生复杂的、难以预测的多种发展方向。如下面的汉语元音高化和高顶出位示意图：

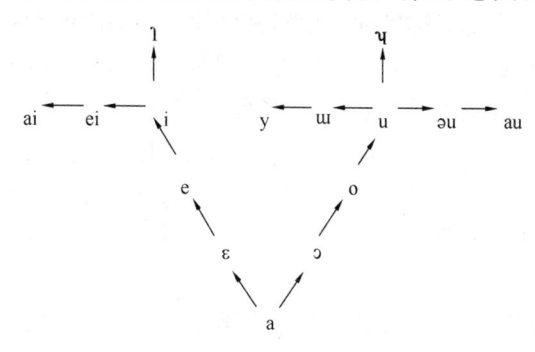

$$ai \leftarrow ei \leftarrow i \uparrow \ddot{\imath} \quad y \quad \dot{\text{ɯ}} \uparrow \text{ч} \quad u \rightarrow \text{ə}u \rightarrow au$$
$$e \searrow \quad \swarrow o$$
$$\varepsilon \searrow \quad \swarrow \mathfrak{o}$$
$$a$$

上古鱼部字的中古韵类：

上古韵部	长紧元音 (中古一二四等)		短松元音（中古三等）	
	Ⅰ *C(l)—	Ⅱ *Cr—	Ⅲ *C(l)—	Ⅳ *Cr—
鱼 *a	模	麻二	虞(w)/鱼麻三	虞(w)鱼(钝)/鱼(知庄)

白语跟汉语关系密切，发展也表现出和汉语类似的特点，白语中的古鱼部借词今读"湖露墓"－o、"补苦狐壶炉"－u、"踞雨五鱼女书"－v、"夫浦斧著"－ɯ、"夫"丈夫－ɔ等多种不同的读音（"书"在剑川和大理方言中更分别读为－v和－ɿ），说明白语中的这些词同样经历了一个复杂的分叉发展过程。这种带有明显非线性的发展是难以预测的。

四、平衡与平衡破缺的对立统一：从初始条件的轻微扰动到系统的格局调整

对称与对称破缺理论已经证明，发展的基本特征之一就是对称破缺和对称性的统一。对称破缺与否标志着系统的发展情况，对称的发展产生对称破缺，而对称破缺的背后隐藏着对称。对于一个系统而言，平衡态是总体的、相对的，而平衡破缺则是绝对的。但平衡破缺的结果决不是将系统完全引向彻底的非平衡状态，而是使之达到一个新的、更高层次的相对的平衡态。平衡－平衡破缺－平衡，是自然界以及人类社会等各种系统发展的普遍规律。平衡与平衡破缺的对立统一，也是符合辩证唯物主义的发展规律。

语言系统的发展，是平衡与平衡破缺对立统一规律的真实体现。语言系统中各种丰富的变化，都使语言不断发展。但这种发展，不会将语言引向系统崩溃的道路。在语言系统固有发展沿流

的引导下，一个语言系统，将会顽强地保持自己的语音格局。语言系统的发展沿流将引导各种变化形式走向一个新的平衡态。

以语言系统的语音发展为例。语音的演变不是突发的、大规模的，也不是零散的、不成系统的，而是从语音的轻微调整或扰动开始，之后通过类化移动的方式，将语音发展扩展到整个语音类别，实现语音格局的重建。这也是对初值敏感依赖性的重要表现形式。因此，我们可以说，语言沿流历史推进的主要方式是通过类化移动，实现语音格局的重建。这个语音格局相对于原有的语音系统来说，已经有了很大的发展，但同时又保留着自己的内在系统性。平衡与平衡破缺的对立统一，就是语言发展既有创新，同时又长期保留其语言特点的原因。

蝴蝶与黑天鹅：对语言学几个问题的思考

张铁山

混沌学的蝴蝶效应与现代经济学的黑天鹅效应是目前人文科学与自然科学中两大新的重要理论。任何一门学科的理论与方法都是在该学科的发展过程中不断发展的。将新的理论和方法运用到古老的语言学研究之中，尽管还带着许多幼稚和不成熟，但对于语言学研究的不断深入是有意义的。本文运用蝴蝶效应和黑天鹅效应理论，对语言学研究中的语言演变与沿流、语言规划与预测、文字改革与制定、新词术语规范等问题进行探讨。不妥之处，请批评指正。

一、蝴蝶效应与黑天鹅效应

1963 年美国气象学家罗伦兹（Edward Lorenz）为气象预测设计了一套简化的非线性微分方程式，用以计算机计算。他通常用一组 6 位数字，但为了节省纸张，答案用 3 位数字印出来。有一天他误将"初始条件"也用 3 位数字输入计算机，发现计算机竟然算出完全不同的答案。在非线性问题里，假如开始数值有轻微的更改，答案可能产生巨大的改变，可谓"差之毫厘，谬以千里"。他把这种现象称为"蝴蝶效应"：一只蝴蝶在南美洲巴西的亚马逊河畔森林扇动翅膀，翩翩采花，却会引起几天后几千英里之外的美国阿肯色州产生暴风雨。

欧洲人观察了上千年，见到的天鹅全都是白色的，于是总结出结论：所有的天鹅都是白的。但17世纪欧洲人发现了澳洲，一上岸竟看到了一只黑天鹅。这一发现推翻了几百年来数百万次观察总结出来的、几百年来一直信奉的结论。学者将此称为"黑天鹅效应"。

黑天鹅效应有四个特征：

1. 黑天鹅事件的发生是非常罕见的。罕见的事件带来两个问题，一是度量问题，历史数据太少，无法描述，无法总结出规律，于是结果也无法预测；二是认知问题，极少发生，容易让人"好了伤疤忘了疼"，想不起预防。事实上，人们往往过于重视历史重现的可能性，而忽略历史未能展现的其他可能性。

2. 黑天鹅事件的影响极大。在唐山大地震、汶川大地震发生之前，这些地方数百年来都没有发生过如此剧烈的大地震。尽管次数不多，但当这些大地震发生后，其影响则是巨大的。

3. 黑天鹅事件无法事前预测。对于黑天鹅事件，人们很容易找到事后的解释，但事前却根本无法预测。人类的天性总是想找出事件之间的因果关系，但事实上，很难找到确切的因果关系。提出一个因果关系的推断，只能宽慰我们的心情，似乎我们能够掌握未来，但当出乎意料的事件再次来临时，我们还是根本没有预料到。

4. 黑天鹅事件可以事前预防。黑天鹅事件无法预测，却能预防，就像我们不能预测何时会下大雨，但准备好雨伞出门就行了，我们无法预测何时会有大地震，但提高房子抗震级别就可以了。[①]

蝴蝶效应与黑天鹅效应既有不同之处，也有相同之处。蝴蝶效应是指非线性系统中，出于对初始条件的敏感依赖性，初始条

[①] （美）纳西姆·尼古拉斯·塔勒布著，盛逢时译：《黑天鹅的世界—我们如何被随机性愚弄》，第Ⅻ—ⅩⅤ页，中信出版社，2009年。

件下微小的变化,能引起系统连锁反应,产生难以预料的后果。现代经济学的黑天鹅效应也是预示不可预测的重大稀有事件,但人们总是对它视而不见,并习惯于以自己的有限生活经验和知识来解释这种意料之外的重大冲击,最终被现实击溃。蝴蝶效应和黑天鹅效应都与随机性、不可预测性密切相连。

蝴蝶和黑天鹅都是对难以预测的未来的比喻。在语言现实和语言学研究之中,蝴蝶效应无处不在,黑天鹅事件也会发生。下面就让我们来看一看语言学中的蝴蝶与黑天鹅。

二、语言演变与沿流

语言在不断变化,其中既有个人变异,也有方言变异。个人变异是每个人的言语都有无数细节上的差别,它存在于发音习惯、词的选择、句子的构造等方面,而方言变异相对于个人变异,则是相对稳固、相对统一的,它统摄着每个群体内的个人变异,以使个人变异不超出方言变异。

一种语言在不同的地域使用,会出现不同的形式,久而久之,这些不同的形式形成不同的方言。语言的演变不仅体现在空间上,而且也发生在时间上。所以语言在时间上的演变从古至今形成一个潮流,即萨丕尔(Edward Sapir)所说的"沿流"。

语言的任何改变一开始都是以个人变异而存在的,但个人变异只是偶然的现象,而语言的沿流是有方向的。只有按一定方向流动的个人变异才体现语言的沿流。语言的沿流是由说话的人无意识地选择的那些向某个方向堆积起来的个人变异构成的。这个方向大体上可以从语言过去的历史中推断出来。沿流上的任何新特点,最后都会成为共同接受的言语里不可缺少的一部分。语言的未来变化可以说正在今天的沿流里预先形成。这些变化一旦完成,就能看出它们不过是过去已经发生了的变化的继续。①

语言演变与沿流的形成充满了蝴蝶效应,"它常因系统内部一些微小的不确定因素或来自系统之外的某些微小干扰,就可导致巨大的、不可预测的波动。"② 突厥语族语言中的复数形式原来有多种形式,如在回鹘文献语言中,复数除了借助于附加成分 -lar/-lär 表示以外,还有 -an/-än、-un、-t、-z、-gün 等其他形态标志,但这些附加成分已经变成了非能产型成分,处于僵化状态,只用于少数几个词中,而复数范畴逐渐统一由 -lar/-lär 表示。③ 突厥语族语言复数附加成分这种逐渐统一的演变,经历了漫长的发展过程,其演变与沿流的方向是很难说得清道得白的,更是无法准确预测的。

在现代汉语中,"很、非常、十分"等程度副词不能修饰名词是一条规律,但时下在口语和一些书报中,这些词修饰名词的现象屡见不鲜,有逐步扩大的趋势。对于副词修饰名词这一现象,学术界有不同的看法:胡裕树、方华、徐洁持否定说,张静、李一平、张谊生等持肯定说,邢福义持特殊现象说。从横的方面看,有些新的语言现象往往源于某种方言的影响,如"很+名词"就是从港澳流行开来的,从纵的方面看,有些语言现象本身就是从古汉语中继承而来的,如"不翼而飞"、"不毛之地"等。④ 原来被认为是不符合语法规范的现象,现在倒成了时髦,变成了广泛流行的语言。对于词语的这种选择和变化,不会"墨

---

① (美)爱德华·萨丕尔著,陆卓元译:《语言论—言语研究导论》,第138—139页,商务印书馆,1986年。
② 张公瑾:《文化语言学发凡》,第13页,云南大学出版社,1998年。
③ 张铁山:《回鹘文献语言的结构与特点》,第176—177页,中央民族大学出版社,2005年。
④ 兰庆:《汉语副词修饰名词研究综述》,载陆丙甫、李胜梅等著:《语言研究论集》,第106、114页,中国社会科学出版社,2001年。

守成规",不以人的意志为转移,规划和预测就显得无能为力了。

吕叔湘先生在《"二"和"两"》中说到,"二"和"两"在用法上是有分工的,可是现在常常看见该写"两"的地方写"二",口语里的情况正好相反,"两"正在侵占"二"的地盘,如上海话里就可以听到"两路电车"、"两号理发员"等等。再进一步发展,会不会在五十年或者一百年之后,书面上统一于"二",而口头上却统一于"两",人们把"20"叫 liang shi,把"12"叫 shi liang？这种事情听起来很荒唐,可是谁也不敢担保不会发生。① 吕叔湘先生的分析是有道理的,充分地说明了语言的发展和演变是无法预测的。

语言演变不仅表现出对初值的敏感依赖性,细微的变化可能引起未来巨大的演变,而且还存在着随机性,使预测成为一种不可能随便完成的事情,并带有很大的危险性。语言演变中充满了蝴蝶效应,研究语言的演变也如同发现黑天鹅,往往由于研究者的知识和掌握语言材料的局限,只能根据自己的情况来研究语言,这就不可避免地会发生黑天鹅事件,使研究的结果常常处于崩溃的边缘。

格里姆发现了早期印欧语到日耳曼语塞音和擦音的演变规律,即"格里姆定律",为语言的历史比较研究开辟了一个新世界。但"格里姆定律"出现了例外,而格里姆对这些例外的解释是不妥当的。后来这些例外的变化,为丹麦学者维尔纳发现,是因为重音前后位置不同所造成的。这就是历史语言学中著名的"维尔纳定律"。语言研究中类似的现象还有很多,"长江后浪推前浪",否定之否定,循环往复不断向前。每一次否定都是黑天鹅效应的再现,而每一次黑天鹅效应的再现,又可能只是"盲人摸象"的局部发现。我们每个人的语言研究只是语言学研究这个

---

① 吕叔湘:《语文杂记》,第 59 页,上海教育出版社,1984 年。

沧海汪洋中的一粟，唯有实事求是，敢于探索，并不断修正自己的错误，才能做出成绩。

三、语言规范化与文字改革

语言规划是国家或社会团体为了对语言文字进行管理和引导而进行的各种工作，其中语言规范化和文字改革是语言规划的重要内容。

语言规范化是指根据语言发展规律，在某一语言的语音、词汇、语法等方面存在分歧或混乱的现象中，找出或确定人们都应遵循的规范，指出那些不合规范的现象，并明文规定下来，以各种宣传教育的方式，推广那些合乎规范的东西，限制并逐渐淘汰不合规范的现象，使人们共同遵守语言规范而进行有效的交际，使语言沿着一条正确的道路向前发展。这是语言规范化的理论基础，也是这项工作的理想。

1986年国家教委和国家语言文字工作委员会联合召开全国语言文字工作会议，规定了新时期语言文字工作的方针和当前的主要任务。新时期语言文字工作的方针是："贯彻执行国家关于语言文字工作的政策和法令，促进语言文字规范化、标准化，继续推动文字改革工作，使语言文字在社会主义现代化建设中更好地发挥作用。"当前语言文字工作的主要任务是："做好现代汉语规范化工作，大力推广和积极普及普通话；研究和整理现行汉字，制定各项有关标准；进一步推行《汉语拼音方案》，研究并解决实际使用中的有关问题；研究汉语汉字信息处理问题，参与鉴定有关成果；加强语言文字的基础研究和应用研究，做好社会调查和社会咨询、服务工作。"这些语言政策主要是针对汉语文的，对于我国其他民族的语言和文字也具有指导意义。

我国少数民族语言约有 80 种。在 55 个少数民族中，除回族与汉族同语同文，满族、畲族等民族通用汉字汉语外，其他民族都有自己的语言，甚至有些民族还使用两种或两种以上的语言。

中华人民共和国成立以前，蒙古族、藏族、维吾尔族、朝鲜族、哈萨克族、傣族、俄罗斯族、锡伯族、塔塔尔族、乌兹别克族、柯尔克孜族、苗族、彝族、傈僳族、佤族、拉祜族、纳西族、景颇族、京族等 19 个民族已有本民族文字，其中有些民族文字沿用至今。中华人民共和国成立后，我国政府先后帮助 11 个民族创制了 15 种拼音文字，即苗文（4 种）、壮文、布依文、彝文、黎文、纳西文、傈僳文、哈尼文（2 种）、侗文、佤文、土族文等。

我国政府从 20 世纪 50 年代起，帮助维吾尔族、哈萨克族改革了文字，帮助傣族、拉祜族、景颇族改进了文字。到 20 世纪 80 年代，拉丁文的彝文被废止，被经整理和规范的传统彝文所代替。改革和改进的文字，除维吾尔文、哈萨克文恢复老文字而停止使用外，德宏傣文、拉祜文、景颇文至今仍在使用之中。上世纪 50 年代以来创制和改进的民族文字的试行和推行工作虽取得了一定成效，但也出现了不少问题，有些民族文字的改革以失败而告终。例如，政府在 60 年代帮助使用阿拉伯字母的维吾尔族和哈萨克族分别设计了拉丁字母形式的新文字。这两种新文字都进行过实验推行。维吾尔文字和哈萨克文字改革，有 200 多万维哈族学生和青少年学会了新文字，用新文字出版了大量读物。但是在老年人和各级干部中工作做得不够细致深入，没有充分考虑到有悠久历史的文字的习惯势力，所以没有收到预期的效果。1982 年，这两个民族又决定恢复使用传统的阿拉伯字母形式的文字，新文字只作为一种拼音形式予以保留。

从世界范围来看，各国对其语言文字都曾进行过长期的规范化，语言规范化工作具有悠久的历史。公元前 4 世纪印度语言学家波尼尼在其《波尼尼语法》中，用3996条规则，描写梵语的语音和语法，对梵语的规范化起了很大作用。在中国，公元前221年秦始皇统一中国后，实行"书同文"政策，统一规定以小篆为正字，淘汰通行于六国的异体字，对汉字规范化起了重要作用。

但是，语言规范也不是一成不变的，它随着历史的发展而发展。语言中的一些现象，在一定的历史时期是合乎规范的，在另一历史时期就可能发生变化，不再是规范的了。这主要是因为语言系统的内部和外部都在不断变化和发展。

因此，确定语言的语音、词汇和语法的规范不是一件容易的事，既要考虑到语言的稳定性和继承性，又要看到它的发展和变化，还要考虑与语言使用密切相关的社会变化。语言在不断发展，新质要素在逐渐积累，旧质要素在逐渐衰亡。这一过程就是推陈出新的过程，要对此作出正确的判断和预测是一件非常困难的事情。新的语言现象出现时，开始往往是不规范的，但大家都跟着用，用得广了，时间长了，也就约定俗成了，成了新的规范。不论是新出现的语言现象，还是衰退消失的语言现象都不是突然发生的，而是逐渐的，要有一个由量变到质变的过程。这样就出现一种中间过渡的现象，或是两种现象并存，这就需要确定哪种现象是发展的，是有生命力的；哪种是衰退的，是无生命力的，并把前者定为规范，大力推广，使语言文字更好地为大众服务。

人类对语言的认识，如同对世界上其他事物的认识一样，由最初的愚昧无知逐渐走向未来的科学认识。这是一个漫长的过程，永无止境。对语言进行预测进而制定规范，就目前情况看，主要集中在词语方面，但由于语言系统内部变化与外部干扰，随机性相伴而生，致使有些根本无法预测。例如，"的士"这个词开始的时候有人看不惯，说是有现成的"出租车"不用，为什么要说"的士"。后来随着社会的发展,不断出现诸如"面的"、"打的"、"驴的"等词,甚至在部分青年中调侃地叫"面 de"、"打 de",这种叫法是否能逐渐延伸抑或消失,谁也无法预测。

制定语言规范必须符合语言发展的内部规律,否则不仅不能促进语言的正常发展和使用,而且还会造成语言使用的混乱,增加社会负担,给社会带来负面影响。如我国 1977 年 12 月 20 日发表的《第二次汉字简化方案(草案)》,由于事前调查研究欠周,没有认真贯彻"约定俗成"的原则,把一些未在社会上广泛流行的简体字也吸收进来,破坏了汉字构造的规律,容易造成用字的混乱,公布试用以后,群众议论纷纷,各方面意见不少,不久也就由国家语委报经国务院批准停止使用了。

语言规范不能像法律那样,强制大众遵守,而主要是通过宣传、提倡的形式,引导大众自觉遵守。规范并不是约束和限制语言的发展,而是促进语言在正常轨道上发展。规范化也不是使语言简单化,把一切规定得很死板,让人都按一个模式进行交际。规范只是把语言中无用的东西、有碍纯洁健康的成分淘汰掉。

但是,人们在实际工作中,往往从静态的角度来看待语言文字的规范,把它看作一成不变的东西。其实,语言无时无刻不处在变异之中,语言规范也是个动态发展的过程,它随着社会的变化而不断发展变化。过去被认为不规范的语言现象,有的变得符合规范了,有的被认为是规范的东西,也随着语言内部或外部因素的干扰,变得不符合规范或被淘汰了。语言交际要求规范,但新的语言变异催生新的规范,如此循环往复,周而复始,不断促进语言的发展。

过去人们在规范问题上多采用一刀切的办法,认为不是"规范"就是"不规范"。实际上,任何事物的划分都是人为的,都是基于现有知识的分类,但从动态的角度来看,我们就会发现,"规范"与"不规范"不仅常常处于相互转化过程中,而且对规范的认识也在不断变化。

四、新词术语规范

语言的演变及社会的发展为新词术语的出现创造了条件。人们在与其他民族交往过程中,会不断引进一些新的词汇。新词术语的规范也是语言规划中的一个重要课题。在科学技术迅猛发展,科技术语大量涌现的情况下,如何运用新词术语,是关系语言发展和文化交流的大问题。我们的想法通常受限于我们的经验和知识,而实际情况比我们所认知的要更复杂、更不可预知。

汉语新词术语的规范走过了一段不平坦的发展道路,这也从一个侧面说明新词术语规范的艰辛。中国历史上第一个从事科技名词审定的专门机构成立于清朝末期,当时在大学部设立了科学名词编订馆。1912年辛亥革命胜利后,江苏教育会的理化教授研究会审定了物理和化学名词,中华医学会组织了医学名词审查会等。至1915年,相继审定了化学、物理学、数学、动物学、植物学、医学等学科的名词。1918年中国科学社起草了科学名词审定草案,1919年成立了科学名词审查会,1928年成立了译名统一委员会。截至1931年,共审定各学科名词(草案)14部,形成了中国科技名词统一工作史上的第一次高潮。1932年国立编译馆成立,在当时的教育部主持下组织专门队伍开展了多学科的名词术语审定工作。截止到1949年底,审定了科学技术各学科名词草案近60种(吴凤鸣,1985),形成了中国科技名词术语统一工作的第二次高潮。

新中国成立后,党和政府十分重视科技术语的规范与统一。1950年委托中国科学院编译局接管了原国立编译馆审订的各类名词术语草案,并于1950年4月批准成立了学术名词统一工作委员会。这个委员会归属在政务院文化教育委员会下，分设自然科学、社会科学、医药卫生、时事、文学艺术五个小组。到60年代，审定、公布、出版了各学科名词术语百余种。"文革"以后，在有关专家的呼吁和国家领导人的支持下，全国自然科学名词审定委员会（后改名为"全国科学技术名词审定委员会"）于1985年4月正式成立。全国名词委逐步建立了各专业审定分委员会，形成了一支由各学科著名专家、学者组成的近千人的审定队伍，负责审定本学科的名词术语。到2000年6月，已按学科组建了53个学科名词审定委员会。

少数民族语言新词术语的规范对于少数民族群众正确理解国家政策以及民族地区的政务、教育、新闻出版、科技、影视等具有重要作用，对民族地区的信息化和现代化具有重要意义。但少数民族语言新词术语的规范化也经历了漫长的过程，其中有成功的经验，也有不少失败的教训。例如，新疆维吾尔自治区于1988年成立了"自治区民族语言名词术语规范审定委员会"，下设各语种专业组，专门从事维吾尔族、哈萨克族、蒙古族、柯尔克孜族、锡伯族等民族语言新词术语的规范审定工作，制定了名词术语规范原则。据报道，截至目前，已审定公布了有关自然科学和社会科学的名词术语17万余条，其中维吾尔语已完成常用术语的规范，进入行业术语的规范阶段；完成7个学科专用名词以及计算机术语的规范；还收集了十几个学科词汇资料。同时，还编辑出版了《汉维规范化名词术语词典》和《汉哈规范化名词术语词典》。这两部词典是在"维吾尔语、哈萨克语名词术语规范原则与方法"指导下，经新疆"维吾尔语、哈萨克语名词术语规范审定委员会"组织有关专家规范审定的名词术语，具有很高的权威性，对促进新疆民族语文工作的规范化、标准化、信息化和法制化进程具有重要作用，它将有效地杜绝社会上名词术语使用上的混乱现象，加大社会使用名词术语的规范化力度，保障民族语文工作的健康发展。新疆维吾尔自治区在少数民族语言新词术语规范上虽做了大量工作，但诸如术语不统一、借词混乱、人名汉译用字不规范等问题依然十分突出，成为人们社会、经济、文化及日常生活中的难题。

无论是汉语还是少数民族语言的新词术语规范，都曾有过成功和失败，这其中的经验教训需要我们认真总结。

五、余　　论

以上是我对语言学研究中几个问题的初步且很不成熟的思考，提出来供大家批评。但到此似乎还有几句话要说，不吐不快，权作"余论"记写于此。

人类总是过度相信经验，而不知道一只黑天鹅的出现就足以颠覆一切。然而，无论是政府的决策，或是普通人日常的抉择，黑天鹅都是无法预测的。"认识到不可预测性，是发展新的预测方法的前提。浑沌是不可预测的，但换种角度看，在一定意义上说，浑沌也是可以认识的，可以控制的，甚至可以利用浑沌进行预测。"[①]

科学之所以成功，是因为它放弃了一劳永逸解释所有现象的努力。虽然许多科学家内心相信科学是统一的、世界是统一的，科学最终能做到一切，但这只是想想而已，它们不是科学，准确地说它们只是科学家的理想。"语言的演变具有可预测性"，[②] 语言的各项规划和预测对人们的语言交际、社会发展有很大作用，这项工作也是必须做的，只是难度很大，且往往带有盲目性、主

---

① 刘华杰：《浑沌之旅》，第54页，山东教育出版社，1996年。
② 于根元等著：《语言哲学对话》，第32—34页，语文出版社，1999年。

观性。在主观意识还比较强的环境下，进行语言规划和预测则是更难的一件事。

浑沌学理论动摇了科学的传统思维方式，对语言学也产生了强大影响。我们过去重视的是语言线性现象，而大多数语言现象实际上是非线性的。正如物理学家不能准确预测电子的运动状态、气象学家不能准确预报数周后的天气一样，由于语言现象纷繁复杂，线性归纳和描写根本不可能如实反映非线性系统丰富多彩的动态过程。语言系统内部和外部因素的变量无法定量估计，因此语言现象的预测就不可避免地带有盲目性。

科学是建立在可重复试验基础之上的，实事求是是科学的最高原则。可是，科学的发展呈现出一个可怕的状态：未知越来越多于已知。知道得越多，未知的也就越多。读过一点书的人，觉得知道了许多，真正读了万卷书的人，才发现自己真正无知，还有更多的无知。人类的眼界越宽广，也发现了更多难以回答的问题。就像印度著名的"盲人摸象"故事一样，我们每个人对事物所做的结论，都只是一个"盲人"的触觉。只要重温盲人摸象的故事，就会更好地理解语言规范和预测的现状与难处。

浑沌学与语言预测

周国炎

20世纪80年代中期,我国语言学界开始有学者讨论语言预测的问题,认为语言学既然是一门科学,一门现代科学,领先的科学,就应当对其研究对象——语言的前进方向作出判断和预测,而不能只满足于现象的罗列,并提出了"语言预测学"的概念[①]。近年来,我国在语言预测研究方面取得了不菲的成就,大力推动了我国语言应用研究的发展。但由于语言系统及语言所服务的人类社会文化环境具有复杂性、不确定性和非线性等特征,仅从语言学的角度出发,很难从整体上把握语言的未来发展方向,对语言发展方向所作出的判断和预测还存在很大的局限性。浑沌学是研究事物整体性、全局性的一门新兴学科,其理论和研究方法很值得借鉴。

一、关于语言预测

语言预测是指在语言事实的基础上,对语言使用和语言发展的可能性作前瞻性推测。语言预测有内部和外部两个前提,内部前提是事物之间的联系在语言中的反映;外部前提则包括事物之间的彼此联系和社会的氛围、交际的广度和深度。语言预测的依据是语言运动的规律性和重复性、连贯性和持续性。语言的预测

---

① 王希杰《略论语言预测学》,载《扬州师范学院学报》1996年第1期。

连接着语言的过去，立足于语言的现在，指向语言的未来[①]。

有学者认为，语言不但有显现的一面，还有潜在的一面，可分别称为"显性语言"和"潜性语言"。显性语言是指目前现实生活中正在使用的语言成分；潜性语言指目前语言生活中没有出现，但根据语言的结构规则可以模仿、类推出来的语言单位。[②]语言的潜在的一面要比显现的一面大得多，广阔得多，语言发展演变的最基本的形式就是"潜"、"显"语言的转化，即显性语言的潜性化和潜性语言的显性化。现实中使用的语言单位（主要是词汇，或称语言成分）消失，退出了大舞台，到后台去，而一些潜在的语言单位从后台来到前台，出现在我们的言语生活中。

语言的潜性化和显性化过程受到语言内部自我调节功能和语言外部社会文化语用因素的制约，因此，语言的预测要从两个方面着手。一个时代的社会文化因素需要哪些语言成分出现，这是语言成分的显性化和潜性化的一个基础；语言之外的社会文化语用因素必须通过语言的自我调节功能才能得到实现。例如，当汉语词"汽配"出现的时候，我们便可以根据汉语结构规则推测出有一系列潜性词语的存在。[③]

汽配——汽车配件　　摩配——摩托车配件
火配——火车配件　　轮配——轮船配件
自配——自行车配件　拖配——拖拉机配件
飞配——飞机配件　　导配——导弹配件

[①] 林伦伦："快闪暴走族"与语言预测，华南民族文化网，2007年10月。网址：http://www.gdin.edu.cn/mzweb/langu/ShowArticle.asp?ArticleID=43。

[②] 提出这一概念的学者将从现实语言生活中"隐退"的语言成分也列入潜性语言当中，因此，根据规则可以模仿和类推出来的语言成分应该只算潜性语言中的一部分。

[③] 以下材料引自王希杰：《略论语言预测学》，载《扬州师范学院学报》1996年第1期。

坦配——坦克配件　　潜配——潜艇配件
航配——航空母舰配件　钢配——钢笔配件
打配——打火机配件　　……

但所有这些推测出来的语言成分是否服务于现实的语言生活，要看几个方面的条件是否具备：一是社会文化语用因素。二是语言内部自我调节功能。如果现实语言中已经存在表达该事物的语言成分，那么预测出来的潜性词语就不会出现；如果出现空位，则潜词就会出来占位。三是母语人的语感，但这往往是无关紧要的，新出现的语言成分对大多数的母语人来说都会产生一定的陌生感，使用时间长了就会慢慢适应，即所谓"积非成是"。

二、语言预测的意义

诚如语言预测的倡导者所说，语言学的研究不能仅仅满足于对语言现象的罗列，应当能够对语言的发展演化做出预测。语言学是一门科学。科学与迷信的区别之一在于：迷信是事后诸葛亮，对于已经发生了事情给予一些虚假的解释；而科学在寻觅客观存在的规律规则的基础之上，能够对于事物的发展给予一定的预测，指导人们的实践行动。科学的目的不仅仅在于建立规律规则系统，而且要建立预测的规律规则系统。语言预测的价值体现在以下几个方面：

首先，对语言未来发展方向的正确预测有利于语言的总体规划。语言规划包括语言本体规划和语言地位规划，二者的实施一方面要建立在语言事实的基础上，一方面也要有发展的眼光，着眼于未来，根据语言发展的总体趋势来规划语言的发展，这样可以避免语言文字工作的盲目冒进和被动应对。

其次，语言预测可以作为制定语言政策的重要依据。语言是动态发展的，尤其是语言的词汇部分。尽管每种语言都有其相对稳定的基本词汇部分，但总体而言，语言是随着社会语用环境的发展变化而变化的。语言政策的制定如果只着眼于现实的语用情况，制定出来的政策就会滞后于语言的发展，从而缺乏指导作用。有学者说，没有语言预测，就没有语言政策。这话虽然可能有些过头，但如果在语言预测的基础上来制定语言政策，将会更有前瞻性，更有指导意义。

第三，语言规范化需要我们具有前瞻性的眼光，根据语言的发展，因势利导，而不是跟在语言事实的背后，"匡谬正俗"或"事后追认"。这就需要我们对语言的发展具有预测能力，在对语言的前进方向作出正确的判断和预测的基础上来引导语言的健康发展。

三、语言预测的局限性

语言预测尽管具有非常重要的价值，但实施起来也并不是件容易的事情。这一方面是语言自身所具有非线性特征干扰着我们对语言发展趋势的判断；另一方面，语言是服务于社会、服务于人的，而社会和人的复杂分层也对我们判断和预测语言的未来发展造成很大的影响，使我们难以对语言的整体发展作出准确的预测，亦即对语言的预测只能是局部的。

语言系统是一个复杂的系统。就其内部而言，每一种语言都包括语音、词汇、语法、语义等子系统，每个子系统又都可以分为若干个不同的层面。如语音系统可以分为辅音、元音、声调、语调，此外还有音位、音素等概念，音位又分为音段音位和超音段音位。语言之外还有各种社会文化因素和地域因素对语言的发展造成干扰。语言系统的复杂性可以用下图来表示。

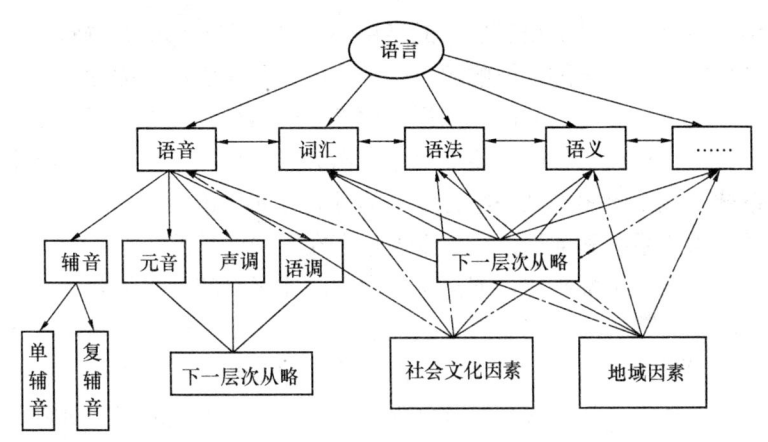

```
                          语言
           ┌────┬─────┬────┼────┬─────┐
          语音   词汇   语法  语义   ……
    ┌───┬──┼──┐
   辅音  元音 声调 语调      下一层次从略
  ┌─┬─┐
 单  复
 辅  辅    下一层次从略    社会文化因素    地域因素
 音  音
```

其中社会文化因素包括职业、性别、个人、民族、阶级、宗教等；地域因素包括国别、地区等。

语言内部各要素都是一个自变量，而影响语言的各个外部因素又都分别是一个自变量，语言系统就是这样一个由大量的自变量以难以预测的方式相互依存的复杂系统。同其他复杂系统一样，语言系统也具有非线性和非平衡性、分形和自相似性、开放性等特征。当一个复杂系统的构成单位超过三个时，是很难对其发展做出预测的。语言系统的这些特征也显示，要想从整体上对其进行预测是多么的困难。

我们试以语音系统为例来说明从整体上预测语言的艰难程度和局限性。

语音系统的发展与整个语言系统的发展一样，也受到内部和外部多种因素的制约。就其内部而言，系统自身的发展所形成的内部压力会导致某些音发生变化，这种变化又会对相关的音素或音位产生影响。语音系统的平衡性往往会因为这样的变化而被打破，反过来，语音系统的局部不对称性常常也会因为这样的变化而实现平衡和对称。语音演变除由于内部因素造成的以外，来自语言系统外部的影响也是重要的一个方面，其中最突出的是由于语言接触而导致的语音要素的借用。来自语言外部的影响常常是随机的、不确定的，影响源也是随机的、不确定的。因此，就语音系统而言，我们只能根据语音内部条件的变化而导致语音系统中某些音素或音位的可能性变化作出大致的推测，而无法对整个系统，或系统中的某一组音未来的发展方向作出判断。

语法系统和词汇系统的发展也存在同样的情况。

跟语音系统相比，词汇系统内部的非线性特征更加明显，来自语言外部的影响也更具不确定性。因此，从总体上对其发展演变进行预测的难度也更大。词汇系统作为语言系统中相对活跃的一个子系统，其构成大致可分为相对稳定的基本词汇和相对活跃的一般词汇两个部分。从词语的结构形式来看，语音上可以分为单音词和复音词。从内部结构要素的搭配关系上来看。复音词又可以分为单纯词和复合词。复合词又可以再进一步按照要素的搭配关系分成不同的构词类型。每种构词类型都有特定的生成规则，根据这些规则，我们可以生成符合语感的词语来，这些词语可以是现实语言生活中存在的，即显性的语言，也可以是现实的语言中不存在的，即潜性的语言。这就是语言预测的基本前提。

语法系统与语音系统和基本词汇系统一样，也是相对稳定的。我们今天能回过头去读两千多年前的文献，在很大程度上获益于语法系统的稳定性。但我们仍能清楚地看出古今语法的显著差别，这表明语法已经发生了很大的变化。今人和古人对概念的表达形式、对事实的陈述方式等都有所不同。我们在研究语法发展史时发现，句法方面从 A 结构发展为 B 结构，词类方面 A 类词衍生出了 B 类词，或某种用法产生于某个时代等等。发展过程似乎都很清楚，演变的途径也很清楚，似乎是一种历史发展的必然。根据这些发展规律我们似乎可以预测语法的发展趋势。事实上，语法在其发展的过程中同样也会因为不确定的外部因素干扰而改变其发展轨迹。某几个文化群体、某几种语言之间的接触并不是历史的必然，多数情况下是随机的、偶然的，在相互影响之下的社会文化的发展往往也不是四平八稳的，会出现很多不确定的因素，而这些都会使语法固有的发展轨迹发生改变。我们今天所看到的语言发展结果，实际上是包含了许多尚未被解释的非线性因素影响的结果。就汉语而言，我们大致可以说，今天的南方汉语方言历史上受到了壮侗语、苗瑶语、藏缅语等的影响，而北方汉语方言则受到了阿尔泰语的影响。但至于如何影响、什么时候影响、影响的方式以及影响的程度等等，都没有一个清楚的线索。回首过去，顺着我们走过来的足迹回溯，我们尚且迷茫，放眼未来，前途更是浑沌一片。

与上述三个子系统相比，语言其他层面的非线性和不确定性特征更加突出，更加不适宜作前瞻性的预测和判断。因此，在整个复杂的语言系统中，除词汇系统中的部分一般词汇可以根据现有的构词规则作出一些预测和判断以外，在其他方面，语言学的预测能力所能发挥的作用是很有限的。我国语言学领域目前在语言预测方面所取得的成果也大多在词汇应用方面。

笔者也赞同语言预测的观点。语言学作为一门领先的科学，应该具有对语言现象的发展方向的预测能力，而且认为语言的预测不应局限于目前已经开展的词汇部分，在整个词汇系统，乃至语言的其他子系统也应该有所拓展。但我们应该寻求理论上的支撑和方法上的突破，不能仅局限于语言学内部，应该寻求与其他学科的结合，充分吸收其他学科的长处和优点。

四、语言预测可借鉴浑沌学理论与方法

作为系统科学的主要分支和崭新的发展阶段，浑沌学兴起于20世纪60到70年代。在浑沌学之前，人们研究的是系统的局

部性、连续性、光滑性、有序性，忽略了带有普遍意义的全局性、间断性、浑沌性。早在1903年，彭加勒提出了"初始条件的微小差别在最后的现象中产生了极大的差别；前者的微小误差促成了后者的巨大误差"的论点。在彭加勒天体研究中的发现之后约一百年，人们才形成现代普遍意义上的浑沌学理论。科学家们发现绝大多数确定性系统都会出现古怪的、复杂的、随机的行为，人们把这种行为称为浑沌。"浑沌是现实系统中的一种自然状态，一种不确定性，它在表现上千头万绪、混乱无规，但内在却蕴含着丰富多样的规则性、有序性"（曹道巴特尔，2005）。浑沌理论指出，世界并不是简单有序的，而是浑沌的，即有序与无序的统一，浑沌是系统的一种整体行为方式，浑沌运动本质上不能还原为部分特性，不能用分析—累加方法去把握。对于浑沌现象，我们必须用整体论的方法去研究。

浑沌学产生之初主要应用于自然科学，后来逐步拓展应用领域，在天文学、气象学、生理学、国际政治学以及艺术领域都取得了进展，其中在气象学方面主要运用于解决天气预报期短和不够精确等问题。

张公瑾先生于20世纪80年代中后期将浑沌学理论和方法引入语言学领域，认为浑沌学之于语言分析，有广阔的应用前景，可以运用于语言的各个不同层次，语言演化中的内在随机性以及奇异吸引子造成平衡破缺等理论使我们有可能看到语言演化的多样性和复杂性。浑沌学对语言的整体把握有可能为语言学提供一个语言现象之间和语言与文化之间穿插对应和随机对应的新的方法论模式。他同时认为诸如后代语言对早期语言"初值的敏感依赖性"，语言变化中的"分叉"、"涨落"和"内部随机性"、语言对文化整体的"层次自相似性"、语言系统的"平衡破缺"以及游离现象作用于"奇异吸引子"等等这些浑沌学术语所反映出来的语言学问题都是语言研究中存在的实际问题。

大自然中的浑沌现象与语言现象有很多可以比拟的地方，很多看似有规律的语言现象实际上存在着浑沌状态，而看似无规律、无序的现象却恰恰隐含着某种更高层次的有序。浑沌学可以帮助我们研究语言中纷繁复杂的现象，揭示其内在的、隐含的规律，从整体的高度来把握语言的未来发展趋势，并对其进行准确的判断和预测。

自相似性与词语预测

吴 平

一、预测、预测学与语言预测

预测，就是利用已有的经验，在一定的已知基础上对未知事物的性状和发展进行模拟。通常我们所说的推断、推理、推测、判断、理解、分辨等行为，都是预测的直接应用。因此预测是自然界的普遍现象。

人类需要科学的根本原因以及科学的主要问题是未来发展的不确定性，而科学的最终目标是制定明确、可靠和精确的预测。预测学为科学的所有分支提供描述、处理和控制不确定性的规则。预测学处理两大类问题：揭示未知的事实；推测未定的结果。

人类渴望掌握自己的命运，他们非常需要预测，借此消灾免祸、抓住契机。中国自古就十分重视预测和预测研究，所谓"预则立，不预则废"。中国传统预测学是集阴阳、五行、周易、八卦、奇门遁甲等于一体的以推测已知或未知的事件为目的的一门学科。

荷兰的 Jakob Bernoulli（1654—1705）创立了西方预测学，目的在于减少人类生活各个方面由于不确定性导致错误决策所产生的风险。本世纪五十年代以来，预测学渐渐地成为一门独立的学科，国内外各部门、各行业不断应用各种预测理论和方法来进行社会预测、经济预测、科学预测、技术预测、军事预测等。同时，决策过程也逐步由经验型向决策分析技术型过渡发展。目前，预测决策理论和方法得到了广泛的应用，并已发展成为理论分析、方法技术与实际应用相结合的专门学科。

语言的研究方法一般是先搜集、整理语料，从语料中提取研究的对象并对其进行描写、分析和归纳，但缺少预测也是事实。语言预测是依据已有的语言事实和语言规范，通过科学的假设，结合语言现象所赖以生存的社会文化背景，对语言现象的发展做出一个科学的、超前的判断，为语言的走向和趋势提供可能性。语言学既然是一门科学，那么它就不能够只是满足于现象的罗列——在语言学中既然已经知道了语言发展的规律规则，把握了它发展演变的大趋势，当然就可以对于它的前进方向作出判断和预测。

随着语言研究的发展和不断深入，语言预测作为一个新的分支学科，或者是作为一项新的研究内容，至少在上个世纪就已经有学者进行了尝试和探索。

王希杰从《说"霸"》开始研究，而后提出了"潜词"、"潜义"的概念，他把被人异化的"生造词"称之为"潜词"，认为潜词是指"符合一种语言的构词规律，潜藏在一种语言的底层，尚未变成言语事实的词。"并在后来完善了其语言的"潜显性"理论。潜显语言理论是王希杰先生对我国语言学作出的重大贡献。该理论的基本观点是：显性语言的潜性化和潜性语言的显性化是语言发展的基本形式，这也是语言自身不断调整的过程，语言具有自我调节功能。区分语言的显性和潜性，有助于人们科学地认识并把握语言发展的基本规律，更新语言研究的方法，并为人们预测语言的发展演变运动提供了可能性。

于根元则提出了"初显"（介于潜显之间的中间状态或过渡阶段）和"占位"（强调语言在发展过程中，不仅显的部分有变化,潜的部分也有变化,一旦具备潜词显化的条件,潜词就会出来占位。)

而周洪波提出,可以从新词和新义两方面入手,根据已经显现的词语来反推尚未出现的词语。

可以说,王希杰、于根元、周洪波等学者对于语言预测都进行了积极的探索和研究。夏中华则主张借助科学的假设,依据现实的显性语言,对语言的发展趋势做出科学的预测,建立语言预测学,使语言研究不再亦步亦趋地跟在语言现实后面进行描写和归纳,而可以有一定的前瞻性和预见性。

语言预测的意义主要可以体现在以下三个方面。

文化学意义:领略现代文明的融会和交流,尤其是中华文明的发展走向。

社会学意义:反映特定历史时期的社会问题。

语言学意义:梳理新词语的词源、形式、演变的过程及动因;揭示汉语词汇在造词、演变、存废等方面的动态发展规律;为词典编写、语言教学、普通话测试、汉语水平测试等提供词语依据;为语言研究提供大量的资源。

语言学家不但要观察、追踪、收集、整理新词语,还可以做预测词汇发展新趋势的工作。尤其是研究开发语言中的潜在成分,用科学假设的态度,以现实中的经验事实和语言属性为前提和依据,运用预测方法,对语言现象的发生发展做出一个超前判断,这既有益于语言自身的发展,也有益于对语言进行科学研究。

二、自相似的理论分析

自相似性(self similarity)是指一个随机过程在各个层次上

具有相同的统计特性，它与分形和浑沌紧密联系，存在于自然界的许多现象中。

如果在复杂的图形中取出一部分放大到原型大小后，看上去仍具有原图形的典型特征，这说明可以通过认识部分来映象整体。这种复杂性来自简单数学关系的反复迭代，源于局部与整体的自相似性，自相似性是一种普遍存在并把它作为一种由已知到未知的思维模式，可以由小到大也可以由大及小，可以由表及里也可以由内到外。

自相似性揭示了一种新的对称性，即画面的局部与更大范围的局部的对称，或者说是局部与整体的对称。这种对称不同于欧几里得几何的对称，而是大小比例的对称，即系统中的每一元素都反映和含有整个系统的性质和信息。无论放大多少倍，图像的复杂性依然丝毫不会减少。

一个系统的自相似性是指某种结构或过程的特征从不同的空间尺度或时间尺度来看都是相似的，或者某系统或结构的局域性质或局域结构与整体类似。另外，在整体与整体之间或部分与部分之间，也会存在自相似性。一般情况下自相似性有比较复杂的表现形式，而不是局域放大一定倍数以后简单地和整体完全重合。

综观事物的运动变化并不总是均匀的、可重复的，不均衡变化、不可逆性、具有相关性（或者说记忆性）是自然界普遍存在的现象，任何繁杂的看似无规律的自然（或社会）现象，都存在一定的内在联系，而且越是"相接近"关联性就越强；同时每个具体的事物都具有区别于其他同类事物的个性特点（排他性）。这说明自然界的"随机性"并不是无任何规律的。研究表明，任何繁杂的自然系统（现象），最普遍的（或者说普遍存在的）相关性是"量"的叠加（和逻辑）与"质"（信息量）的非线性扩张（乘数或指数关系）——这正是自相似性的本质。世界的局部可能在一定条件下、过程中、在某一方面（形态，结构，信息，功能，时间，能量等）表现出与整体的相似性，它承认空间维数的变化既可以是离散的也可以是连续的。

语言是一个处在不断地运动变化发展之中的体系，这个体系中的各个要素既有一定的稳定性，也有一定的变动性。稳定性是语言系统存在的前提，也是语言自身发展的必备条件，而变动性不仅仅是作为一个系统，语言内部的不断衍生、发展的规律所致，而且也是语言的传承性的表现。

语言内部的各个组成部分都有着不同方式、不同形态的变化，而且变化的多少快慢也是不一样的，而在以往的研究中，我们逐渐掌握了越来越多的规律来解释、预测语言的变化。这不但体现了人们对于语言学的关注和探索取得了很多的成就，同时也昭示了语言学的变化性还是有据可依、有律可循的。

新词语同样是基于词语自身的构成规律而产生的。新词语的出现体现了词语造词的"自相似性"规律。

三、从新词语的出现来印证自相似性理论

根据人们对新词新语的研究，新词语包含以下几类：

（一）新造词

社会生活的新变化，如果原有词语无法表达的话，就需要创造新的词语。新造词是利用原有的语言材料，按照原有的构词方式构成的，采用新的形式，表达新事物、新概念的词。当前新词语中有一种利用某一新兴的"准词缀"形成一批带有该词缀的新词的现象。例如，"零"：零距离、零首付、零风险、零事故、零缺陷、零接待、零中介、零增长、零投诉、零利率、零口供；

"软"：软环境、软广告、软科学、软杀伤、软指标、软着陆、软资源等等。这种准词缀固定于词头或词尾，具有很强的构词能力，可以不断地创造新词。但它们意义并未虚化，都还有明显实在的意义，是新词语的重要组成部分。《2007年中国语言生活状况报告》公布了254条汉语新词语，报告显示：这254条汉语新词语中，后缀带"族"、"客"、"奴"、"友"、"门"、"吧"、"日"等的词族化的新词语占了27.55%。

（二）领域语言中的新词语泛化

科学技术和社会领域的发展，影响着我们的日常生活。一些专业词汇进入人们的生活领域，泛化为一般词语。这种词语往往由原有的词义扩大或引申而成为新词新语。如"效应"原是一个并不常用的专业术语，近年来通过语义泛化，构造出了一个非常流行的词族，如"经济效应"、"名人效应"、"轰动效应"、"负面效应"等。

网络词语是一种特殊类型的新词语，这类词能否突破其使用范围，被人们普遍认可从而进入普通话还有待观望，我们称其为准新词。如：黑客、网恋、铁托（铁了心要考托福的人）、恐龙（网络中戏称丑女）、东东（东西）、GG（哥哥）、B4（鄙视）、886（拜拜了）等。

（三）缩略语

语言的经济性要求使得人们通过减少语言符号来提高语言交际的效率，那么，由简称、合称和短语缩略而成的新词语自然会增多。如周洪波（1997）所指出："有的新词语在显现之前，多由一个松散的或较长的语言片段来表述"。

新词语的缩略最常见的是由多音节（多为四音节）缩略成双音节。这主要是因为双音节是汉语词语的主要形式。如非典型性肺炎→非典、婚姻介绍→婚介、体育彩票→体彩、卫星电视→卫视、维护和平→维和、物资流通→物流、海外归来→海归、研究开发→研发、个人演唱会→个唱、中央电视台→央视、娱乐新闻记者→娱记等。在当前产生的新词语中多音节词明显增多，据曹炜对《新词新语词典》（李行健等主编，语文出版社1989年版）的抽样调查，当前新词中双音节词语占百分之二十六点八二，三音节词语占百分之二十六点八二，四音节占百分之三十点四二，五音节占百分之八点一九，六音节以上占百分之七点七四。所以说，新词语中多音节词语增多，实际上已呈现出双音节、三音节、四音节并驾齐驱的局面。但这只是暂时的，依据双音节是汉语词语的主要形式的属性，许多多音节的新词语将会在未来逐渐双音节化。

（四）地域词语和方言词

由于经济、文化等社会因素的影响，方言中的词语进入到共同语，成为新词语。如港澳台词语进入到普通话中。以买单、作秀、个案、发烧友、炒鱿鱼等港澳台词语为例，它们的吸收往往是先进入粤方言而后再进入普通话。

在方言词语的吸收上，最显著的当属北京方言、粤方言和上海方言。北京是全国的政治文化中心，普通话又以北京话为标准音，因此，北京话的词汇很容易进入普通话。如：蹦迪、托儿、宰人等。而经济上的优势使粤方言对普通话和其他方言产生了很大影响。如"拍拖、无厘头"等都是从粤方言吸收的。"派对、套牢、动迁"等词则主要从上海话中引进。其次是东北方言和四川方言，如"忽悠"、"雄起"等。

（五）外来词

借用外来语来丰富本族语是语言发展的必然手段。

现阶段汉语中的外来词以英语为主，但也有为数不少的日语词。外来词有音译的，如克隆、麦当劳、肯德基等；有音意兼译的，如迷你、伊妹儿、可口可乐、席梦思等；也有夹用外文字母或全部使用外文字母的，如 IC 卡、卡拉 OK、CT、UFO、MTV、PK 等。日语外来词是指源于日本的汉字词。这些词在日语中就是以汉字形式出现，但读音和意义都和汉语不同。这部分外来词一般人不易感受到。如，量贩店（指零售商店）、料理（指菜肴、饮食）、人气（指名气、人望）、写真（指照片）等。

（六）旧词新用的词语

词义、用法发生变化的旧有词语。旧词产生新义主要通过引申和比喻两种途径，多表现为由某一专业的专用词进入其他的社会生活领域，成为全民词汇：比如，"老板"不仅指私营企业主、企业领导人，甚至连事业单位的领导人、学校校长等"一把手"以及学生导师等都被冠以此名，并广为接受；"下课"，新义指被解职；"内功"，新义指自身的素质、实力；"变脸"，新义比喻事物的面貌发生很大的变化；"黑马"，新义指在体育比赛或其他竞争中出人意料的优胜者。旧词产生新用，也有可能是旧词新用，即旧词所指意义曾经有，后来所指消失了，再后来又出现，旧词也再度复活，如暗娼、嫖客、卖笑、梅毒等。

四、如何建立新词语的预测机制

（一）新词语的发现与识别的基本方法

目前，新词语的发现和识别主要基于两种方法：基于规则和基于统计。基于规则和基于统计各有利弊，可以互相补充，从而使得新词检测获得更好的效率。基于规则的方法，其核心是根据语言学原理和知识制定一系列共性规则和个性规则,以处理自动分析中遇到的各种语言现象。

以已有的词语来反推尚未出现的新词语,是建立新词语预测机制的基础。

(二) 借助汉语语素数据库

语言的词汇系统在不断地变化和发展,汉语中未收录在词典中的词的数目是无限的。但汉语中作为构词基本部件的单字,在数量上是有限的,在表意功能上也是相对稳定的。使用汉语的人用组字成词的方式创造新词。根据这样的认知途径,汉语新词与预测系统先把单字作为基本资源,寻找它们组合成词的规律,用来识别和理解未收录词。由于识别和理解的依据是单字的属性,所以单字的构词规律就成为引人关注的问题。

这样做的目的有两个,一个是为汉语信息处理提供初始信息(各种词法、语法、语义属性),另一个是获取与构词规律有关的统计数据,从中找出最常用的构词语素、构词频率,以字构词。

在上述语言资源的支持下,用语法性类作为词素的基本属性,可以得到了关于二字合成词词汇结构形式的一些统计数据。

(三) 采用语料库支持的方法

语料库数据支持,主要有基于语料库数据的方法(data-based approach)和语料库数据驱动的方法(data-driven approach)。这两种方法从语料库语言学的兴起开始,已经有30年的历史了。之所以采用语料库语言学的方法,是因为词语中呈现出共现性、相对稳定性和不可解释性,这些特征有的可以从语法、语义的角度加以解释,但有些是人们长期习用的结果,表现出一些统计学特征,统计学特征就需要语料库证据的支持,才能更全面。因此，有了合适规模的语料库，就可以全面、准确、快速地完成发现和识别任务。

（四）影响预测的两大因素：自身调节、社会文化

语言变异是语言学的重要研究对象。语言学就是要联系社会来研究存在于现实话语中的各种语言变异，找出各种重要的语言变异与社会因素的相关规律，并从这种研究中找出那些具有发展趋势的语言变异形式，用来指导我们对语言发展的干预。同时也从语言变异的研究中，寻找历史上语言变化的痕迹。我们研究语言变异的目的是：真正了解活的语言，进一步了解语言的变化过程，预测、干预语言发展的必要和可能。

能产性强可以说是当今汉语新词语的一个相当突出的特点，并且这一特点也体现在其他特征之中。《新词语大词典》（上海辞书出版社 2003 年 12 月版）收录 1978～2002 年共 25 年产生的新词语两万条。这样计算，平均每年约有八百条新词语产生。

而减排、炒股、嫦娥、生猪等反映头年社会热点的词语，则成了 2007 年度的高频词语。利用频率比值对比分析 2006 年与 2007 年的语料，2007 年频率比值较大的"跌"、"涨"、"股"、"幅"、"券"几个字都和股票有关。十七大的召开使得"党"字的频率比值也增大。此外，2007 年猪肉价格上涨，使得"肉"字的频率比值较大。对比近三年来前 600 个使用频率最高的汉字，可以很好地看出经济社会的发展变化。例如，"涨"、"季"、"盘"、"楼"、"均"等字在 2007 年都排到了前 600 位，而这些字在前两年的调查中均在 600 位之后。

这些新词语表现出的特点有：一是多音节词语占优势，其中三字词语占 36.61%，四字词语占 28.35%；二是大量使用词语模类推构词，词族化表现明显，运用较多的类后缀有"族"、"客"、"奴"、"友"、"门"、"吧"、"日"等；三是名词性词语最多，占 91.33%；四是构成材料以汉字为主，兼有别样，254 个新词语中有 13 个字母词；五是新词语来源于多个渠道，分布在不同领域，反映了社会生活的方方面面，其中生活、文化、科技和经济领域产生的新词语较多，占 67.32%。

综上所述，对于新词语的预测，我们不难得到以下认识：1）多音节词不过是过渡阶段，假以时日，它们中的大部分还可能向双音节转化；2）借用类后缀来类推构词，仍然是汉语新词语产生的重要手段，在借助汉语语素数据库的条件下，重视构词语素（尤其是充当语缀、类语缀的语素）的构词频率，就可以推导出下一时段可能出现的新词语语素；3）重视外国语言中新词语的统计和分析，这是吸收外来语的前提；4）关注社会经济、文化体育、科学技术等热点领域的焦点新闻和最新动态；5）网络语言仍然是人们造词的重要舞台。

借此机会，我们可以尝试预测一下 2010 年的新词语。

《现代汉语词典》收录有：碳、碳氢化合物、碳水化合物、碳酸、碳酸气、碳纤维、二氧化碳等词语。

低碳生活（low carbon living）正是目前十分活跃的一个新词语，随之而来出现了：减碳、碳汇林、碳排放、低碳族、碳足迹、低碳经济、低碳城市、低碳车、低碳房等，以"碳"为词根的词语会明显出现。而随着语言自身的调整功能，若干年后，作为"标记"的"低"也许就会逐渐隐退，多音节的"碳"类词变成：碳林、碳车、碳房、碳城……

2010 年值得纪念的重大事件为上海世博会。用"世博"组合而成的新词语也不会在少数。

作为 2009 年的热字："被、门、裸、族"等将仍然会有大量的机会造词。

"醉酒驾驶"在经历"醉驾"和"酒驾"的摇摆后，恐怕最终因交通法规的严格性与社会公众的安全需求性而和"饮酒驾驶"一道变成"酒驾"一词……

  语言预测的理论还处于成长期，其研究成果也十分有限。由于语言是一个动态的、复杂的、群体性的、随机的体系，没有程式化的计算公式，从而使得语言研究者难以做出全方位的准确预测，但是借鉴浑沌学中的"自相似性"理论，我们仍然可以以汉语本体为基础，通过跟踪已有的语言事实，准确把握社会文化的新动向，增强语言预测的可操作性和合理性，为语言的发展做出自己的努力。

黏着型语言构词形态标记
现存定态及其源流

曹道巴特尔

　　黏着型语言的基本特点是构词法形态和构形法形态等一切形态标记都黏附于独立词语，以表示各种词汇的、词法的、句法的意义。从黏着型语言系统的定态看，人们熟知的变格形态、变位形态以及构词形态等这些形形色色的形态标记（一般称为后缀）似乎都是历来就有的固有形式。其实不然，那些形态标记只不过是这个开放的、动态的演化系统在其流变过程中形成的一个重要的定态而已。很多迹象表明，目前看来一个个都是彻头彻尾的形态单位，实际上在过去的某一历史时期却是一些独立的词语，只是现在从词面上难以辨认出来。我们所说某一历史时期，应该是系统演化流变中的一个相当具体的时间段。可是，我们现在只能说曾经有过这样的一段时期，而不能确定它属于哪一个具体的年代。我们有一种感觉，黏着型语言的每一个形态标记的产生和发展以及黏着型语言语法形态现存格局的形成，可能由某一历史时期的一种微不足道的扰动引发，后历经漫长的发展过程，才形成目前的这个样子。我们从现存定态所带的一些遗存痕迹中隐隐约约地感受到，这个扰动是很微小、很随机的一种变化，即在语言流变中自然产生的某些语音的弱化、变音、脱落等现象，但它最终导致了系统格局的重大变化。我们设想，扰动发生之前的那个远古时期的源流语言有可能是一种以词序或者复合词为主的系统，而且在那个扰动产生之后的相当一段时间内，复合词形式仍然是这个源流语言词汇的主流方向。最终成为黏着型语言的那些语言，在流变的初期仍然是其源流语言的一个成员或者一个分支。随着时间流动，这个分支的特性逐渐加大，自某一时刻进入远离其源流而进入新的状态，最终成为独立的系统。也许那个最初的源流语言早已不存在了，或者变成很多其他分流。不管怎样，我们要说的是，现在的黏着型语言很有可能是由以复合词形式为主的古代的某一源流语言分离出来的，它是因某一扰动而产生。那个扰动的产生根源在于人类语言的普遍趋势驱动，即源于以尽可能简短、简便的方式传达更为丰富、更为准确信息的基本原则。在语音发音上的简化主要以浊音清化、塞擦音擦音化、送气音的非送气化等各类附加标记的简化过程，还有元音的普遍前化和一些语音的弱化以及进一步的脱落等等。在词的结构上，主要表现在于复合词第一词韵尾的变音、脱落，第二词中第一音节的普遍脱落和以主要音素和音节来承担第二词原有语义等简化手段。这种简化，实际上是思维方式的转变，是一种由形象化的、感性化的、具体的状态向概念化、公式化、模式化的抽象化方向的转变。这种动态变化，刚开始时只是一个微小的扰动，经过一段时间的发展，获得更多的支持，吸引临近相似成分并推动其向着相同方式变化的方向改变，到了一定的阶段，形成与原来定态有所区别的新的状态，即产生分叉，明显表现出新的定态的苗头，最后独立词语语法化、抽象化，进而成为以音素和音节为形式的构词形态标记。

当新的定态形成之后，其下一步的发展方向在一定时间段是相对稳定且确定的。但是它仍然是非线性的动态系统。它仍然在内部的和外部的微小扰动中不断地发生着涨落，当达到一定的分界线，就会发生质变，进入新的定态。因此，语言形态现状也是该系统的一个动态历史的相空间上的一个点，它是变量所产生的一个状态表现，它的未来就像它的产生一样，在系统内部的和外部的长期干扰中生存和发展，甚至因此而变得面目全非。黏着型语言的那些以单一的语音形式或者以音节形式表现出的抽象的词法学后缀，一个个按规则有序地镶嵌在每个词干后面相应的位置，各自表示着十分明确的词法学意义。如果说现在的每一个词法学后缀都曾经是一个个单词中的基本成分，是由不同的具有实际语义的独立词语演变而来，那么这种认识在目前情况下很难说服身边的任何人，包括语言学家在内，恐怕很少有人支持这种观点。的确如此，虽然我们的判断意味着重要的发现意义，但我们无法从每一个现存形态背后找得到其原型来证实我们判断的正确。面临困难的原因是多方面的。最多情况是这种变化发生的年代过于久远，有的经过了若干次的形式简略、内容抽象的过程，从而源流和现状完全脱钩，是完全不可逆的，不可还原的。另外，语言系统中的自组织能力和同构作用以相同的方式改变了相邻的近值（近似同质）要素，因而现存定态中存在着一种形态多种源流或者多种形态同种源流的情况，因此不能简单地指认古代的某一状态是现存某一状态的源流或者一种源流只产生一种变体。也就说，我们不能只从表面上的异同轻易下结论。归根结底，这是非线性系统普遍性在语言上的表现。系统流变中的一次分叉和几次分叉之后，源流语言和现存语言之间的关系已经十分模糊了，现存语言已经不是源流语言的什么分支或者支流，而是在某些方面带有源流语言某些特征的具有一定相似性的另一个流域。黏着型语言这一流域的特性和源流语言的特性已经发生本质上的区别。用生物学的术语讲，随机性突变（某些语音的减少或者改变）发生之后，以自然选择确定发展方向（形态化），在隔离机制作用下形成新的种群（新的形态）。在黏着型语言这边，经语法化而形成的构词形态标记是最重要的构词法形态，它完全不同于源流语言的复合词构词方法。

虽然说是因为变化太大，甚至是因为面目全非而无法断定黏着型语言的构词法形态来源于古代复合词，但是我们还是能够用实例证明我们的感觉并非毫无根据的虚渺悬念。蒙古语是一个典型的黏着型语言，它可以提供支持我们观点的例证。蒙古语的有些形态后缀，尤其是一些构词法形态，仍然携带着较明显的独立词语痕迹。在各类构词法形态中，独立词语痕迹最突出的是一些动词构词后缀。比方说，我们稍微仔细观察，就会发现蒙古语的{-la}、{-ra}、{-č a}等动词构词后缀和olqu（获得、得到）、bolqu（成为、化为）、γarqu（出）、oroqu（进）、irekü（来）、oč iqu（去）等动语词干之间的惊人相似之处。由此，我们可以确定地认为那些构词后缀是由上述这些独立的动词演变而来。也就是说蒙古语以{-la}、{-ra}、{-č a}为构词后缀的动词，以前都是第二个词为 ol-（获得、得到）、bol-（成为、化为）、γar-（出）、oro-（进）、ire-（来）、oč i-（去）等动词的复合词语。比如：蒙古语的 qaγ-a 是表示硬质物品破裂的状态的情态副词，它和动词 ol-（获得、得到）、bol-（成为、化为）、γar-（出）、oro-（进）、ire-（来）、oč i-（去）等的结合，构成了二合式的不同的及物动词和不及物动词。我们可以以实例更为具体地介绍由复合词转变为单词的变迁过程。比如，动词 qaγal-（弄破 [及物]）是由情态副词 qaγ-a 和动词 ol-（获得、得到）或 bol-（成为、化为）的结合而成的。其原型应该是复合词 qaγ-a ol-（得到破裂状态）或者 qaγ-a bol-（成为破裂状态），是二合词形式。就复合词 qaγ-a ol-（得到破裂状态）而言，根据语言的简化规则，脱落掉第一词词尾的元音-a，第二词词首元音 o 因元音和谐律作用相应地变成元音 a，原来的复合词 qaγ-a ol-变成了单词 qaγal-。如果 qaγal-来源于复合词 qaγ-a bol-，就是经过脱落掉第一词词尾的元音-a 和第二词词首辅音 b，第二词词首元音 o 同样相应地变成元音 a 的过程，最后形成现在的单词 qaγal-。总之，按目前的构词后缀{-la}来看，原来的动词 ol-或 bol-只剩下一个辅音-l，成为一个构词形态后缀。再如，动词 qaγač i-（劈开、砸碎

[及物])是由情态副词 qaɣ-a 和动词 oči-(去)的结合而成。其原型应该是复合词 qaɣ-a oči-(破去)。脱落掉 oči-词首的 o 元音而原来的复合词 qaɣ-a oči-变成了单词 qaɣači-,独立词语 oči 只剩下či,并成为黏着在单词 qaɣači-末尾的一个构词形态后缀。又如,动词 qaɣara-(破裂[不及物])是由情态副词 qaɣ-a 和动词 ɣar-(出)或 or-(进)或 ire-(来)的结合而成的单词。其原型应该是复合词 qaɣ-a ɣar-(出现破裂状态)或者 qaɣ-a or-(进入破裂状态)或者 qaɣ-a ire-(来破裂状态)。在发展过程中,脱落掉后一词词首的 ɣa 或者 o 或者 i 等,原来的复合词变成了单词 qaɣara-,原来的动词 ɣar-(出)或 or-(进)或 ire-(来)等只剩下一个-ra,成为一个构词形态后缀。复合词单词化的一般模式是简化或者合并第一词末尾的韵尾和第二词词首的音节,根据语音结合规则和元音和谐规律重新组合成相对简短的一个单词。为了能解释得更加清楚,下面列举更多的例子。

词义	原有复合词形式		现在的单词形式及其词干、后缀		
	复合词	词1+词2	单词	词干	后缀
拿来	abču+ire	拿着+来	abčira	ab,拿、取	-čira
变老	högšin+ire	年老+来	högšire	högšin,老者	-re
做梦	jegüdü+ol	梦+得到	jegüdüle	jegüdü,梦	-le
刮风	salkin+ire	风+来	salkila	salkin,风	-la
下雨	boroɣan+oro	雨+进	boroɣala	boroɣan,雨	-la
相等	teng+oči	平衡+去	tengče	teng,均等	-če
好转	jasa+oro	治理+进	jasara	jasa,治、修	-ra
领头	aqa+bol	兄长+当作	aqala	aq-a,兄、哥	-la
吃饭	qoɣola+ol	饭+得到	qoɣolla	qoɣola,饭	-la
软化	jögelen+oro	软+进入	jögelere	jögelen,软的	-re
一分二	qoyar+bol	二+成为	qoyarla	qoyar,二	-la
炸掉	delbe+oči	爆炸+去	delbeče	delbe,炸	-če
爆炸	delbe+ire	爆炸+来	delbere	delbe,炸	-re
炸掉	delbe+bol	爆炸+成为	delbele	delbe,炸	-le

构词后缀｛-la｝、｛-ra｝、｛-č a｝的构词功能有所不同,｛-č a｝能够构成及物动词,｛-ra｝构成不及物动词,而｛-la｝构成及物动词和不及物动词。至于其前面的词干,不限于某些词类,可以是名词、副词、形容词、数词、动词等。但是｛-la｝的原型 ol-(获得、得到)是及物动词,bol-(成为、化为)是不及物动词。另外,有的词里 ire-(来)也能够构成｛-la｝,它也是不及物动词。在这里,本应为｛-ra｝的变为｛-la｝,这是语音变化规则的结果,这样的｛-la｝构成的是不及物动词。比如 salkin+ire(风+来)应该是 salkire→salkira,而非 salkila,只因为与 salkin(风)中 l 的协同发音需要,ire-(来)中的 r 也相应地变化为 l 辅音。元音也是如此。因为元音和谐作用,ire-(来)中的 e 相应地变化为与 salkin(风)中的 a 相同的语音。而构成｛-ra｝的 γar-(出)、oro-(进)、ire-(来)和构成｛-č a｝的 o č i-(去)等均为不及物动词,但是｛-č a｝也能够构成及物动词,而｛-ra｝仍然构成不及物动词。也就是说,对于已经变成构词后缀以后的虚化了的词语来说,其原来的具体语义已经不重要了,甚至其原有及物和不及物也失去了意义。但是作为抽象的词法学构词后缀,它们要表达的内容是有确定的领域,并且基本围绕着比其固有语义稍大一些的范围。这一点正符合系统的"整体不等于部分的累加"的原理。

我们通过上述讨论和例子要说明的是,对于黏着型语言来说,富有表现力的构词法形态后缀方式才是它最基本的构词法手段,而复合词只是分量有限的补充。但是黏着型语言的形态构词法并非是一开始就有的形式,而是每个构词法形态的原型都曾是相应的独立的词汇。黏着型语言有可能在其早期曾有过和汉语一样的以单词或者复合词为主的时期。它经历了漫长的语法化过程,才实现了当前我们所熟悉的这种形态构词法的语言现状。我们无法确定黏着型语言实现语法化而成为黏着型语言的具体年代，因为我们所掌握的一切语文学文献或者其他信息所反应的都是后来的状态，它仍然不支持任何黏着型以外的其他假设。

我们在上面的例子，看到了词语由复合词变成单词，复合词中第二个词语失去词汇语义而形成一种构词法形态标记的实际情况。在蒙古语的历史发展来说，独立词简化成形态标记是一个重要的初始条件，它在蒙古语之前，甚至是在突厥诸语、满通古斯诸语、朝鲜语、日本语、乌拉尔诸语等一切黏着语产生之前的早期阶段形成的一个分叉，它由一个不起眼的小小革命性变化引发，并且构成了一个位于主流旁边的一支小小的沿流。我们可以假设当时某一语言的主流是一个复合词很多、语法形态相对少一些的语言。随着岁月的流动，那个微小的沿流逐渐扩大，不断制造与系统原始状态有所区别的杂质，使一部分相应的活态因素都吸引到自身周边，系统中的复合词或者类此状态的一部分不再是具体实际语义单位，而逐渐淡化语义功能转化为形态功能，并且把很多周边的相似的词语的生存状态都按照它的方式改变过来，最后形成了一组一组的没有具体语义而只有构词法功能的形态。再后来，日益壮大的语法化趋势主导整个系统的发展方向，整个系统直接使用业已形成的基本规则构成了很多很多的以母语词干或者外来词词干为主题语义单位的词语。到了现在，形态后缀已经是蒙古语等黏着型语言构词法的核心手段。一个微不足道的吸引子形成一个不起眼的沿流，一个不起眼的沿流最终变成了气势宏大的主流。

蒙古语动词构词法的语法化例证，有的时候在词根和词干上看得不是十分清楚。如果我们从更为宏观的、更为整体的视角考察，就会不一样。首先，我们不仅要看典型的语言，还要观察相关的地方口语以及其他亲属语言，这样可以找得到更有说服力的例子。比如，蒙古语的 boroγalaba（下雨）、salkilaba（刮风）等单词，在一些地方口语中，仍然以 boroγan oroba、salkin ɣarba 等复合词的形式存在。比起它是来自汉语的干扰这个想法，我们更为相信它是古老表达式的一种无意的遗留。现代典型语言里早已不存在的中世纪蒙古语的一些词汇，经常零零散散地出现在蒙古语不同的地方口语中，这是常见的事情。比如，出现于南宋人陈元靓编著《事林广记》中的《蒙古译语》有一个"簸箕，折不哥"词条，"折不哥"是宋代蒙古语，应拼写为 jebge，指簸箕，现代蒙古语口语中，科尔沁土语仍然存在这个词，而其他口语就不存在了。又如达斡尔语的 ʉnʉkʉn、科尔沁土语的 ʉnəg、鄂尔多斯土语的 ʉnʉg 等山羊羔名称词也是其他口语所没有的中世纪蒙古语词汇，《蒙古秘史》和《姆卡特米特阿勒阿达布词典》都有这个词，应拼为 ʉnʉgʉn。这是一点，我们要更加广泛地考察相关语言和方言土语中的残留。其次，在观察中，我们也不能仅仅看词干部分，而要看更长一些的多层次附加成分中的更为可观的环境，这样才能显示出语法化的更为清楚的情况。比如，č ingɣatɣaqu（抓紧）。这是一个包含多层形态的完整的词语。它是由形容词词干č ingɣa-和按顺序依次镶嵌的由形容词构成动词的构词后缀-t，动词使动态后缀-ɣ-a，动词未然形后缀-qu 等一个词干、三个形态构成的单词。如果只看词干č ingɣa-和构词后缀-t，我们在动词č ingɣat-中很难发现构词后缀-t 的真实来源。我们只能在č ingɣatɣaqu（抓紧）一词的整体环境中，才能够确切地看到它是由形容词č ingɣ-a（紧紧）和动词 atquɣaqu（让握住）两个词构成的实际。更重要的是，我们通过这样的观察，清楚地看到了č ingɣatɣaqu（抓紧）一词的来源是复合词č ingɣ-a atquɣaqu。单词č ingɣatɣaqu 合并了第一词韵尾的 a 和第二词词首的 a，省略了第二词 t 之后的 qu 等语音。蒙古语词 atqu（手把）中的辅音-t 变成了由形容词构成动词的构词后缀。同样道理，要辨别出动词č ingɣara（加紧）中的构词后缀-ra 到底来源于 ɣar-（出）、oro-（进）、ire-（来）等词语的哪一个，我们就要看č ingɣaraɣulqu（加紧）这个多音节词语的完整的整体，还可以扩大到短语和句子环境，这样就可以清楚地看到构词后缀-ra 来源于动词 oro-（进），而不是来源于其他两个相近的词语ɣar-（出）和 ire-（来）的真实情况。也就是说，种种因素表明了č ingɣaraɣulqu（加紧）一词是由 ingɣ-a（紧紧）和 oroɣulqu（让进入）两个词构成。

在此，我们只涉及了 {-la}、{-ra}、{- a} 三个构词后缀的来源问题。{-la}、{-ra}、{-č a} 是由蒙古语 ol-（获得、得到）、bol-（成为、化为）、ɣar-（出）、oro-（进）、ire-（来）、o č i-（去）等最基本的词汇抽象而成的构词后缀。虽然我们不能确定其形成的具体年代，但我们从 {-la}、{-ra}、{-č a} 等所带 ol-（获得、得到）、bol-（成为、化为）、ɣar-（出）、oro-（进）、ire-（来）、oi-（去）等具体语义痕迹，可以推论出构词后缀 {-la}、{-ra}、{-č a} 等应该属于完成于离我们最近一个时期的语法化现象。至于更为远古的，词面上几乎没有任何独立词痕迹的为数更多的构词后缀，我们的确无法回复它们原来的独立词语面貌。不过，通过这样的研究，我们可以提出蒙古语或者黏着型语言在其早期阶段的源流语言时期，可能经历过复合词构词法阶段这一新的观点。当然，复合词构词法本身不属于严格意义上的形态学特征，它是句法学和形态学的混合物。

上层的任意性与底层的像似性

刘朝华

引　言

　　任意性原则是索绪尔语言学理论的核心原则，它的提出对于构建结构主义的符号理论起到了至关重要的作用。但是，由于索绪尔强调的是语言的共时平面，忽视了历时平面，因此没有彻底地坚持任意性原则；同时，由于历史的局限，索绪尔没有深入理解语言符号的像似性，以至于在论述任意性时，在可论证和不可论证之间摇摆。因此，近几十年来，受到了各个方面特别是认知语言学派的质疑。实际上，仔细研读索绪尔对任意性的论述和各方面对任意性否定的论述后可以发现，语言符号的任意性和语言符号的像似性是从语言的两个不同角度提出来的语言规律，两者有交叉或重合之处，但并不相互否定。

一、索绪尔的任意性原则

1. 任意性原则构建的语言背景

　　（1）任意性原则产生的源头是美国语言学家惠特尼，他在19世纪60年代就提出了词和观念之间不存在内在、根本关联的思想，并且认为人与动物交际方式的根本区别在于一个是本能的，一个是任意和约定的。（卢德平 2001）索绪尔对惠特尼的观点给予了高度的评价，认为他深刻领悟了语言是"一个纯粹的制度"，并且想要人们也要有这种感受，因此"极其合理地强调符号的任意性质，从而将语言学置于它真正的轴线上。"[①] 对语言理解的不同，惠特尼对任意性的看法没有像索绪尔那样贯穿古今，立足共时，因此把机会让给了索绪尔，从而促成了结构主义语言学理论的诞生。

（2）索绪尔发现了任意性的理论价值后，并没有孤立地强调任意性，而是将它放到语言共时平面的系统内部来进行论证。他说："语言是一个只认得本身秩序的系统"，[②] 就像国际象棋一样，其来源是外部的，"相反，一切与系统和规则相关的都是内部的。假如我将木制的棋子换成象牙的棋子，这种改变与系统无碍；但是，如果我减少或增加棋子的数目，那么，这种改变就会深入到'棋规'之中。"[③] 也就是说，国际象棋是从哪里传到哪里，棋子的质地如何，每一枚棋子的名称是怎么来的，这些都与象棋规则无关。语言也如象棋一样，是一个系统，在规则之下，语言只关心符号的价值，而不是它的外部关系。由于索绪尔强调了语言的共时关系，凸显了语言符号的任意性，因此对语言符号非任意的方面，没有去深究原因，并且把一个重要的因素也给忽略了。他说："只是因为言语才有了语言中所谓的历时。所有的变化都起源于言语：它们中间的每一种变化都是由若干个体发出之后才得以使用的。"[④] 固然，语言的历时和共时是人为划分出来的，语言永远处于一个动态的发展过程当中，共时总是历时的

[①] 裴文译：《普通语言学教程》，第 85 页，江苏教育出版社，2002 年。
[②] 裴文译：《普通语言学教程》，第 25 页，江苏教育出版社，2002 年。
[③] 裴文译：《普通语言学教程》，第 25 页，江苏教育出版社，2002 年。
[④] 裴文译：《普通语言学教程》，第 109 页，江苏教育出版社，2002 年。

一个部分，因此，从某种意义上讲，历时是绝对的，共时是相对的。历时和共时的划分仅只是为了研究的方便而假设的两个平面，但索绪尔把它们的主次关系颠倒了。从共时平面的角度，索绪尔把任意性放置在一个封闭的系统内部，切断了语言符号与外部世界的联系，强调了语言符号在系统中的价值，因而即便看到了"所有的变化都起源于言语"这个非任意性的一点苗头，但为了建立语言的系统框架，也把这点苗头掐掉了。

2. 任意性释义

任意性的含义至今仍然是一个充满争议的话题。索绪尔对任意性的定义是"符号施指和符号受指之间的联系是任意的"，"也就是说，相对于符号受指，即在现实中与它没有任何天然联系的符号受指而言，它是任意的"。[①] 现在一些人对任意性的解释大多断章取义，而没有考虑定义的条件：首先，符号施指和符号受指的关系是从共时平面语言的内部系统这个角度观察的，而不是从历时的角度；其次，施指和受指分别代表不同的事物，它们之间"没有任何天然联系"，所以两者的结合不可论证。那么，索绪尔的任意性应该可以这样来解释：在共时平面语言系统内，语言的音响和概念之间没有必然的联系，它们的关系是任意的。就像一颗叫"马"的棋子也可以改换成"车"，这只不过是把那枚棋子的名称换到另一颗棋子上而已，只要不减少棋子或增加棋子违反"棋规"。索绪尔对此解释道："不仅语言事实所联结的两个领域是模糊不清而又不成定形的，而且选择什么音段来标示什么观念也完全是任意的。倘若不是这样的情况，价值的概念就会失去它特性中的某种内涵，因为它将包含由外部强制性规定的一个要素。事实上这些价值完全是相对而言的，这就是为什么观念和

[①] 斐文译：《普通语言学教程》，第 76—77 页，江苏教育出版社，2002 年。

声音的联系根本就是任意的。"① 但是索绪尔又没有彻底地坚持共时平面语言的内部系统这个立场，在讨论任意性时常常滑向历时，或者溜出了语言系统外部，造成了自相矛盾，这是受到置疑的重要原因。

3. 任意性和强制性

索绪尔立足共时平面，把任意性内置于语言系统内部构建符号理论框架，排除了很多干扰因素，但这样却造成了"任意性矛盾"。因为任意的就不是强制的，强制的也就是非任意的。为此，索绪尔不得不寻找一条似乎能解决矛盾的出路："一个符号一旦在语言的群体中得到确定，个人便无权对它加以任意改变。"② 他把语言符号跟语言群体联系起来，表面上解决了任意性难题，实际上这只不过是医生常常使用的"锯箭法"，外面的事情解决了，剩下的是内科的事。这也是没有办法的，因为坚持共时层面只能解释任意性的一面，而强制性则需要从历时的角度加以说明。索绪尔陷入了两难，一方面语言符号是任意的，另外一方面语言符号在"某种程度上包含着自由中的非自由的矛盾"，可见，对任意性和强制性的处理是不能两全其美的。

4. 相对任意性

索绪尔在论证任意性时，常常处于矛盾之中，一方面他认为任意性是绝对的，另一方面他又认为任意性是相对的。所谓绝对就是不可论证，相对就是可以论证。通过把可以论证纳入不可论证，他悄悄地偷换了先前确定的任意性的概念。他说："符号的任意性的基本原理并不妨碍我们在每一种语言中把根本任意的，

---

① 裴文译：《普通语言学教程》，第125—126页，江苏教育出版社，2002年。
② 裴文译：《普通语言学教程》，第77页，江苏教育出版社，2002年。

即不可论证的与仅仅只是相对任意的区分开来。只有一部分的符号是绝对任意的;在其他的符号中出现一种现象,这种现象可以让我们看到任意性虽不能予以消除,但有程度上的差别:符号是相对可以论证的。"① 索绪尔在建立语言的符号系统时,坚持绝对的任意性,但是当他立足于语言系统之外时,又发现语言符号相对的任意性,也就是"语言的机制可以从另一个特别重要的角度来加以说明"。② 种种迹象表明,索绪尔还没有弄清楚共时和历时的关系,或者说他颠倒了共时和历时在语言发展中的位置,力求用共时的条件来解释历时的结论,有时不得不在共时和历时之间摇摆,李葆嘉称之为"任意性原则的失误与复归",③ 其实索绪尔并没有复归,坚持任意性还是一贯的,承认"相对可以论证"仅仅只是在此路不通情况下的权宜之计。

因为没有辩证地看待共时和历时的关系,索绪尔对任意性的论述充满着狡辩,似乎任意性有时是"完全"的,有时可以向可论证性过渡,用他的话说就是"同一种语言的内部,整个演变运动的标志可能就是可论证性到任意性的和任意性到可论证性的持续过渡。"④ 无论是讨论任意性和强制性,还是讨论绝对任意性和相对任意性,索绪尔始终都没有从自己挖掘的陷阱中跳出来。如果当时他明确了语言历时的绝对性,共时的相对性,那么,强制性、相对任意性、绝对任意性、可论证和不可论证等问题都可迎刃而解。

---

① 裴文译:《普通语言学教程》,第146页,江苏教育出版社,2002年。
② 裴文译:《普通语言学教程》,第146页,江苏教育出版社,2002年。
③ 李葆嘉:《论索绪尔符号任意性原则的失误与复归》,载《语言文字应用》1994年第3期。
④ 裴文译:《普通语言学教程》,第149页,江苏教育出版社,2002年。

二、像似性原则及其立论视角

1. 像似性原则的产生

像似性问题早在古希腊和中国先秦时代就开始讨论了。古希腊关于"词"与"物"的争论,春秋战国时诸子关于"名"与"实"关系的探讨,就是早期任意性和像似性问题的体现,这种论辩一直持续到当代。但首先提出像似性概念却是19世纪40年代初的事情。符号学奠基人皮尔斯把符号分为图像(icon)、标引(index)、象征(symbol)三种类型,这三种符号中,图像与像似性最为相关,并且,他还把语言结构和客观现实结构之间的相似性也纳入像似性。他说:"每种语言的句法借助约定俗成的规则,都具有符合逻辑的像似性。"[①] 此后,本维尼思特、雅可布森等也对语言的成分或结构展开了像似性研究。但真正使像似性理论走向成熟应归功于功能语言学家海曼、吉文等人。海曼把像似性分为成分像似和关系像似,沈家煊进一步完善了海曼的系统,提出了数量像似性、距离像似性和顺序像似性三条像似性原则。[②] 像似性的成功之处在于,它揭示了大量语言现象背后的认知理据,为语言研究提供了新的思路,并且成了认知语言学的创造性思想之一。

2. 像似性的理论根据

维特根斯坦(1921)在《逻辑哲学论》中构造了一种图像理论,主要命题包括:一、世界是所有发生的事情;二、发生的事

[①] 申小龙:《普通语言学教程精读》,第247页,复旦大学出版社,2005年。
[②] 沈家煊:《句法的像似性问题》,载《外语教学与研究》1993第1期。

情，即事态，是诸事态的存在；三、事实的逻辑图像就是思想；四、命题的总和就是语言。归纳之，语言是世界的图像。① 维特根斯坦的语言哲学理论没有直接提出像似性的概念，但这种思想可能影响了符号学家皮尔斯。他的图像符号与认知语言学的像似性最为接近，他认为符号和它的所指之间的关系是基于各自性质上的某种相似性，这种关系就是像似关系。他还对像似关系作了三点补充：第一，像似性是感知中的相似性，或者叫作"心理事实"；第二，从一定的角度讲，像似符和标引符都属于象征符，因为任何符号都是通过解释者形成的"规约"；第三，像似符和象征符之间的界线是相对的。② 认知语言学家后来深化了皮尔斯的像似理论，他们以体验哲学为认知基础，坚持"非客观主义"，认为语言不是一个自治的系统，它是客观现实、生理基础、身体体验、认知加工等多种因素总和的结果。③ 语言不是直接反映现实，而是通过认知这个中间环节来实现的，语言和现实之间形成了一种对应关系。因此，体验哲学成了像似性理论的认知基础。

3. 语言结构要素的像似性

认知语言学家在体验哲学的影响下，发掘了语言中大量存在的像似性证据，并开始用这些证据质疑索绪尔的任意性原则。这些证据在语言的语音、词汇和语法上都有体现。语音跟意义的关系，杜文礼、王寅等发现，英语中的 gr 常表示不愉快的声音，

---

① 维特根斯坦：《维特根斯坦全集》第 1 卷，陈启伟译：第 189—203 页，河北教育出版社，1921 年。
② 张敏：《认知语言学与汉语名词短语》，第 148—149 页，中国社会科学出版社，1998 年。
③ 王寅：《认知语言学的哲学基础：体验哲学》，载《外语教学与研究》，2002 年第 2 期。

如 groan 呻吟，growl 嗥叫，grumble 发牢骚，grunt 咕哝，grouse 牢骚。① 汉语中的情况也是这样，马秉义发现，表示"圆"的意义，音节中的韵母或韵腹常常是圆唇元音，如"滚、轱辘、碌碌、瓜、果、球、圈"。② 此外，某类语音往往与某个意义相关联，如英语里的前元音"i"常与"微小"特征联系在一起（杜文礼1996）③，汉语里表示"声音大"的词，其元音往往开口度大，如"啪、哗、轰隆"等。词汇和意义也有对应关系，英语中的构词语素"er"常表示从事某种职业或参与某种活动的人，如"driver 司机，teacher 教师，worker 工人"。汉语里的偏旁"叚"通常表示"红色"，如"霞，红色的云；瑕，红色的玉石；虾，红色的虫；騢，红色的马"。语法，特别是语法结构，也表现为一种像似意义。认知语言学家认为，语言的结构特别是语法结构，跟人对客观世界（包括对人自身）的认识有着相当程度的对应或"像似"（iconicity）关系，或者说，语法结构在很大程度上是人的经验结构（人认识客观世界而在头脑中形成的概念结构）模型④。语法结构不是"天赋"的，而是约定俗成的意象，离开意义，就谈不上有语法。从共性的角度看，世界各种语言似乎都存在象似现象。陆丙甫发现的"距离－标记对应律"认为，在汉语、英语中，动词的从属语如直接紧靠动词，可以不带表示跟核心动词关系的语法标记，否则一定要带。如"他渐渐地糊涂起来"中，"地"可带可不带，但"渐渐"如远离动

---

① 杜文礼：《语言的像似性探微》，载《四川外语学院学报》1996年第1期；王寅：《Iconicity 的译名与定义》，载《中国翻译》1999第2期。

② 马秉义：《果裸转语与R语族比较》，载《英汉语比较与翻译》2000年第4期。

③ 杜文礼：《语言的像似性探微》，载《四川外语学院学报》1996年第1期

④ 沈家煊：《不对称和标记论》，第10页，江西教育出版社，1999年。

词"糊涂",则一定要带语法标记"地",如"渐渐地他糊涂起来"。① 戴浩一发现的时间顺序原则表明,"两个句法单位的相对次序决定于它们所表示的概念领域里的状态的时间顺序",② 如"他到图书馆借书"中的"到图书馆"和"借书"顺序是不能颠倒的。许多语言都有重叠现象,如动词重叠、形容词重叠等,张敏认为,重叠现象其实可以看做是"形式越多,内容越多"的数量像似性的反映。③

上述语言各要素体现的像似规律表明,语言并非是任意的,而是有理据的,就像章炳麟所说:"语言者不凭虚起,呼马而马,呼牛而牛,此必非恣意妄称也。"④ 不过,国内诸家对任意性的质疑也不是一致的,有的对任意性持否定态度,有的持折中态度。许国璋对任意性的否定较为彻底,他认为,原始时代的语言符号有任意性,部落社会时期和文明社会时期就是非任意的了;⑤ 而李葆嘉则彻底的否定了任意性原则,他认为"索绪尔的符号任意性原则实际上是个虚构的原则,除了给人们造成语言符号的形成过程不可捉摸的错觉,只有舍弃对语言符号的历时系统性研究之外,语言符号的任意性命题在语言学研究实践上没有任何价值"。⑥ 多数学者对任意性的看法是折中的。王寅认为"语言中的像似现象不仅确确实实存在,而且还是一个主要现象,语

---

① 陆丙甫:《作为一条语言共性的"距离—标记对应律"》,载《中国语文》2004年第1期。
② 戴浩一:《时间顺序和汉语的语序》,(黄河译),载《国外语言学》1988年第1期。
③ 张敏:《从类型学和认知语法的角度看汉语重叠现象》,载《国外语言学》1997年第2期。
④ 章炳麟:《国故论衡》,第31页,上海古籍出版社,2003年。
⑤ 许国璋:《语言符号的任意性问题》,载《外语教学与研究》1988年第3期。
⑥ 李葆嘉:《论索绪尔符号任意性原则的失误与复归》,载《语言文字应用》1994年第3期。

言中的像似性程度大于任意性"；① 朱长河主张像似中有任意，任意中有像似。② 但总的说来，大家对任意性和像似性的论述似乎都是站在同一个层面，因而对任意性的质疑证据不是十分充足，也难以否定任意性。实际上，语言的任意性和像似性来自于不同的观察角度，两者并行不悖，处于语言发展的不同层面，这就是索绪尔所建立的语言的共时系统和历时系统。

三、语言的两个层级

1. 语言的上层和底层

语言的两个层级不是语言的音位层和音义结合的符号及其序列，也不是语言联盟理论中的语言胜利者和失败者，而是语言产生的静态层面和语言运用的动态层面。人类不是一开始就有语言的，就像儿童的成长一样，也经历了从简单到复杂的过程。语言就像商品一样，其实质具有两面性，一方面它是产品，来自于工厂，一方面它是商品，处于流通的市场。索绪尔看到的语言大概是市场流通中的商品，五花八门，不停运动，不知去向；但作为购买者，常常会关心商品的产家，如产家独一无二，则别无选择。语言的发展是一个缓慢和复杂的过程，语音、语汇、语法等结构成分会不断产生，并融入语言的洪流中去。因此，从历时的层面看，语言的每一个结构成分都有一个源点，无数的源点构成语言的底层；从共时的层面看，语言的结构成分处于动态的运用

---

① 王寅：《认知语言学的哲学基础：体验哲学》，载《外语教学与研究》2002年第2期。

② 朱长河：《语言的像似性问题：外界的质疑与自身的应答》，载《山东外语教学》2005第1期。

之中，无论是旧的语言成分还是新的语言成分，都集中在一个运动的画面，我们称之为语言的上层。

2. 上层和任意性

索绪尔建立的语言系统是语言的上层，基本的材料是施指和受指，通过组合关系和聚合关系构造了一个框架，这个系统与外部无关，与时间的变化无关，因此施指和受指的关系是任意的。应该说，索绪尔为了建立语言的符号系统，从语言系统内部观察语言的音响形象与概念之间的关系，得出语言任意性的结论是没有问题的，但不能因此就用来解释历时发展中的语言现象。

本维尼斯特在《语言符号的性质》一文中指出，从共时的观点看一个语言社团使用的语言符号，根本没有索绪尔所设想的那种任意性。符号对外部世界而言是任意的，但在语言系统内部符号却必然要受到系统的制约。[①] 这个观点似乎与索绪尔的相左，但其实是所处的立论角度不同，一个是站在语言系统内部，一个是站在系统外面；但这个观点包含了看待任意性的视角问题，具有借鉴意义。王寅则明确提出了任意性和像似性所处的层面问题，他认为任意性主要是基于词平面，而像似性是基于对语言各层面研究之上得出的结论。但他同时又提到"像似性必然要涉及语言的历时发展和演变，与语言的起源密切相关"，[②] 这似乎已经看到了像似性是从历时的角度观察到的语言源点，只是对任意性所处的层面没有跟像似性明确分开而已。

索绪尔区分了共时语言学和历时语言学，但强调了共时而忽

[①] 引自申小龙：《普通语言学教程精读》，第317页，复旦大学出版社，2005年。

[②] 王寅：《像似性辨证说优于任意性支配说》，载《外语与外语教学》2003年第5期。

视了历时，于是在解释任意性时出现了自相矛盾。从语言本身来讲，历时是绝对的，共时只是历时的一个点，所谓共时和历时是假想出来的两个平面，但这对于语言研究来说又是必要的。语言既是共时的又是历时的。

　　语言的共时层面，从外部观察它是静态的，从内部来看它又是动态的。语言的结构要素语音、语汇和语法好像天然就存在于一个共时层面，可以任意进行组合和聚合，构成一个严密的系统。一种语言，无论多少音位或多少音节，多少语汇或多少句法结构，在一个相对静止的时代基本上没有什么变化，特别是当一个社会处于平稳发展时期。因此，处于共时态的语言符号及语言符号之间关系的总和，就是语言的上层。这个层面，各个要素被动态地使用。即便产生一个新词，声音和意义的关系也是任意的，如"导弹"也可以叫"飞弹"，"非典"也可以叫"萨斯"；而且词与词的组合具有临时性，也是任意的，"作家"跟"鲁迅"可以组合，也能跟"巴金"组合；句子的结构也是灵活的，"我吃饭了"也可以说"饭我吃了"。各个语言要素这时都漂浮于语言的表面，至于它们来自何处，怎么产生却没有引起注意。索振羽认为索绪尔的任意性指的就是施指和受指的联系是任意的，符号不可论证。① 我们认为索绪尔从共时平面语言系统内部得出的任意性原则不是虚构的，而是根据语言符号与符号的关系，也就是符号的价值作出的结论，是推理的结果，而且也能对语言的各种现象作出一定合理的解释。问题是，当索绪尔置身于语言系统外部时，又发现有些语言符号施指和受指的关系是可以解释的，由于没有看到历时因素对语言所起的巨大作用，所以只好承认一部分语言符号的"相对可论证性"。人类学家列维．斯特劳斯对

---

① 索振羽：《索绪尔的语言符号任意性原则是正确的》，载《语言文字应用》1995年第2期。

待任意性的观点倒是可以借鉴,他说,"从先于经验(a priori)的角度看语言符号是任意的;从后于经验(a posteriori)的角度看,它不再是任意的。"[①] 这已经涉及了对待任意性的视角问题,只是还没有从语言的历时层面和共时层面加以论证。

3. 底层和像似性

语言其实就是一个"横看成岭侧成峰,远近高低各不同"的多面体。从历时的角度看,语言由简单到复杂,每一个音位,每一个词语,每一个句法结构的产生都充满着动因,都与客观世界的某种事物或现象相对应,这就是像似性的来源。不过,无论是语音方面、语汇方面还是语法方面,语言要素的产生都是单个进行的,并不是同时进行的,这就是语言的渐变规律。可以想象,语言不是从来就如此成熟的,它的童年时代一定是词汇贫乏、句法结构简单的,或许一个词就相当于一个句子。但是,语言是不断发展的,每时每刻都会有新的语言成分产生,每一个新产生的语言成分很快就又汇入语言的大海,每一个语言成分的产生都有理据,无数个理据共同构成了一个无止境的平面,这就是语言的底层,换句话说,底层就是语言结构成分理据的集合。语言的历时态是一个动态的过程,社会的进步,新事物的产生,思维的精密,都需要用新的成分来反映,新产生的语言成分与原有语言相比其数量都是微不足道的,其理据在语言的上层没有立足之地。许国璋认为原始时代的语言符号有任意性,以后的语言符号就不是任意的了。[②] 这种说法其实是有漏洞的,因为语言的时代和社会的时代不是同步的,而且原始时代语言成分产生的过程与后世没有本质区别。语言成分不断产生又不断沉淀,语言成分产生时

---

① 许国璋:《语言符号的任意性问题》,载《外语教学与研究》1988年第3期。
② 许国璋:《语言符号的任意性问题》,载《外语教学与研究》1988年第3期。

的形式和意义结合体将会沉淀下来，成为语言的底层，而语言成分的形式和意义都会发生变化，这种变化的结合体就成为语言的上层。沉淀的语言成分是静态的，保存了语言成分产生时的理据，因此从历史的下游考察历史的源头，语言符号总是像似的。

4. 上层与底层的关系

语言的上层和底层是任意性和像似性各自所属的层级，一个在语言的表面，一个在语言的背后。从语言的产生来看，底层是第一性的，上层是第二性的。语言产生时，语言的结构成分数量十分稀少，而像似度很高，但语言从来就不是静止的，一方面它要不断发展变化，一方面也要保持自己产生时的属性。正如一个人的出生一样，先天继承了父母的血脉，至于将来会成长为什么样的人，往往因后天因素而决定。所以，语言成分一旦产生，其理据性会很快潜藏起来，而其发展变化的形式和意义常常表现出越来越多的任意性。语言成分的理据性沉淀下来就加入到语言的底层，它的发展变化就成为语言的上层。如汉字"鱼"、"马"等字，它们的原始字形是对动物的外形描画，今天已经看不出它们的原始字形了。我们现在只知道使用这些字，至于它们为什么是这种写法，那是语言底层的问题；而它们将来如何变化，则是语言上层来讨论的了。

有人主张，语言既有任意性，也有像似性，像似性和任意性既相互对立，又相互补充。[①] 如果从每个语言成分的产生和发展来看，这种观点似乎不错，但是我们认为，语言不能同时用两个面孔朝向语言使用者，因此，在上层，语言都是任意的，在底层，语言都是象似的。固然，有很多语言成分现在无法推知它的

[①] 王寅：《认知语言学的哲学基础：体验哲学》，载《外语教学与研究》2002年第2期。

理据性，但找不到理据并不是说就可以称作任意性。陆丙甫、郭中（2005）认为，"任何语言符号在特定时间、地点、环境下产生，都有当时、当地的特定背景原因"，因此"凡存在的都是有原因的"。① 从历时的角度来看，这种说法是非常正确的。从语言系统的内部看，语言是任意的，各种成分在一个无形的规则系统下进行自由的选择和组合，诚然，这个规则系统是像似性的产物，但是它在共时系统已经隐藏起来了。根据语言系统中每个符号的价值可以推断，这个符号的价值也可以用另外一个来替代，如"影迷"也可以叫做"粉丝"，而且，一个语义可以用不同的句子来表达。可以断言，语言要有任意性才可以表达无穷无尽的客观事物，否则，语言仅有像似性就会僵化，语言的交际也会受到阻碍。

　　语言的上层是建立在底层基础上的，没有底层就没有上层。上层和底层不是形式和内容的关系，也不是同一平面语言的两个属性；上层是共时的，底层是历时的。因此无论是音义的结合，还是句法的组合在上层都是任意的。Haiman（1985）认为，随着语言的发展，任意性慢慢潜行进入语言，使得原本像似性极高的语言不断受到"扭曲"和"腐蚀"；有些像似性现象被任意性所掩盖，有些被减弱，甚至有些会消失。语言学家可通过还原的办法来恢复被"扭曲"和"腐蚀"了的原有像似性的真面目。② Haiman 看到了任意性和像似性的时间因素，明确了像似性的本源性特征。需要说明的是，像似性和任意性都不是静态的东西，语言的上层时时刻刻都会产生语言成分的像似性，如最近出现的网络词语"雷"，其意义不是"打雷"意义的引申，而是网络上

---

① 陆丙甫、郭中：《语言符号理据性面面观》，载《外国语》2005 年第 6 期。
② 王寅：《像似性辨证说优于任意性支配说》，载《外语与外语教学》2003 年第 5 期。

用这个字来表示浙江东北部的一个方言词,意思是"听到别人的话很讶异、很惊奇或难以理解"。"囧"也不是古代字典中表示"光明"含义的那个字,而是表示"悲伤、无奈或者非常尴尬的心情",动因是"囧"像一张脸,"八"表示下垂的眉,"口"代表嘴,整个字被"网络化"了。前者是声音的像似,后者是字形的像似,但它们的理据很快就潜藏起来了,而意义和引申的意义被广泛应用,也就是说它们进入了语言的上层。王德春说得好,"在一种语言内部,新的语言单位往往有明显的理据性",① 我们要补充的是,语言随后就产生了任意性。

语言具有任意性不等于说它拥有绝对的自由,任何一个语言成分从产生的那个时刻开始就确定了自己的属性,当然世界上任何事物都是如此,不是将来想怎么变化就可以怎么变化的。底层也是一个价值系统,每一个底层符号都能找到自己的位置,这个位置一般不会轻易改变,这个位置决定了它在上层发展和变化的方向。如能说"一张琴",不能说"一张笛子",原因在于"张"的底层意义是"弓上弦",而"笛子"没有使用"张"的隐喻基础。索绪尔认为语言符号具有强制性,实际上指的是一个语言符号在上层中确立自己位置的情况,跟我们这里分析的语言底层制约性不是一回事。索氏所讲的强制性是指一个语言符号在语言系统中确定的一个位置,或者说一个位置不能容许几个语言符号同时存在,它跟底层有关。底层编制了一个系统,每一个符号在其中都确定了自己的位置,新的语言符号在系统中只能是新的位置,没有力量打乱原来的系统;底层制约性是指语言符号发展变化的方向,也就是语言符号可以任意发展变化,但又始终保持共同的因素。需要注意的是,底层制约也是分叉的,前一个理据有

---

① 王德春:《论语言单位的任意性和理据性——兼评王寅〈论语言符号象似性〉》,载《外国语》2001年第1期。

可能是后一个理据的基础。总之，底层产生上层，上层又不断制造出新的底层符号，所谓任意性是指底层的不自由在上层自由的凸显。因此，王艾录总结说，"任意性是一个贯穿始终的变量，它的存在支持着语言的变异性、选择性和多样性；理据性是一个普遍潜在的动因，它的存在支持着语言的有序性、机制性和可证性"[①]，用这句话来说明上层和底层的关系同样适用。

四、语言现象的浑沌性

语言与人类不是同时产生的，根据生物学、考古学以及计算机科学的研究推测，语言的产生离现在大概 5—10 万年。[②] 人类的记忆能力又非常有限，语言的每一个音位、词语、语法结构是如何形成的，现在并不能都看得一清二楚。因为语言现象是复杂的、动态的，有的一闪即逝，有的长存不衰，有的相互纠结，有的磨损变形，以至于变得不可论证；同时语言又是历史的产物，经过时间的沉淀，各种内外因素的影响，语言符号都会发生变化，其理据往往会在语音、语汇和语法等方面留下蛛丝马迹，因此语言又具有可论证的一面。

语言具有可论证性，是因为语言是一个复杂系统，复杂系统具有将有序和无序融入某种平衡的能力，因此，只要能找到两者的平衡点，语言的理据就可以发现。在讨论语言的任意性时，通常的看法是，研究音义结合的理据性相当麻烦，研究句法层面的

---

① 王艾录：《关于语言符号的任意性和理据性》，载《中国语言像似性研究论文精选》，第 123 页，湖南人民出版社，2003 年。

② 参见李宇明主编：《理论语言学》，第 23 页，华中师范大学出版社，1997 年。

理据性则相对容易。如果根据分形原理,任何复杂事物都具有自相似性,即部分和整体形态相似,那么,音义结合的理据应该是可以分析出来的。因为人类的语音和动物的声音具有很多共性,动物的声音表示的简单意义可以启发我们。如动物遇到危险发出的声音往往表现为急促和洪亮,而嬉戏玩耍时发出的声音却是温和而细腻,而且,细小的声音开口度小,洪大的声音开口度就大。同样,人类语音也是从古猿传承过来的,声音大者元音的开口度就大,声音细者元音的开口度就小,这不是巧合,各种语言都有所体现。

语言又具有不可论证性,尽管几百年来在原子主义的影响下,语言被分析为大大小小的成分,很多语言现象仍然难以解释,因为"整体可以大于部分相加的总和",整体可以产生浮现意义(沈家煊 2006),而且语言现象也不是完全有序的、稳定的和平衡的。很多语言现象都是偶然因素促成的,如"艳照门"、"蚁族"等,随着时间的流逝和语言的演变,有的可能还留下一点痕迹,有的就渺然模糊了。就像散落在河床流沙里的金子,有的可能被淘金者找到,有的可能永远找不到了。语言总是处于共时系统的大体可论证性和历时系统的一般不可论证性之中。

五、结　　论

语言符号的产生都是有理据的,即都具有像似性,语言的底层是所有像似性的集合,因此底层是第一性的;语言的任意性是语言符号的像似性在上层的发展变化,是底层在共时层面的实现,因此是第二性的。过去对这两个问题总是争论不休,主要原因在于把两个本不属于一个层面的东西放在一个层面论证。另一个重要的原因在于,索绪尔确立了任意性原则的首要地位,在共时平面建立了语言的符号系统，但忽视了语言历时平面的作用，一方面坚持了任意性的原则，一方面又部分地背离了任意性原则，因而给后人留下了难以自圆其说的把柄。其实，任何原则都有它的适用范围，任意性原则就语言的上层来说是无可厚非的，但它不能对语言的底层进行解释，同时，像似性原则也不能用来解释语言的上层，因为静态的理据与动态的运用是难以并行的。

浑沌学理论应用于二语习得研究的动态描写方法
——Diane Larsen-Freeman 研究方法的启示

洪 芸

一、前 言

由于语言是个复杂系统,二语习得的发展不能由任何单个子系统的表现来决定,而是在不同的时间维度和层次上,由复杂的动态系统内部各元素之间相互作用而成。另一方面,显示二语水平也是多维的,学习者在不同时期有不同的目标,如二语的准确度、流利度和复杂程度都可显示学习者的二语水平(Larsen-Freeman,2006)。语言子系统、语言水平的多维度、甚至单一语言元素之间都具有支持、竞争和互为条件的关系。支持性表现在一个子系统、一个维度或者一个元素的发展有赖于另一个的发展。例如在一语发展中,词汇的突然增加和语法发展之间就是这样的关系,这两个子系统是相辅相成,共同发展的。这个例子说明不同个体之间不仅有静态的关系,在发展的过程中这种关系也在不断改变。然而,这种关系不一定是和谐的,也许一个子系统对另外一个构成竞争关系,这种竞争源于人类在学习或解决问题时的资源限制,如工作记忆、注意力和分配时间的限制。比如说在某个时间、某个维度的水平表现得高一些,但准确性可能会制约流利性和复杂性。浑沌学理论告诉我们，动态系统在不同的层次上有自相似性，也许在某个层次是静止的，但在另外一个层次上可能就是动态的。就如同我们观察一棵树，我们如果盯住一个地方，也许看不到树的生长，甚至很长时间也没有看到生长的迹象，但是我们知道，实际上在树的另外一个地方，它是在不断生长着的。

但是，正是由于语言发展的这种动态变化，运用何种方法捕捉和描述这些细微变化，对研究者来说一直是一个挑战。这也是浑沌学是否能够应用于语言研究的争论焦点所在。20世纪80年代以来，有很多研究者认为只有"数字"才有说服力，"不使用量化法，没有数字与文字的结合，不能想象这样的二语习得研究能属于科学研究"[1]。20世纪80年代末，钱学森明确提出，处理开放的复杂巨系统的方法是"从定性到定量的综合集成方法"。（吴彤，2005）近年来，由于认识到语言教学研究对象、主体不同于自然科学和其它社会科学研究的特殊性质，要求定量研究与定性研究整合的观点倍受青睐。教学研究不能没有价值研究，因而注重有机整体的思辨，定性及质的研究方法必不可少；而语言教学研究关注的二语教学活动又是具体的一种实践活动，具有一定的活动和规模，表现出鲜明的"量"的特征，定量研究同样不可缺少。在同一个研究项目中使用两种不同的范式，可以同时从不同层面和角度对同一研究问题进行探讨。（杨跃，2003）我们认为研究有法，但无定法，贵在得法。与其偏执于某种研究方法，不如着眼于各种不同研究方法的结合和互补。

目前就我们看到的运用浑沌学原理进行的语言研究，绝大部分以理论综述为主。我们以"浑沌学"、"蝴蝶效应"或"自相似性"或"自组织"为关键词检索CNKI（中国知网）1997—2009

---

[1] 文秋芳、王立非：《二语习得研究方法35年回顾与思考》，载《外国语》2004年第4期。

年的全部社科类核心刊物,发现共有 6 篇将浑沌学理论运用于二语习得研究的论文。①这些文章将浑沌学理论运用于语言研究,或引进国外理论,或利用蝴蝶效应、自相似性、自组织等概念对语言现象加以解释。换句话说,目前浑沌学运用于语言研究主要是作为一种隐喻而存在,因而大部分的研究模式比较相似,其成果的突破性或创新性略显不足。造成这种研究局面的原因并不是说语言的动态系统无法进行测量,而是因为对于动态系统的描述琐碎而又庞杂,细微变化难以捕捉,研究者似乎很难花费大量时间进行追踪和统计工作。而著名的语言学家 Diane Larsen-Freeman 在 2006 年底发表的《涌现,复杂性,流利度和精确度——以5个中国学习者的口语及写作任务为例》(Emerging, complexity, fluency, and accuracy in the oral and written production of five Chinese learners of English) 一文,运用动态描写的方法,对 5 个在美国学习英语的中国人进行为期半年的追踪调查,其浑沌学思想指导下对语言学习的动态描写研究模式可谓第一次尝试。以下笔者将对此方法进行详细的介绍,希望对我们的研究有所借鉴。

二、Larsen-Freeman 的动态描写研究介绍

动态描写模式,即以时间为维度,通过对研究对象进行一系列频繁且长期的观察,描写其发展轨迹的模式。这种模式尤其适

---

① 乐眉云:《二语习得研究的多学科前景》,载《外语研究》2001 年第 4 期;储泽祥、魏红:《汉语量词"片"及其自相似性表现》,载《语言科学》2005 年第 2 期;洪芸:《以关系为中心的文化语言学研究——文化语言学研究方法解读》,载《思想战线》2006 年第 1 期;钟文秀:《英语不规则动词的演变与英语发展整体趋势的自相似性》,载《继续教育研究》2008 年第 2 期;胡加圣:《语用混沌论探讨》,载《外语学刊》2009 年第 2 期;成军、莫启杨:《语言学研究的复杂性探索:语言结构生成、演化的动力学机制》,载《西南大学学报(社会科学版)》2009 年第 4 期。

用于随着时间的推移而发展的非线性系统的研究。Larsen-Freeman 的研究方法是让学生在不同时期完成相同的任务，因为她认为即使是任务的细微变化也会对学生的表现产生巨大的影响。其研究过程如下：被试者是 5 个来自中国的学生，他们分别是 R、U、Y、H 和 L。测试要求学生在半年的时间内完成 4 次相同的语言任务，不能使用词典，也不必担心是否能够使用标准的英语。任务有写作和口语，每次写作任务完成后的第三天，要求学生进行口头叙述。完成这些任务均没有时间限制，也没有来自教师的反馈。口语部分进行录音并转写。作者认为对复杂系统的研究既需要宏观分析，也需要微观研究。从宏观分析方面来看，作者使用定量的研究方法，以便看出系统和组织在一般意义上如何随时间而改变。而微观研究方面，作者从学生的具体语言表现着手，分析学生语言的细微变化如何最终成为新的语言表现。由于是调查性质的研究，因此本研究不对任何假设进行检验，不过在研究前，作者期望这个研究能够揭示某些现象或者验证某些观点，如：

1. 学生语言输出的一些固定模式和变异；
2. 在语言水平表现的多维度上不同学生的进步或后退现象；
3. 语言输出的不同模式；
4. 这种模式如何交替进行；由于语言学习不是一个线性的、可叠加的过程，而是一个反复的、螺旋式上升的过程，可能会不断达到某个点；
5. 作为学生整体来说，水平呈平稳上升的线，而作为个体内部（指一个个体的不同次的测量）和个体之间（指同一时间不同个体的测量）则具有很大的不同。作者希望研究能够发现这两种不同如何随时间而改变。因为对于复杂动态系统来说，某些现象的影响在有些时候是可以忽略不计的，而在其他时候却又极其显著；

6. 可以从学生突然使用某种语言形式看到非线性的存在，例如英语动词的时态问题，学生的努力程度与动词时态的正确使用并不成正比；

7. 子系统之间的竞争关系，水平维度，语言因素，以上两种或三种对于有限的资源进行竞争，当然也有研究时间的局限，也许随着时间推移，能够发现其变化；

8. 语言没有一成不变的模式——虽然在这个研究中，学习者会显示出在语言某一层面上的稳定状态，作者仍然希望一旦语境参数发生改变，如谈话对象的改变，学习者会表现出某种不稳定状态。

具体的研究方法及结果如下：

(一) 研究方法：

1. 宏观定量测量方法

作者分别测量了学生作文的流利度（由测量一个 t-unit[①] 所含词汇的平均数量得出）、语法的复杂度（由测量一个 t-unit 中分句的平均数量得出）、精确度（由测量 t-unit 的正确率得出）、词语复杂度（使用复杂型——例比率[②]），这些测量方法都是世界外语教学界公认的测量二语写作水平的最佳方法。

2. 微观定性测量方法

测试者将学生的作文和口头叙述分割成多个话题单元（idea unit），一般来说每个话题单元都是一个完整的子句，然后把这些话题单元排列出来，以便能够清楚地看出每次句子是如何构建并如何随时间而改变的。为了能够比较，把句法最简单的话题单

[①] T—unit 的英文全称是 Minimuln Terminable Unit（最低限度终止单位）。一般来说，它包含一个主句和属于这个句子的一切从句。

[②] 指在一个语篇样品中不同型（type）的全部数目与实际出现的词（例 token）的全部数目的比率。

元列在图表的第一列，然后把其他的话题单元排列在旁边。

（二）结果分析

1. 定量方面

（1）整体的提高与个体的变化：

研究发现，四次测量结果证明学生的总体平均成绩都是在提高的（如表1）。作为一个群体来说，发展是随时间而进行的平稳的轨迹，不过这个数据有其局限性，因为总体的数据一般只能够用来描述进步的趋向或是各个功能之间的关系，然而这种总体的平均数会掩盖个体差异，我们可以从表2中发现，个体的发展沿着各自独特的轨道进行着。虽然个体得到的教学材料和教学指导是相同的，学生们开始学习时的水平也相近，但是也许由于个人对有限资源的选择不同，他们表现出来的便是有时进步有时后退，有时毫无改变，这一发现大大推翻了我们关于个人进步大体一致这个假设。

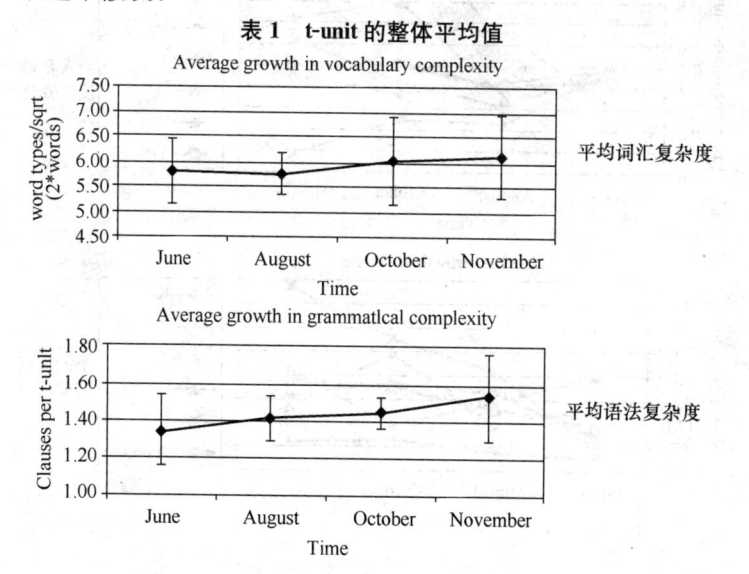

表1　t-unit 的整体平均值

表 2 t-unit 的个人变化值

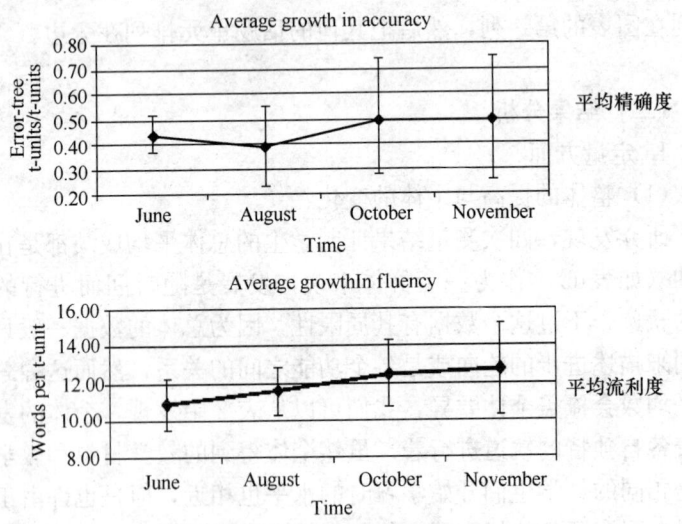

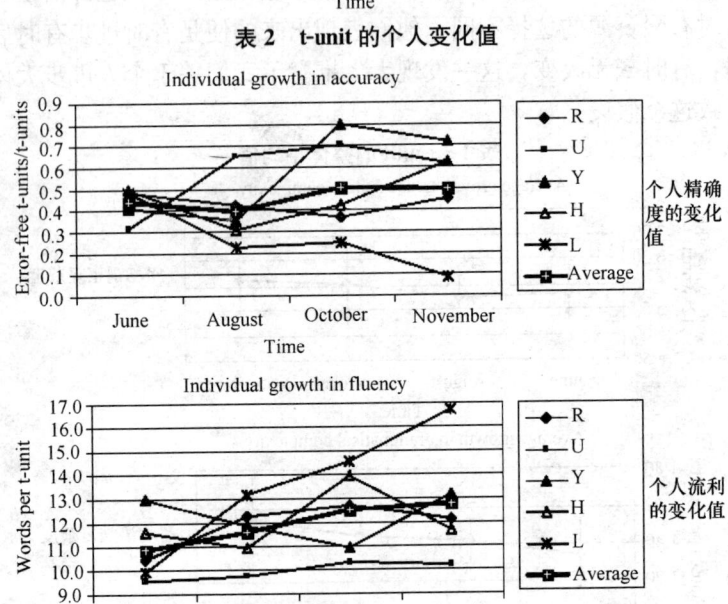

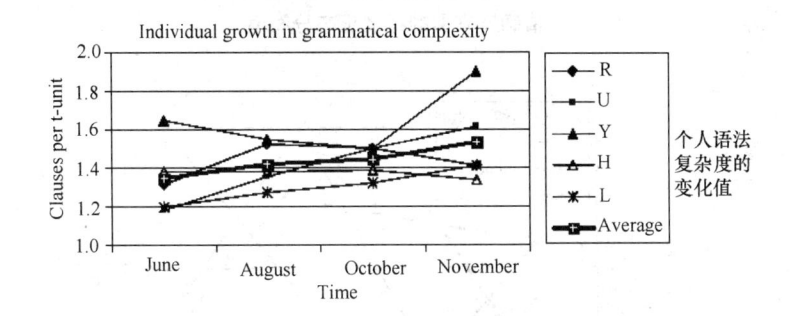

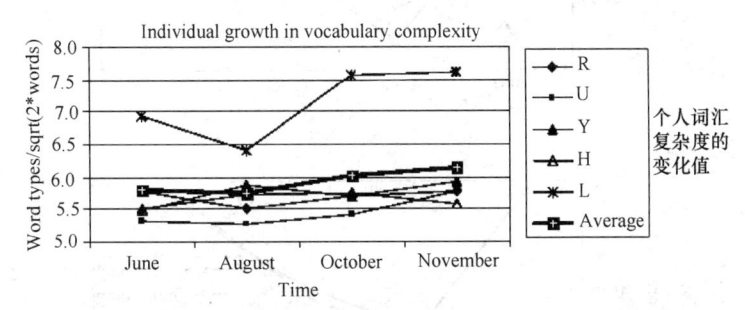

浑沌学理论应用于二语习得研究的动态描写方法　　103

Individual growth in grammatical compiexity

Individual growth in vocabulary complexity

（2）个体不同的发展方向

每个学生在不同时期的发展方向不同，不过也能够分辨出他们对语言表现的某种偏爱。如学生 L，从两个维度我们就可以发现，当语法复杂度"遭遇"词汇复杂度时，学生不管是有意的还是下意识的，更倾向于语法复杂度，其他的几个学生也有相似的表现，虽然他们的最终水平并不相同。而当流利度"遭遇"语法复杂度时，学生 L 更偏爱提高流利度，而学生 U 则更重视语法复杂度，其他学生居于两者之间。学生 L 是一个 27 岁的拥有生物硕士学位的学生，她的成绩也许可以证明存在所谓的表达维度（流利度和词汇复杂度），而学生 U——一位 37 岁的工程师——的语法复杂度有所提高，但她的流利度和词汇复杂度却保持原地不动。

表 3　五位学生分别在词汇、语法、流利度和
精确度方面的标准正态分布值

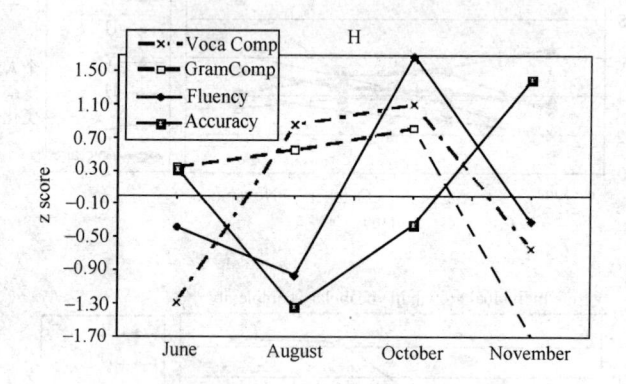

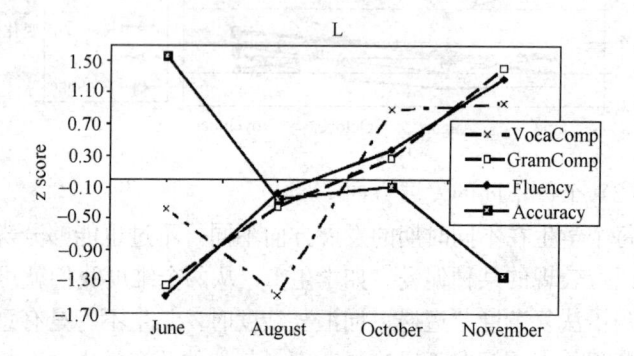

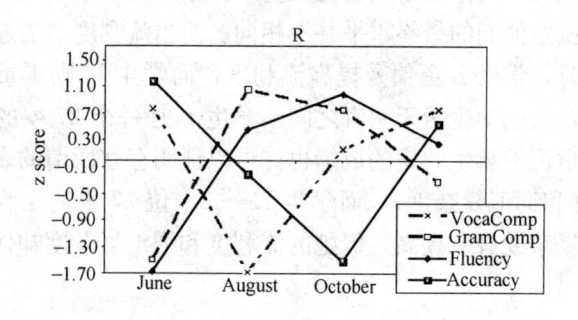

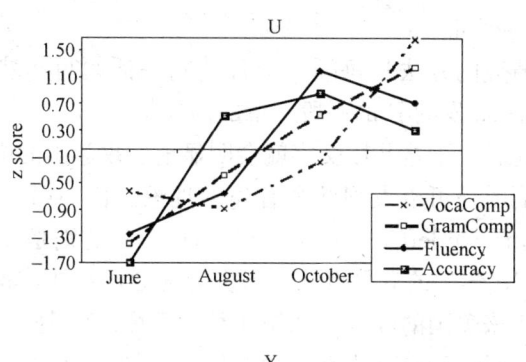

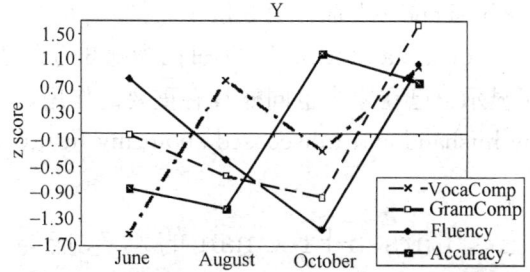

(3) 不同个体在语言发展的四个维度上的不同表现

作者又从另一角度借助一语研究者的研究方法呈现这些材料，将学生因时间而改变的变化系数显现出来（如表3）。方法是设定最初（6月份）的最低值为0，下一个值（8月份）和前一个值相减再除以前一个值，这个数字作为变化系数。如表3，学生U 6月份的精确度值为0.32，8月份的值为0.65，那么她的变化系数就是（0.65－0.32）/0.32＝1.04。从表3我们可以看出不同学生在不同时期的变化波动。变化最大的是精确度，原因是多方面的，比如学生是否接受语言指导，他们对精确度与流利度和复杂度的重要性认识不一等等，从这个表中我们也可以看出流利度和复杂度的变化不大，也许是因为学生的水平已经处于停滞期，而儿童的一语习得正好与此相反，他们的词汇和语法复杂度的发展是最快的。

2. 定性研究

定性研究的方法是每隔一个月就同一话题写作然后口头叙述。下面是 28 岁的 R 的一段文章的前 9 句。

我们比较一下这几段文字就会明显地发现学生的语法复杂度提高了，同时还可以发现几个有趣的现象。比如第 5 段，10 月的是 "before we left our country"，而 11 月的则是 "before we came here"，学生的立足点从中国变为美国；另外，我们还可以看到此学生来美国的改变，如第 1 段，8 月、10 月、11 月是 "I followed my husband……" 而在第 5 段 10 月写的是 "my husband had already made a plan for me"，不过因为她知道自己的听众是老师，为了显示自己在家中也同样具有重要的作用，到了 11 月又改为 "my husband and I discussed about my future"。

三、Larsen-Freeman 的动态描写研究对我们的启示

作者前面的 8 个预测都得到了证实。在二语习得的研究中，不同时间点宏观上的群体平均比较是非常常见的，而个体发展的微观描写却是比较少见的。我们从上面的图中可以发现，如果个体像整体那样遵循同样的发展路线，我们就有必要对此问个为什么了。虽然本研究方式在二语习得方面不是首创，但是多维度和个别研究却是一个非常独特的尝试。作者认为，通过多维度的研究，我们可以发现整体与个体在发展方向上虽然一致，然而我们仍需要自下而上地对那些琐碎微小的细节进行彻底地研究。只有通过这样的研究，我们才能发现学习者行为的多样性和对语境的依赖性。正如 de Bot（2005）所说的：如果我们能够更为详细地

研究，就能够看出个体的发展与整体的发展并不那么相似。这和我们的猜测是有偏差的。因此，无论研究的材料多么琐碎，研究对象的语言能力是持续性的还是阶段性的，都会表明语言的进步并不是明晰的。这种差异也许是学习以外的原因造成的，如对以前记忆的淡忘、最近语言学习的影响、观念的改变等等。不过虽然传统上认为通过完成重复的任务，学生可以完全表现出真正的语言能力，但是这个研究仍然坚持要用动态的观点看待学生的语言能力。用动态的观点解释学生的语言发展，就是说语言表现的提高不是一成不变的，而是随语言的使用同步变化的。

需要指出的是，对于以人为对象的动态系统的研究，我们主张尽量减少定量研究中的实验室方法。我们从已发表的研究报告中发现，一些研究者对研究步骤描述不够详细，难以重复。实际上，自然科学的研究结果一般要经过多次重复检验后，才能发表。而社会科学的研究对象是千变万化的人，我们不可能在同一批人身上将相同的研究做两遍甚至三遍。因此一般的研究报告都是一次性研究的成果。报告成果时，研究者都会谨慎指出，该项结果有待于进一步研究的验证。

由于二语习得是一个复杂的过程，常常不是线性发展和具有明显因果关系的。影响语言习得的因素纷繁复杂，这些因素具有内化的、不可观察的特征；它们之间的关系也是互动的、不断发展和变化的。所以，要百分之百地模拟实验室的条件，并对有关变量做到真正的控制是很难的（庞继贤等，2001）。尝试在语言习得中建立起一种简单的线性因果关系的努力也往往以失败而告终。Van Lier (1998) 曾经指出，当我们能够在两种现象之间建立起如同抽烟与癌症之间的这种直接联系时，实验方法无疑有很大的实用价值；可是，在语言习得中也存在这样的"必然联系"的想法则是令人怀疑的，除非我们退回到行为主义的极端方式。而 Larsen-Freeman 的动态系统研究方式为二语习得的研究提供了一个新的尝试，可以说，对于非线性的系统的研究，动态研究模式可能会比我们一般研究模式更具有科学性和可重复性，同时，也能够发现一般研究模式发现不到的细微问题。

二语习得：一个复杂的非线性系统

莫海文

引　言

　　二语习得是一个复杂的自适应系统（adaptive system），一直以来是语言学研究领域中的热点话题。和其他类型的学习一样，二语习得并非是一个线性的过程，它不像其他二语习得理论所说的那样具有可预测性。到目前为止，至少有 40 个二语习得的理论假设（Larsen—Freeman & Long 1991：227），而没有一个理论能真正对二语习得这一复杂的现象做出合理、充分的解释。这些理论假设主要关注语法的习得，而忽视二语习得的其他方面。本文试对以浑沌学理论（chaos theory）为依据，尝试从语言的非线性特征角度来探讨二语习得的新理论做一简介。

一、关于二语习得的不同解释

　　第二语言习得理论很多，具有代表性的有：①行为主义（behaviorism）②文化适应模式（acculturation）③普遍语法（universal grammar hypothesis）④输入假设（input hypothesis）⑤输出假设（output hypothesis）⑥交互假设（interaction hypothesis）⑦联结主义（connectionism）⑧社会文化理论（sociocultural theory）等。不同的二语习得理论从不同的角度对语言及语言习得进行了探讨，却未能完整地向人们解释二语习得的现象。近年来，浑沌学理论被运用到应用语言学研究领域中，加深了人们对二语习得的理解。

1. 二语习得理论的解释

行为主义认为语言是一套结构，语言习得过程是一个"刺激一反应"（stimulus－response）的过程，是人们习惯形成（habit of formation）的过程。行为主义忽视了学习者心理活动的角色，把语言学习当作学习者从环境中归纳语法规律的行为，刺激一反应模式仅适用于语音学习和死记硬背语法规则，不能充分解释二语习得（Larsen－Freeman&Long，1991：266）。另一环境决定论提出者 Schumman 认为二语习得是文化适应（acculturation）的结果，是学习者在社会上、心理上与目标语使用者的融合（Schumman，1978）。作为环境决定论的回应，Chomsky 从普遍语法（UG）理论的角度来理解二语习得，认为人类天生就具有语言能力，即语言习得机制（LAD），这是人们学习语言的初始状态，环境的输入不全是语言习得的原因（Chomsky，1976）。受 Chomsky 的影响，Krashen 提出了监察模式（monitor model）。他将学得（learning）和习得（acquisition）作对比，提出输入假设（input hypothesis）（Krashen，1985），主要关注促成语言习得的输入，之后又提出了理解假设（comprehension hypothesis）（Krashen，2004），强调大脑活动和潜意识的习得在语言学习中的积极作用。Krashen 把语言习得当作一个可以预测的线性的过程，认为语言习得的原因（cause）和结果（effect）的关系等同于语言输入（input）和输出（output）的关系。其实 Krashen 的观点和上述的理论一样，同样没有超越语法结构的习得。

Swain(1985,1995)不同意 Krashen 输入假设理论,提出了输出假设(output hypothesis)理论。她认为输出有两种功能:检测假设功能和引发反思功能(即元语言功能)(Swain,1995:128)。她认为语言练习在二语习得中尤为重要,能帮助学习者观察到自己的输出,发现自己要说的和能说的之间的差距,意识到认识的不足,从而努力达到精确的理解。同样,受到 Krashen 输入假设的启发,Hatch(1978)和 Long(1981,1996)提出了交互假设(interaction hypothesis)理论。他们认为仅有输入是不足以解释二语习得的;学习者不是先学短语结构再学习句子及会话,而是先学会对话和话语交互之后才学会句法结构;意义协商和交互式的话语修订把输入、学习者和输出有效地联系在一起,促进二语习得。与上述的其他理论相比,交互假设能更好地解释二语习得,因为它能利用内在的(个人的)和外在的(环境的)因素来解释语言学习的过程。

联结主义(connectionism)摒弃天赋论假说,以心智表征和信息加工来解释二语习得。其倡导者 Elman 等(1996)认为人类有普遍的行为特征,但这不能说明一定在人的基因里共存。任何一种语言都是经过大脑神经加工而成的。与行为主义线性语言观对比,联结主义假定人的大脑活动能同时进行几方面的信息处理,知识分布于各种相互联结之中。也就是说,学习不是一个程序化的进程,而是一个并行的过程,即大脑的不同部分同时进行信息处理的过程。最后要讨论的一个二语习得理论是社会文化的理论(sociocultural theory),它是建立在 Vygotskian 思想基础之上的。该理论认为语言学习是一种社会中介活动,语言是介于社会和心理活动的文化产物。从社交活动文化角度来看,儿童早期的语言学习是与某一社会文化成员探求意义的合作活动(Mitchell & Myles,2004:200)。语言学习者在各种社会场合中通过观察和模仿其他人的语言使用而习得语言,而后通过与社会其他成员的交流与合作不断地提高自己的语言水平。

人们对二语习得从广度和深度等方面做了大量的探讨，取得了很多有益的成果，有助于我们对二语习得的理解。然而，这些理论只是在二语习得的某些方面作了较好的研究，却未能完整、充分地解释整个二语习得现象。

2. 浑沌学解释的新视角

浑沌学是一门前途光明的科学理论，其名字来源于希腊神话。浑沌学否定孤立主义的研究方法，主张用整体的观点来研究复杂规律性的问题。尽管我们提到的那8个理论都只关注二语习得的某一个方面，没能完整地解释二语习得的现象，但是我们不能忽视这些理论对人们理解二语习得积极的作用。这些理论结合在一起能更完整地解释二语习得现象：二语习得承认普遍语法的存在以及个人通过刺激—反应式的重复可以学到部分语言知识；强调第二语言文化适应的重要性；学习者的语言输入、互动和输出最为重要，能够促使大脑神经各部分的联结与协作，通过运用目标进行社会文化的交流，促进第二语言的学习。

从浑沌学的角度来看，语言是一个非线性的动态系统，由相互关联的生物、认知、社会文化、历史和政治等部分组成，使人类能够顺利地进行社会实践活动。二语习得并非一个静态的系统，而是一个不断和内部子系统相互影响、相互作用、动态发展的系统。语言并非一个封闭稳定的系统，而是一个多维开放的系统，语言及二语习得都具有复杂性、非线性、动态性等特征，因此语言学习不可能像有的二语习得理论所说的那样具有可预测性。每个人的思维不同，他们的二语习得过程自然相差很大。二语习得过程会因为不同的人、不同的文化背景和不同的学习经历而有所区别。在教学过程中，不管教师再认真，准备再充分，不同的学生乃至不同的班级做出的反应却大相径庭。貌似有序的习得实际上是一个浑沌非线性的过程。在这种浑沌的过程中产生了一种新的语言——学习者的中介语,母语是作为二语习得的初始条件,母语和第二语言同作为二语习得的吸引子(attractor),它们的结构相对稳定,对学习者的中介语有一种吸附的作用。(吸引子是指吸引一个系统不断地向其移动的另一个系统区域,它的系统结构相对稳定,对其他不稳定的系统有一种"吸附"的作用)。第二语言学习者在学习过程中首先是受到母语的影响,再受到第二语言的影响。在学习第二语言时,又受到中介语系统的影响。中介语是一个动态的系统,具有母语和第二语言的特征。中介语成为奇异吸引子(strange attractor),其系统整体稳定而局部不稳定,对初始条件有敏感的依赖性。初始条件的稍微改变,都会导致语言不可预测的变化。每一个中介语阶段都会产生相似但又不同的奇异吸引子。浑沌学试图解释无序中的有序现象,探讨浑沌现象中各因素、各系统之间的相互影响。实际上,语言习得就是一个复杂的动态系统,影响其发展的既有个人的因素,又有社会的因素。系统的各种因素交互作用,促使语言习得的不断发展。语言习得的发展是不可预测的,会因为系统内各因素交互作用性质的不同而不同。语言习得系统不断地发展,会经历一些稳定期,但总不能达到绝对的平衡。

因此,我们不能说语言学习是由外部刺激或者人类本身天生就决定的。语言学习是一个非常复杂的系统,是外界和个人交互的结果(Van Lier, 2004)。语言和二语习得是一个非线性的动态系统,语言习得过程中初始条件的细微差异都将使结果大相径庭。下面笔者将重点讨论语言及二语习得的非线性,以期更好地解释语言及二语习得的本质。

二、二语习得的非线性

1. 二语习得是一个复杂的非线性系统

从浑沌学的角度探讨二语习得是一种新的研究方法，主张这种方法把语言及二语习得作为一个整体来研究，观察语言各要素及组织之间相互作用和影响。人的大脑是一个有生命的开放系统，不断地接受输入并产出。教室也是一个复杂的系统，如果我们追求那些随意的关系是没有什么结果的，"二语习得和浑沌学有惊人的相似，课堂教学和其他生命体一样都要经历浑沌与秩序"(Larsen-Freeman, 1997: 141)。然而在教学实践中，语言学习常常被错误地看作一个递增的线性过程，我们教完这个知识点之后又教下一个知识点，认为学生逐个学会了这些知识。事实上，语言课堂教学是一个非线性的复杂系统，课堂的各要素交互作用，一些变化是可以预测的，而另一些变化是不可预测的，这就要求我们教师提高教学机智（wisdom of education），以更好地驾驭课堂。在语言教学的过程中，我们发现同一个教师教学，学生的学习效果却相差很大。课堂就是一个复杂多变、动态发展的开放系统，每一位学生对来自课堂上的教学和情感信息做出的反应不同，大脑对信息加工的经历也不相同，学习效果也自然不同。在二语习得这个复杂的系统中，许多现象是处于非线性状态，无法预测，但在杂乱无序的交互活动中又形成一些复杂的规律，这些规律让语言学成为了可能。Larsen-Freeman (1997) 认为二语习得是一个动态、复杂的非线性系统，浑沌学理论可以帮助我们从新的视角来研究语言学习。

2. 二语习得过程的非线性

二语习得是一个非线性系统，具有动态、复杂、开放等特点，其活力在于学习者的目标语不断地取得进步。二语习得包括内在因素和外在因素的互相影响及互相作用，其过程极其复杂。二语习得对外部输入做出反应，其整个组织结构也随之改变从而进行重构，永不停止。语言学习不是一个线性规律的过程。比如说英语时态的学习，当学习者学了一般现在时、现在进行时、一般过去时，再继续学习现在完成时的时候，学习者不但没有取得进步，反而没有以前那么熟练了。这是因为每学一个新时态，学习者已建立好的语言知识系统就要发生突变。Larsen-Freeman (1997) 认为二语习得过程中既有规律性的过程也有无序非线性的过程。当学生学习新知识的时候，他们不得不思考新知识如何才能适应于他们原有的知识系统，或者他们不得不改变对原来知识的理解，更新知识和开阔视野。幸运的是，学生通过与他人的交互活动，新的秩序又重新建立起来。Larsen - Freeman (1997) 最后得出结论：语言应该是非线性的有机整体而不是一成不变的原子集合。二语习得是一个不断输入的开放过程，学习者构成的语言系统是一个反馈灵敏且持续重构的自我组织系统。

3. 二语习得中的中介语系统的非线性

中介语通常是指学习者在二语习得过程中创造性地使用一种介于自己的母语和第二语言之间的过渡语言系统。它具有开放性，既包含着母语的特征，也包含着第二语言的特征，学习者通过学习新的目标知识，不断地修正自己的中介语系统。随着学习者的进步，其中介语系统不断地向目标语靠拢。刘利民（2003）认为第二语言习得的中介语现象主要是由于学习者构建目的语心理句法系统时其语言习得机制的自主创新性。其实，影响中介语形成与发展的因素很多，如母语知识、第二语言的知识、学习者的语言心理机制社会文化因素等，中介语是各种不同的因素相互影响、相互作用的结果，是一种非线性系统，具有不可预测性。Larsen-Freeman（1997）认为浑沌学理论可以帮助我们进一步理解二语习得的习得机制、学习的本质、中介语的稳定性和不稳定性、不同的成功学习和教学效果等。在学习第二语言时，操不同母语人的中介语有许多相似之处，但又都受到自己母语的影响，这种影响甚至比第二语言还强。二语习得是一个非线性的过程，充满了许多不规则的现象。我们不能简单地说学习者所讲目标语有缺陷，其实他们讲的是一种独特的中介语，他们学习的过程也是一个创新的过程。学习者在吸收新的语言知识后，原来的中介语系统的平衡被打破，学习者对语言的使用进行假设、修正和完善，使得中介语体系不断地向目标语靠近。只要学习者不断努力，积极参与目标语的交互活动，就一定能取得进步。

三、结　语

浑沌学理论摒弃因果论，让我们从整体来看待语言，加深了我们对二语习得的认识。在做语言研究时，我们必须要清楚二分法的危害，不应该用某种理论简化二语习得，因为二语习得相互影响的因素很多，不能说是某一个原因造成的；不能过度概括，要注意细节，因为细小的东西也同样会变得很重要。语言发展的过程中既有非线性的一面，也有线性的一面，但非线性的现象占绝大部分，二语习得亦是如此。Finch（2001）认为系统非线性和线性的交界叫做"浑沌的边缘"（the edge of chaos），当系统处于浑沌的边缘时，学习达到最佳的状态，学生对新的输入完全处于开放的状态（openness），他们不断地调整自己的学习需求和学习爱好,形成新的习得结构,原有系统发生大的变化。因此,教师要尽量把系统引到浑沌边缘,帮助学生更好地进行语言学习。总之,浑沌学理论支持社会参与的二语习得观点,给我们提供了一个更加开阔的视野来了解二语习得。

以浑沌学理论为基础的文化语言学与文化相对论

彭 凤

一、文化语言学

语言是文化现象，是文化总体的一个组成部分，是自成体系的特殊文化。过去，人们总是把语言看成是一种交际工具，它的功用就是交流思想，所以，隐藏在其后的文化意义完全被人们忽视了，结构主义者表现尤为明显。近年来，语言的文化属性才慢慢地进入到语言研究者的视野。语言是在人类进化过程中创造的，是人类精神活动的产物。作为精神文化的一种形式，语言是人类适应自然环境和文化环境的成果。语言是人类特有的能力，语言的形成是社会规约的结果。语言活动需要一定的社会基础，从这个意义上来说，语言活动也是一种社会活动，这一点与人的本质在社会性上是相一致的。所以，语言是一种社会现象。社会现象也是文化现象。作为符号体系，语言符号在体系内部承担着相应的系统功能，实现其系统功能的价值，但是符号体系作为一个整体，对立于其他语言符号体系，成为一种文化的代码。

文化语言学在宏观上挖掘语言的文化价值，这就是人们通常所说的语言和语言之外的其他文化现象之间的关系问题，诸如语言和文学、哲学、宗教、历史、地理、法律、风俗意志与物质产品、物质行为、社会制度、思维方式、民族性格等文化现象的相互关系。语言是文化的窗口，语言中携带着大量的文化信息，是民族文化历史行进过程中留下的脚印，比如外来词可以见证民族文化的传播和交流。通过维吾尔语言中丰富的阿拉伯语和波斯语借词，我们似乎亲眼目睹了在伊斯兰文化笼罩下维吾尔语言发展的历程。文化发展水平与语言的丰富和准确程度是平行对应的。蒙古游牧民族对畜养对象依体状大小、蹄状奇偶、峰的有无、毛状卷与不卷、性别公母、阉割未阉割、年龄大小而分，相关词语竟达84个左右，由此可见其发达的游牧经济形态的文化。中国汉民族对玉石名称细致的分工，使得中国的玉石文化自显璀璨之光。以上所体现出的文化和语言之间的关系都是一种很规律的联系，而更为复杂的是，语言的文化价值并非都从宏观方面体现，也并非都类似于此的直观和简单，语言的每一个构成要素词语、语音、语法都会在很微妙的细节上和文化发生关系，但是往往不被人注意，而思维层面蕴含的文化意义和文化价值的探讨更是少有人关注。

"文化语言学在继承以往语言学行之有效的各种方法之外，本身在方法论上必定要有新的突破。新的理论必定要有与之适应的新的方法。作为一门新兴学科，没有一种新的方法论来支撑是站不住的。文化语言学的新的方法论基础是浑沌学"[①]。作为系统分支的崭新发展阶段，浑沌学兴起于20世纪60年代到70年代。科学家们发现绝大多数确定性系统都会出现古怪的、复杂的、随机的行为，人们把这种行为称为浑沌。非线性的相互作用在简单的确定性系统中产生惊人的复杂性，甚至是不可预见的行为，这就是所谓的浑沌状态。确定性系统的有序及非线性作用造

[①] 张公瑾，丁石庆：《文化语言学教程》，第101页，科学教育出版社，2004年。

成的无序,这两个矛盾都很强烈时形成的运动体制就是浑沌运动。浑沌运动的本质特征就是系统长期行为对初值的敏感依赖。系统行为敏感地依赖于初值条件所必然导致的结果就是所谓的内在随机性。浑沌学就是一门以直观、以整体为基点来研究浑沌状态和浑沌运动的复杂规则性学问。浑沌学理论为我们研究民族的思维层面打开了另一扇大门。

二、从思维层面研究语言的文化价值是文化语言学研究的重大课题

语言和思维之间的关系探讨,是一个极为重要而又特别复杂的问题,由于研究对象、方法、目的不同,使得这一问题不单单是自然科学领域的问题,同时也成为人文科学的重大问题。一方面,从人类语言整体的角度出发,以言语个体作为研究对象,探讨言语机制和思维机制之间的关系,诸如语言和思维孰先孰后、语言和思维能否分离、语言决定思维还是思维决定语言等等,这些问题也具有哲学及心理学意义,属于自然科学领域;另一方面,对于具体语言同民族思维的联系,成为探讨语言和文化关系的核心问题,也必然成为以浑沌学为理论基础的文化语言学所关注的重点问题。从文化的角度探讨语言和思维的关系问题,我们不得不提到"语言相对论"的代表德国学者 W. von Humboldt(洪堡特,1767—1835)和美国学者 B. L. Whorf(沃尔夫,1897—1941)以及"中间世界"理论的提出者德国学者魏斯格贝尔(J. L. Weisgerber)。

(一)语言相对论

洪堡特和沃尔夫因论述语言和文化之间的关系问题上观点有

相似之处，被誉为"语言相对论"之代表。但二者的观点无论是在观察的视角上还是在研究的方法上，以及对语言性质的认识上都有不同之处。洪堡特的民族精神侧重于思维方式的研究，而沃尔夫侧重于思维内容的研究。只是由于二者都存在着不同方面的缺陷，使得他们的观点并没有在学术界风行。

虽然洪堡特和沃尔夫的理论都存在着一定的缺陷，但是，他们却把语言的民族性研究引入了人们的视野，提供了一些可供借鉴的研究方法，他们的经验也成为语言与文化研究的前车之鉴，值得深思。我们把浑沌学理论引入到语言文化研究中，不但为语言世界观的研究提供了理论基础，同时也为语言和民族思维关系问题的研究拓展了新的视界。

1. 洪堡特的民族精神

从思维和人的关系来说，语言是为了表现精神而存在的。词汇形式的形成是一次精神创造的产品，但是在言语中，对词汇形式的每一次运用，都是一种精神创造活动。所以，洪堡特认为语言决不是产品而是一种创造活动，语言词汇形式的产生及运用表现的都是人们的精神，并认为"一个民族的语言就是他们的精神，一个民族的精神就是他们的语言"。

"语言必然源出于人类自身，而且无疑只能逐渐形成，但是，它的有机体并不是一种幽闭与心灵深底的无生命的质料，而是作为一种规律决定着思维力量的各种功能。所以，第一个词就已经暗示了整个语言，并以整个语言为前提。"[①] 这是洪堡特在语言性质认识上最具代表性的表述，他根据语言和语言内聚的精神力量将语言定性为一种生命有机体。第一个词就意味着整个语言，词和语言之间存在着民族精神的内在一致性，这种精神力量在语

---

① 姚小平主编：《洪堡特语言哲学文集》，第21页，湖南教育出版社，2001年。

言中生生不息。洪堡特认为："语言的差异不是声音和符号的差异，而是世界观本身的差异。""可知事物的总和是一个有待人类精神耕耘的领域。它存在于所有语言之间，独立于任何语言；而人只能以自身的认知和感知的方式，即通过一条主观的道路接近这一纯客观的领域。……那种容易为任何特殊个性所区分的机械和逻辑的知性运用走到尽头，代之而起的是一种内在的直觉和创造方法，这种方法足以说明，客观真理来自主观个性的全部力量。而这一切只有借助语言并通过语言活动才能够实现。"[①] 对于不同的民族，"可知事物的总和"是一样的，不同的世界仅是这一客观领域的主观途径，也就是所谓的认知和感知的方式，这种认知和感知的途径来自于民族个体内在的知觉和在经验基础上的创造，受原有的思维方式和感知方式框架的影响，作用于语言活动，又固化在语言的形式之上。"每一种语言都在他所隶属的民族周围设下樊篱，一个人只有跨过另一种语言的樊篱进入其内，才有可能摆脱母语樊篱的约束"，"每一种语言都包含着属于某个人类群体的概念和想象方式的完整体系。"

一种具体的语言蕴含着一种世界观。语言始终作为一个整体，凝聚着不同的精神力量，使之代代相传。每一种语言都作为整体体现着描绘客观世界倾向性的主观方式，这就是所谓的"语言世界观"。语言整体体现的是主观力量对世界的重构。在重构的过程中，会表现出对某种组构方式的青睐，也就是民族的思维方式。这种民族的思维方式是尽量纵览语言的整体从而归纳出的思维方式表现出的倾向性特点。所以洪堡特谈到语言差异的时候，将语言比作艺术：语言像艺术一样力图对不见的世界作出感性的描述。虽然在具体细节方面以及在日常的运用中语言似乎不

[①] 姚小平主编：《洪堡特语言哲学文集》，第29页，湖南教育出版社，2001年。

能超越现实，但是，语言的内部却始终有一幅完整的图景，展示这一切事物以及隐蔽的联系和关系。换言之，语言就像艺术家的绘画那样，程度不同地忠实于自然，或隐蔽、或展现其艺术，以这一或那一色调为主表现其对象。所以说，语言民族性的表现，不是也不可能是根本差异的对立，就如同洪堡特所言，在于"主色调"的不同。不同语言世界观体现在不同的民族思维方式上。

与洪堡特所致力研究的民族精神相对应的最为恰当的术语，我个人认为应该是民族的思维方式。这是一个静态的概念，虽无法将洪堡特称之为语言产生原动的精神力量囊括其中，但是却将洪堡特所谓的"民族精神"中区别性的成分提取了出来。因为洪堡特作为语言原动力量的精神在他看来是人类机体所共有的生物机能，将其纳入到"民族性"的范畴之中也是不合适的。

2. 萨丕尔—沃尔夫假说

如果说洪堡特寻找的是语言要素和语言整体所共同具有的倾向性特点，沃尔夫则不同。沃尔夫是通过对某一概念领域相关语言材料的分析，描绘出该民族对这一领域认识的观念图像。打个形象的比喻，洪堡特所做的工作是找一个合适的"篓子"，即语言民族性，把某个语言都"桶（统）"起来，是一个抽象的过程；而沃尔夫所做的工作则是把语言这整张纸按照意义或范畴分类绘制观念结构图式。通过分析某一范畴内部语言形式表现出的意义分类，较为细致地描绘出该民族对这一范畴认知的观念图像。这是一个分析、描绘的研究过程。沃尔夫认为语言学是意义研究的工具。在他的《原始社群思维语言学的考察》一文中提到："语言学真正要做的是以意义的光辉，照亮笼罩在某一群体语言之上的深重黑暗，从而照亮其思维、语言、文化及人生观。有人将这种具有转变力量的意义之光称为"金色之光"。洪堡特倾向于对作用于语言创造并凝固其中的精神本身所具有的规律性的研究；

沃尔夫的研究视角投向不同的精神作用下形成的观念图像，这是对精神结果的研究，他无意于寻找这种精神内在的一致性。

沃尔夫通过语言形式分析出的世界图像被直接描述为该民族的世界观，是其遭到质疑的根源。在《美洲印第安人的宇宙模式》一文中，沃尔夫通过霍皮语和英语在时间语义场的对比，发现"该语言没有任何词、语法形式、结构或表达方式直接指称我们所说的'时间'，亦没有任何形式直接指称持久、永久，或者运动学而非动态意义上的运动（即在时间和空间中的持续变化，而非某一过程中的动态努力）。"[①] 从而得出结论："无论是在直接的还是间接的意义上，霍皮语都没有'时间'的概念。"在两种语言对比的基础上，又通过分析霍皮语言材料中对立形式在意义上的差异和一致形式在意义上的共性，将霍皮语的时空观划分为两大意义范畴："可称为已呈现的（manifested）和呈现中的（manifesting）或未呈现的（unmanifest）；也可称为客观的或主观的"[②]。霍皮语形式体现出的范畴分类描绘出一个宇宙模式图。于是作为我们的时空观好像忽然被颠覆了。

沃尔夫的理论之所以被称之为"假说"，就在于它从语言形式中分析出的"世界观"，没有非语言材料，或者说没有成熟的文化体系研究成果、确凿的历史文献作为佐证。正如同伦纳伯格批评的那样，使得整个研究"陷入循环的窘境"，被视为"同义重复"。因为世界观差异的唯一证据就是语言的差异。按照洪堡特民族精神理论，语言是具有历史性的。我们可以推知，如果能够从语言形式的分析入手，描绘出一个世界图像，那也只是在该

---

① 本杰明．李．沃尔夫：《论语言、思维和现实》（高一虹翻译）第25页，湖南教育出版社，2000年。

② 本杰明．李．沃尔夫：《论语言、思维和现实》（高一虹翻译），第27页，湖南教育出版社，2000年。

语言形式产生的哪一个时刻支配精神活动的观念图像。当然也不乏"人面"(世界图像)不知何处去,"桃花"(语言形式)依旧笑春风的情况。很多语言形式中的观念已发生变化,或已被历史遗忘,但是其形式却被保留下来。正像我们说"breakfast"(早饭)的时候,并不会想到这是"停止斋戒"(break a fast)。显然,从历史的精神产物——语言形式入手分析出来的结果,不加证实作为现在该语言使用民族的世界观图像,这是一种静止的、违背历史的演绎。所以,对于语言结构和建构世界方式是否有联系,至今仍然是一个悬而未决的问题。

3. 对洪堡特和沃尔夫理论的评说

洪堡特的《论人类语言结构的差异及其对人类精神发展的影响》一书,是从人类个体的角度,以自省的方法,阐述语言词汇创造的动态过程,是一个普通语言学的论著。自省的研究方法使其研究缺乏具体材料的系统论证,且又有太多的感性表述,致使他的思想难以被后人理解。

而沃尔夫语言世界观的研究则是基于具体语言材料分析的基础上的,有着自己清晰的研究方法和逻辑论证过程。但沃尔夫把语言形式分析得出的世界观图像直接定为该民族的世界观,是有违历史唯物主义观点的。从霍皮语言形式中如果能够揭示出一种世界观,那么,也只能反映某个历史时期,即这一语言形式产生之初的世界观。我们对操用霍皮语的民族是很生疏的,对他们的历史、文化等背景资料知之甚少,因此,这样一来,沃尔夫的研究方法也自然会被认为是一种从语言到思维、从思维到语言的"循环论证"。沃尔夫将语言形式分析出的世界图像直接定为该民族的思维内容,实际上体现了沃尔夫的语言观,即语言形式蕴含的世界观图像就是该语言使用民族对世界划分的方式,语言决定着思维。

虽然洪堡特在阐释语言的内在形式和外在形式结合的过程

中，明确指出了产生语言形式的精神组织是历史性的，但是，在表述时也会出现一些失误。洪堡特认为语言的内在形式是"由精神在语言创造过程中独立自主的构成的"，是独立于客观事物的人类认识和感知，"是语言创造力量在发明词语的特定时刻对事物的理解"。"对事物的理解"指的是具体的思维内容，这种造就语言形式的精神（思维内容）是属于那个特定历史时期的。但在试图反向为语言形式寻找文化方面的解释时（虽然洪堡特仅仅是将其看作乏味、枯燥的语言学研究工作的调味品），却得出了有悖于其个人理论体系的结论，认为"我们从这种语法范畴的运用就可以推知使用这些语言的人对有关事物的看法。"[1] 这一点和沃尔夫的做法如出一辙，似乎语言创造力量在发明词语的那个特定时刻对事物的理解从来不会发生变化，该词的概念意义及由它引发的民族联想自创造那一刻就冰冻了。很显然，这是有违语言历史性的。洪堡特说："要素的形式一经确定，要素本身在某种意义上说就成了死的物质，然而，这一物质含有生动的、永远无法限定的胚胎。所以在每个具体的时刻或历史时期，语言正像自然界本身一样，对人类来说显得跟他已知的和所想知道的一切相反，是一个取之不尽的宝库。"词语的概念及附加义是不断变化的，就像"小姐"一词，短短的数十年间，就经历了从礼遇的"天堂"到遭人唾弃的"地狱"。再比如，现今谁还会将"鳄鱼"当作鱼类？词语发明那一刻的理解，无论是凝聚在整个语音形式下还是结构关系中，都会随着社会的发展及人类认识的不断深入而发生变化。也就是说，作为思维内容的这部分"精神"是会蜕变的。

但是，我们要问，在洪堡特理论中，造就一种语言民族性

---

[1] （德）洪堡特著，姚小平译：《论人类语言结构的差异及其对人类精神发展的影响》，第205页，商务出版社出版，2002年。

的，内聚于语言中不变的、代代相承的"精神力量"又指什么呢？根据本文上半部的论述，我想这个答案已经明了了。把"思维内容"和"思维方式"两个截然不同的概念用"精神力量"这个"盆"揉到一起，笔者认为这是洪堡特理论的缺憾。

洪堡特在对语言运作过程的哲学研究的基础上，提出了一种语言就是一种世界观的看法，但此世界观不同于沃尔夫的世界观的看法。洪堡特的语言世界观指的是语言作为整体体现着描绘客观世界的倾向性的主观方式，即民族思维方式。而沃尔夫将语言裁成一张一张的世界图景，通过语言的形式透析语言使用者的思维内容。

浑沌学中有一种"分形"理论，是用来描写自然界中许多不规则事物的规则性的。"分形"最重要的特征是具有自相似性，部分常常呈现出与整体相同或相似的特征，部分中往往包含着整体的若干信息，这就是部分和整体之间的自相似性。语言作为文化的一个组成部分，是自成体系的特殊文化，语言结构作为精神创造的产物，和精神文化之间存在自相似性。所以，从语言结构来透视一个民族的精神世界，正是浑沌学为语言世界观研究视角提供的理论基础。当然，一种自然学科的理论运用到人文学科中，毕竟还需要大量的研究成果来进一步验证和支撑，然而，有哪一种理论不是通过这种渠道才得以完善和发展的吗？无论如何，传统理论需要创新，何况它还为我们提供了一种新的视角。

三、"超物理世界"来源的研究是验证语言世界观的一个重要视角

不同语言的结构体系蕴含着不同的民族世界观。固定于语言结构中的"世界图景"并不是复现外在的世界结构。所以，在客

观世界的认知基础上建立起的各种语言结构也不可能是重合的，而是参差交叠的，都是对客观世界创造性的改造。那么创造性的思想，也可以说是"非理性的未知因素"[①]或"超物理世界"源于何处呢？

我们不可能回到某种语言形成的原始时期，不可能说出当初语言体系是怎样形成的，也无法知道人类思维认识活动的这些成果是怎样在语言形式中得以巩固的。所以，任何以思辨的方式对此做出的解答都是值得怀疑的。正如维斯金采夫自认为自己是站在唯物主义的立场上，但是，我们仔细地品味一下，实际上兹维金采夫根本就是答非所问。兹维金采夫将概念理解中包含着的脱离生活的幻想成分，与客观真实存在对立起来，简单地将幻想定义为"错误"或"偏差"，从而回避了对这些"幻想"来源问题的解答。他认为语言中记录的错误和偏差只是人类认识长途中的个别阶段，人类语言的发展方向就是要"克服那些老的误解和不够准确的看法以达到一种新的阶段。""语言在发展的道路上遵循人类思维认识前进的方向，这一认识活动日益深入地洞察客观存在的各种秘密和规律，形成关于存在的越来越确切、越来越正确的概念。"[②]将"幻想"用"错误"的、"阶段性的"认识一言避之。对于其来源问题，也就无需深究了。语言的表达是要遵循语言体系的语法规范，对每一概念的语言表达都是基于人们对事物合乎一定逻辑的组织，哪怕是幻想。语言符号形式下的理性意义，当然会随着人类认识的不断深入而"越来越确切、越来越正确"。但是留在语言形式上的非理性的"幻想"，即"内部形式"，

[①] 兹维金采夫著，伍铁平、马富聚等译，《普通语言学纲要》，第346页，商务印书馆，2002年。

[②] 兹维金采夫著，伍铁平、马富聚等译，《普通语言学纲要》，第352页，商务印书馆，2002年。

却是永远不可抹杀的历史,这种"幻想"记录下了语言形式在产生的那一刻的思维内容和思维方式。这些"幻想"的内容本身可能没有科学价值,但却反映着当时人们所想及怎么想的问题,这些都对我们了解民族历史有着重要的价值。

对于语言结构中体现出的"非理性因素"的产生,笔者倾向于沃尔夫的某些见解,他主张将这个问题放在"语言和文化"的环境中加以解释,从思维领域探讨语言和文化之间的关系。沃尔夫认为"在文化规范与语言模式之间存在着联系,但不是相关联系或直接对应的联系……存在这样的情况:'言语方式'处在跟一般文化相互渗透的紧密关系中(尽管这种情况并不一定具有普遍性质),在这种相互渗透的情况下,语言范畴、各种行为反映和各文化发展所采取的形式之间存在着联系。……要解释这些联系,单靠把注意力集中在语言学、民族志学或社会学所描写的典型材料上是办不到的,而要把文化和语言(当这二者在相当长的时期内一起发展时)当作一个整体加以研究,在这个整体中必定有这两者的相互从属的关系;研究工作也正应该去揭示这种相互的从属关系。"[①] 按照沃尔夫的观点,在一定的历史时期内(即他所谓的二者"一起发展时"),语言和文化是相互渗透、同时发展的。将语言整体放在一定历史时期的文化背景之下,将二者当做两个整体加以考察,揭示二者之间的从属关系是有可能的。

虽然我们不可能回到某种语言最初的原始时期来探讨语言的结构同某一文化观念之间的联系,也不能像沃尔夫那样,通过分析语言的意义和范畴分类来解析这一民族的世界观图像,但是我们可以通过文化观念的改变对语言结构的改变来揭示文化同语言模式之间的关系。兹维金采夫在其《普通语言学纲要》中曾试图

---

① 兹维金采夫著,伍铁平、马富聚等译,《普通语言学纲要》,第354页,商务印书馆,2002年。

用这一视角反驳二者的关系问题。维斯金采夫指出，在英语中，名词性的分类完全消失，如果按照沃尔夫的观点，这种改变就应该源自于某种观念的改变，但是却找不到相应观念改变的材料，从而得以说明语言和文化观念之间存在联系纯属谬论。他说"从沃尔夫的观点出发，所有这类过程都应该解释为语言'超物理世界'的彻底改变。然而，语言是不是按照来自天上的神秘指示，受到某种第三种力量——精神的干预，自身改变了自己'超物理世界'的世界观呢？我们没有任何材料证实这一点。"[①]

虽然这一思路并没有为兹维斯金采夫找到最终的答案，但是我们却毫无理由否定其探索的价值。我们可以以浑沌学理论为基础，注重非确定性因素在语言长期的历史演变中所产生的巨大变化，用浑沌学的专业术语来说就是"初值的敏感依赖性"。我们可以研究一个民族世界观作为随机、不确定因素在长期的历史过程中对其语言结构的影响，并寻找语言结构变化和世界观念变化之间的联系，为语言和思维关系的研究提供新的材料。

[①] 兹维金采夫著，伍铁平、马富聚等译，《普通语言学纲要》，第352页，商务印书馆，2002年。

研究与应用篇

研究及应用篇

弱势族群的社区强势母语现象

——人口较少民族语言调查浑沌拾零

丁石庆

多年来，笔者在各项科研基金[①]的资助与支持下，独自或率领硕博士研究生陆续对包括达斡尔族、锡伯族、撒拉族、鄂温克族、鄂伦春族、保安族、俄罗斯族等人口较少民族进行了深度各异、层次不同的语言调查。这些调查主要涉及语言的社会功能、语言活力等内容，包括母语[②]保持、母语流失、双语使用、语言转用、语言态度等专题，重点是考察上述几个民族聚居区的母语保持现状及语言使用情况。在调查过程中发现，一旦走进民族聚居区的乡镇与村落，弱势族群的母语使用情况远比我们预先设计的问卷或访谈提纲中所涉及的问题更为复杂多样，充分体现了语言使用与发展过程中的随机性和非线性特点。因涉及专题较多，本文仅以弱势族群中村落社区强势母语现象为例予以讨论。为了论述方便，行文中以达斡尔族的语言调查材料为中心，并辅以其他民族的相关调查材料予以简单比较。

[①] 基金项目：中国社科基金项目：中国北方（部分）人口较少民族语言保持模式个案研究项目（编号：07BYY020）阶段性成果。

[②] 本文的"母语"限定为本民族语。

一、弱势族群的村落社区母语地位：
大环境弱势，小环境强势

在人口较少民族聚居区的语言调查中，我们看到在以某个民族为主体的少数民族自治地方或聚居的地区，除了该主体民族的语言保持良好外，还可看到许多其他民族兼用甚至精通这些主体民族语言的现象。如锡伯族聚居区的哈、维、汉、回等民族兼用锡伯语；达斡尔族聚居区的满、朝鲜、汉等民族兼用达斡尔语；撒拉族聚居区的藏、回、汉等民族兼用撒拉语；鄂伦春族聚居区的达斡尔、汉等民族兼用鄂伦春语；鄂温克族聚居区的达斡尔等民族兼用鄂温克语；保安族聚居区的回、汉等民族兼用保安语等。下面以达斡尔族的村落社区母语使用情况的语言调查数据为中心来进一步论述。

1. 莫旗达斡尔族村落社区母语保持模式

民族居住区的整体环境、村落都是不同层次相对稳定的语言社区。尤其是民族自治地方如新疆察布查尔锡伯自治县（简称"察县"）、内蒙古自治区莫力达瓦达斡尔族自治旗（简称"莫旗"）、青海省循化撒拉族自治县、内蒙古自治区鄂温克族自治旗（简称"鄂温克旗"）及其所辖的各乡镇、生活小区、村落等都具有母语社区的性质。在社区范围内工作生活的主体民族的语言使用情况可反映这些民族母语使用的基本情况。在这里包括民族成员内部交际用语，民族成员与其他兄弟民族交际用语等。我们以莫旗达斡尔族聚居村落为例来加以说明。

在达斡尔族村落这一社区环境里，达斡尔人的母语使用频率很高。我们在莫旗达斡尔族聚居、杂居、散居等三种类型村落共收回千余份问卷，并根据不同专题的需要进行了录音和深度访谈。以下三表是针对莫旗达斡尔族社区母语的专题调查数据。其中，前两项（即"只有达斡尔语"、"经常用达斡尔语"）的数据普遍都很高。尤其是在达斡尔族聚居的村落更是如此。这是由于这些村落一般都是达斡尔族较为古老的村落，在这里，达斡尔族在人口数量及分布密度上均占据优势地位。另一方面，由于这些村落一般都位于离城区较远的地方，有些甚至位于交通不便的偏远山区，和外界交往较少，外民族一般很少进入这些以达斡尔族为主体的村落。因此，这里很自然地形成了强势的达斡尔族母语社区。

表1 社区（村落范围内）母语使用情况

	场域	只用母语	多用母语	前两项合计	少用母语	偶用母语
聚居村	哈力村	31.90%	62.90%	94.80%	1.70%	3.40%
	特莫呼珠村	33%	67%	100%		
	怪勒村	42%	56%	98%	2%	
	提古拉村	43%	57%	100%		
	腾克村	27%	63%	90%	6%	3%
	宜和德村	40%	50.30%	90%	7%	3.90%
散杂居村	伊斯坎村	48.60%	45.80%	94.40%	2.90%	2.90%
	哈达阳村	15%	48%	63%	24%	13%
	西瓦尔图村	38%	49%	87%	13%	
	杜克塔尔村	44.80%	48.20%	93.00%	6.80%	
	额尔根浅村	9.68%	35.48%	45.16%	48.39%	6.45%

表 2 社区（干活或工作时）母语使用情况

	场域	只用母语	多用母语	前两项合计	少用母语	偶用母语
聚居村	哈力村	40.70%	45.30%	86.00%	7.40%	5.60%
	特莫呼珠村	23.10%	59.40%	82.50%	13.20%	4.40%
	怪勒村	27%	40%	67%	23%	10%
	提古拉村	39%	50%	89%	7%	4%
	腾克村	21%	53%	74%	18%	7%
	宜和德村	33.30%	42.40%	75.70%	9.80%	9.80%
散杂居村	伊斯坎村	48.60%	45.80%	94.40%	2.90%	2.90%
	哈达阳村	16%	48%	64%	16%	21%
	西瓦尔图村	18%	61%	79%	19%	7%
	杜克塔尔村	34.40%	34.40%	68.80%	10.30%	6.80%
	额尔根浅村	12.90%	45.16%	58.06%	6.45%	25.81%

表 3 社区（举行民族活动时）母语使用情况表

	场域	只用母语	多用母语	前两项合计	少用母语	偶用母语
聚居村	哈力村	37.40%	48.70%	86.10%	10%	4.30%
	特莫呼珠村	61.70%	35.10%	96.80%	3.20%	
	怪勒村	53%	41%	94%	4%	1%
	提古拉村	46%	46%	92%	7%	
	腾克村	43%	42%	85%	7%	8%
	宜和德村	47%	33.60%	81%	7.80%	7%
散杂居村	伊斯坎村	58.80%	38.30%	97.10%		2.90%
	哈达阳村	33%	42%	75%	15%	10%
	西瓦尔图村	32%	49%	81%	17%	3%
	杜克塔尔村	29.40%	58.80%	88.20%		11.80%
	额尔根浅村	32.26%	35.48%	67.74%	6.45%	9.68%

根据相关调查材料，莫旗达斡尔族聚居乡镇村落母语保持最好，其次为杂居乡镇村落。母语保持层次以聚居、杂居、散居等居住格局依次排序。居住环境是制约个体母语保持能力高低的一个重要条件。由于农民长期生活在母语环境较好的乡村，因此，从职业角度来讲，农民母语能力最好。相比较而言，乡村的部分学生由于经常离开乡村到社区母语环境较差的尼尔基等城镇求学，致使他们的母语能力逐渐降低。这也进一步说明居住环境与母语能力的密切关系。

年龄因素也是母语能力强弱的参数。从调研数据和语言测试数据来看，莫旗达斡尔族使用语言的情况视年龄不同而各异。除了个别地区外，年龄由大至小，语言保持能力逐渐弱化。一般来说，50岁以上的人基本上可熟练使用达斡尔语，并以其为主要交际工具。其中也有相当数量的人兼通汉语，但汉语的使用频率和熟练程度都不及达斡尔语。40岁至50岁年龄段的达斡尔族是双语群体中占比例较大的群体，而这些人大多出生于聚居区或母语环境较好的乡镇村落，同时又有接受良好汉语教育的背景，文化程度基本上在初中以上，甚至有些由出生地走向城镇，转换了自己的身份。20岁至30岁年龄段的达斡尔人中大多出生于改革开放时代，由于环境的变化，他们在接受学校教育的过程中接触到的各种信息较多，尤其是媒体的语言即汉语对他们影响较大。汉语的使用范围、频率以及深度都较之其他年龄段有显著提升，汉语水平也普遍较高。因此，这部分人一般有更多的机会走出乡村到尼尔基或大中城市读书、就业等。

2. 其他几个民族的相关调查数据

在我们调查的其他几个民族自治地方的主体民族的母语使用情况时，也发现有和莫旗达斡尔族语言调查材料相似的情况。我们选取"社区范围内"、"干活或工作时"、"举行民族活动时"等几个社区场景来考察其他几个民族社区范围内母语使用情况。

在察县调查数据中,我们选取了距离察布查尔镇较远,锡伯族人口相对较为集中的堆依齐牛录乡(四乡)的柏尔哈舍里村和孙扎齐牛录乡(五乡)的孙扎齐牛录村两个锡伯族村落作为社区母语使用情况的调查数据代表材料①。

表4 察县锡伯族社区母语使用情况表

	场域	只用母语	多用母语	前两项合计	少用母语	偶用母语
四乡	在村里	41.9%	57.1%	99.8%	0.2%	
	干活或工作时	36.5%	48.2%	84.7%	1.1	0.47%
	举行民族活动时	53.4%	41.2%	94.1%	5.9%	
五乡	在村里	34.8%	52.2%	87%	13%	
	干活或工作时	34.3%	28.6%	62.9%	2%	1.1%
	举行民族活动时	51.1%	35.6%	86.7%	13.3%	

在察县,锡伯族中兼用汉、维吾尔、哈萨克等语言的情况较为普遍,在新疆境内锡伯族素有"翻译民族"的美誉。由于很多情况下,锡伯族都表现为多语使用情况,这一点与其他几个民族的母语使用情况可能有一定不同。但以上数据还是表现了在村落范围内锡伯族母语的强势地位。

我们在青海省循化撒拉族自治县的对撒拉族进行语言调查时,给我们的第一印象就是这里是撒拉语的自由世界,无论是在城市,

---

① 锡伯族聚居区的四乡总人口为7378人,其中,锡伯族为1921人、汉族1997人、哈萨克族2422人。聚居区的五乡总人口为9208人,其中,锡伯族为2549人,汉族2518人,维吾尔族1152人。

还是在乡村，撒拉语口语的密度都很大，且使用频率绝对高于包括汉语在内的其他任何一种语言。因为聚居村落的情况均具有同质现象，因此，我们将几个聚居村落的调查样本放在一起来做统计分析。在这几个聚居村我们共回收有效问卷 257 份，其中包括积石镇的下草村(13 份)，石头坡村(66 份)；清水乡的孟达大庄村(66 份)，孟达塔沙坡村(19 份)；街子乡的三兰巴海村(28 份)，塘坊村(65 份)。

下表所示，在所有场合中，母语均是被调查者使用频率最高的语言，并且比例相当高。

表5 循化县撒拉族社区母语使用情况表

场域	只用母语	常用母语	前两项合计	少用母语	只用汉语
在村里	83.86%	9.84%	93.7%	3.15%	3.15%
干活或工作时	77.38%	11.51%	88.89%	3.97%	7.14%
举行民族活动	89.76%	3.54%	93.3%	2.36%	4.33%

以上三个民族均为人口在十万左右或更多些的民族，或许在聚居区的人口密度上也有一定优势，这几个民族的母语社区强势的情况可能比较容易理解。但我们在调查中还发现，甚至在人口数量在 30000 人左右的鄂温克族聚居社区和人口不到 20000 人的保安族聚居社区的语言调查数据也同样看到了这种情况。

表6 鄂温克旗鄂温克族社区母语使用情况表

场域	只用母语	常用母语	前两项合计	少用母语	只用汉语
在村里	73.60%	13.48%	87.08%	6.74%	6.18%
干活或工作时	62.05%	13.25%	75.3%	9.04%	15.66
民族活动	80.83%	5.70%	86.53%	6.22%	7.25%

表 7 积石山县保安族社区母语使用情况表

场域	只用母语	常用母语	前两项合计	少用母语	只用汉语
在村里	34.56%	43.2%	77.56%	17.28%	4.93%
干活或工作时	46.15%	21.79%	67.94%	25.64%	6.41%
民族活动	63.29%	18.99%	82.28%	12.65%	5.06%

总之，我们不难看出，以上几个民族的村落社区范围内的母语环境调查数据都较为接近。也就是说，在村落这样一个社区范围内，这些民族母语人使用母语的情况是非常普遍的现象，进一步证实了村落社区范围内的母语环境仍保持良好。或者说，在这些人口较少民族的弱势族群的村落社区范围内，这些民族的母语仍具有绝对强势的地位。

二、弱势族群社区母语强势的几例旁证：以莫旗语言调查数据为例

旁证之一：莫旗朝鲜族兼通达斡尔语的调查实例。

在莫旗达斡尔族聚居的腾克镇，有一个原为朝鲜族聚居的延宾村，生活着一部分朝鲜族。他们中的一部分较早迁居此地，另有一部分是后来由于投奔亲戚等原因移居此地的。在莫旗乡镇村落合并之前，他们主要聚居在一个村落里，大约有 10 余户人家，30～40 人左右，后合并到现在的怪勒村。这部分朝鲜族与达斡尔族长期相处，民族关系十分融洽。因为时间关系，我们仅对其中 6 户人家进行了调查与访谈。6 个样本中男性 3 人，女性 3 人。高中文化水平的有 3 个，其

余为小学和初中程度。被调查人少数出生在本地,绝大多数系由外地迁入。一般出生于当地的从小就会达斡尔语,而由外地迁入的则是到此地后逐渐学会的。75%的被调查者认为自己的达语是在和达族人接触与交往的过程中学会的,同时他们自认为对达语有一种特殊的亲切感,也有人认为因为日常生活中接触达族人和达语的频率较高,已经习惯说达语了。大多数朝鲜族还认为目前达斡尔语的保持状态和发展状态均很好,甚至有人还认为达族的语言还能保持很长时期。另外,25%的被调查者还认为自己思考问题时是达斡尔语和朝鲜语同时使用的。下表是朝鲜族使用朝/达/汉等语言的场合与使用频率。

表8 腾克镇朝鲜族多种语言使用情况表

语言场合	达语	朝鲜语	达多于朝	朝多于达	汉多于朝
在家里	0.00%	64.29%	7.14%	21.43%	7.14%
在村里	0.00%	35.71%	14.29%	35.71%	14.29%
工作单位	0.00%	55.56%	0.00%	22.22%	22.22%
在集市上	9.09%	45.45%	9.09%	18.18%	18.18%
见面打招呼	0.00%	30.77%	23.08%	30.77%	15.38%
工作或干活	0.00%	33.33%	16.67%	33.33%	16.67%
平时聊天	0.00%	42.86%	21.43%	28.57%	7.14%
说心里话	0.00%	41.67%	16.67%	25.00%	16.67%

由上表可看出,除了家庭环境里,朝鲜语使用频率相当高

外，在许多社区环境里，使用达语的情况较为普遍。可见，朝鲜族在日常的生产生活中和达族人接触的机会比较多。另外，被调查者普遍对达斡尔语有较高的认同度。还有部分朝鲜族在与懂得达语的其他民族交流时也使用达斡尔语。

旁证之二：前霍日里汉族村兼用达斡尔语言调查实例。

腾克镇原前霍日里村主要由汉族构成，其中定居较早的已有一百多年的历史。一百余年来，他们与当地的达斡尔族、鄂温克族等少数民族和睦相处，共同为建设腾克镇作出了贡献。同时，由于长期接触与交往，逐渐掌握了达斡尔语。

调研组对前霍日里村的15户村民进行了具体调查。被调查人中男性11人，女性4人。年龄以41—50为最多，占到总人数的33%。农民占到总调查人数的87%，其余均为学生。文化程度多为初中，约占80%。86%出生在本地，14%是因婚姻等从外地迁移至此。

15户汉族的家庭结构：以他们为中心构成了52名家庭成员，其中，亲属中达族占2%，汉族有98%。被调查人中近一半都是自小就会达斡尔语的，有一部分是在学校里通过和达族学生接触后逐渐学会的，其余则是通过包括达汉联姻家庭等形式习得的。学会达语的主要途径是和达族接触，部分是通过家庭、工作环境及其他途径学会的。他们中的绝大多数人认为达语较适合当地的生产生活中语言交际的需求，也有少部分人认为对达语具有特殊的亲切感，所以平时比较喜欢使用达语。

被调查者中100%的都是达汉双语人。在被调查人的配偶中，只讲汉语的人占了59%，汉达双语人则占了41%。有意思的是，甚至有14%的人认为思考问题时他们是达语和汉语同时使用的。下图显示了被调查人双语使用中达汉语各自使用场合及频率。

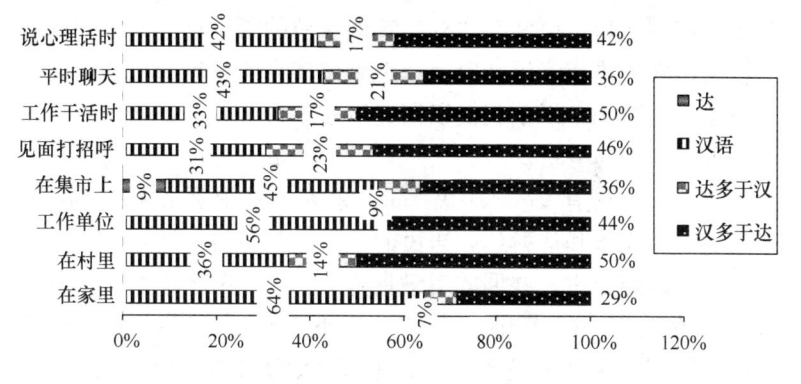

弱势族群的社区强势母语现象 143

场景	达	汉语	达多于汉	汉多于达
说心理话时	42%	17%		42%
平时聊天	43%	21%		36%
工作干活时	33%	17%		50%
见面打招呼	31%	23%		46%
在集市上	9%	45%		36%
工作单位	56%	9%		44%
在村里	36%	14%		50%
在家里	64%	7%		29%

图 1 腾克镇汉族使用达/汉情况表

由上图可见，汉族在日常的生产生活中和达族人接触的机会比较多。

另据调查材料表明，被调查者在与懂得达语的其他民族交流也兼用达斡尔语，甚至有 63% 的被调查者还希望自己的孩子也应学习达语，并认为要达到熟练的程度。由于长期与达族等少数民族相处，达斡尔族村落周边的汉族对包括达斡尔族在内的少数民族有了较深的了解，还有许多汉族与达族组成了家庭。调查数据显示，85.7% 的被调查者认为与异族联姻不会影响夫妻感情，也有 42.9% 的被调查者认为将来孩子的配偶是什么民族无所谓。进一步证实达斡尔族聚居区周边各民族关系比较融洽。

以上两个民族的调查材料证实，莫旗腾克镇周边的达斡尔语氛围相当浓厚。

旁证之三：巴彦鄂温克民族乡萨玛街村鄂温克族转用达斡尔语个案调查实例。

莫旗境内的鄂温克族共有 6000 余人，主要聚集在杜拉尔鄂温克民族乡和巴彦鄂温克民族乡。另外，还有部分散居于腾克镇、阿尔拉镇、哈达阳镇、尼尔基镇等乡镇。从以往的调查材料来看，除了杜拉尔鄂温克民族乡的鄂温克族使用鄂温克语的同时，还兼用达斡尔语和汉语外，其他乡镇的鄂温克族大多数都基本转用达斡尔语或汉语，巴彦鄂温克民族乡的萨玛街村的鄂温克族便是典型案例。以下我们以调查组在该村实地调查获得材料为依据进行介绍与分析。

萨玛街全村有 97 户居民，380 余人，其中鄂温克人约 130 余人。鄂温克族和达斡尔族居民的关系非常融洽。调查组以随机入户问卷调查为主，共回收有效问卷 42 份。调查样本中，男性 21 份，女性 21 份。年龄可从 10 岁以下至 60 岁以上共划分为七个年龄段。职业以农民为主，其中 31 人为农民，10 人为学生，1 人为公务员。小学文化程度居多，其次为初中。42 名被调查的鄂温克族村民，均表示完全不会鄂温克语，但都会说达斡尔语。其中，90％以上的是从小就会的，近九成的人都是通过长辈口耳相传自然习得的。近八成的人自认为能够熟练使用达斡尔语，甚至有近 6 成的人认为已经达到精通达斡尔语的水平。下表显示的是该村被调查者的达斡尔语使用情况。

表 9　萨玛街鄂温克族村民使用达斡尔语情况表

场域	只用达语	多用达语	前两项合计	少用达语	偶用达语
在家里	61％	31.7％	92.7％	0.73％	
在村里	65％	27.5％	92.5％	0.75％	
在集市上	5.5％	38.9％	44.4％	38.9％	16.7％
见面打招呼时	48.7％	33.3％	82％	2.6％	15.4％
干活或工作时	48.6％	35.1％	83.7％	5.4％	10.8％
平时聊天时	56.4％	35.9％	92.3％	7.7％	
和人说心里话时	59.5％	32.4％	91.9％		8.1％
举行民族活动时	71.1％	28.9％	100％		

在不同的场合,村民使用达语的情况是不同的,从上表中我们可以看出,除了"在集市上",使用达语的频率与选择这种频率的人数是成正比的。比如:在村子里,选择"只使用达语"与"大多使用达语"的人数比例很高,少数人选择了在村子里较低频率使用达语的答案。在举行民族活动和与人说心里话时达语的使用频率都比较高,而在集市时达语使用频率较低,这与当地经商者多为汉人有关;其他各种场合鄂温克村民使用达语的频率都很高。可以说,在生活中,达语是他们的主要交际语言。

在我们的已婚采访对象中,配偶为鄂温克族的比例还是很高的。但在家庭内部各个年龄段的家庭成员的交际用语中,达语的使用频率都非常高。许多被调查对象在与自己的配偶交谈时一般都只使用达语。此外,99%的家长希望孩子继续使用达语,达语的水平应起码达到能够一般交流甚至更高。对于孩子今后的发展,汉语的地位在家长心目中不可动摇,但达语也占有一定的地位。

总之,鄂温克族是莫旗境内使用达斡尔语熟练程度最高的少数民族。我们在萨玛街村感受到了浓厚的达斡尔语氛围,以及鄂温克族对达斡尔族语言与文化的高度认同。如果仅从语言使用情况来看,我们甚至可将萨玛街村看做是达斡尔语保持最好的村落之一。

三、小　　结

以上调查数据使我们有了以下几点认识:

1. 大与小、强与弱、多与少等都具有一定的相对性,这要根据不同的环境、不同的背景、不同的条件来考量,绝对不能一概而论。在少数民族聚居的地区来说,弱势族群的语言地位在不同环境、不同场景、不同的范围内具有不平衡的特点，也并不常处于弱势地位。

2. 影响语言保持和语言地位的因素较多，也较为复杂，不可一概而论，但与语言使用人口数量和密度、一个民族所延续的传统经济生产生活方式、婚姻状况、母语观、文化观等密切相关。除了以上因素以外，可能还与诸如职业人群分布格局、交通情况、与外界交往范围、有无文字等因素相关。①

3. 调查数据表明，弱势族群的语言在局部条件下可能具有强势的地位和良好保持及使用状态，但我们从中也不难看出，这些局部的强势有可能潜在危机。如上述几个民族的母语环境主要限定于民族成员较为聚居的村落范围内，母语保持较好的人群也大多是年龄较大的族内成员，他们还具有文化程度较低、与外界交往较少、文化视野狭窄、语言保持与文化保护自主意识淡漠等特点。这些都是语言功能衰变的可能潜在因素。以莫旗达斡尔族各居住区的语言使用情况统计数据为例，聚居区的达斡尔族家庭内部总体上仍以母语以主，社区范围内的大多数场合，母语为强势语言。但也有许多例外和特殊的情况，不同年龄段、不同家庭背景、不同职业人群之间使用情况不平衡。这也是可能引发语言变化的潜在因素之一。而青少年人群母语使用率下降趋势更为明显，家庭环境和社区环境中双语使用范围和频率逐渐扩大，尤其是由达汉双语型向汉达双语型的转变，给未来的母语使用和发展带来新的问题。此外，从莫旗达斡尔族汉语的习得途径也可以看出，部分聚居区的达斡尔族村民汉语的自然习得数据较高，说明这些村落的邻近或周边环境汉族人口比例上升，形成对达斡尔族聚居村落的包围，也预示着汉语作为第二语言，在达斡尔族聚居

---

① 丁石庆：《论语言保持——以北方人口较少民族语言调查材料为例》，载《中南民族大学学报》，2008年第4期。

村落已经基本普及，尤其是学校教育背景使达斡尔人的汉语水平更有了根本的提高。其中，传播媒体语言的渗透，达斡尔族对汉语优势地位的认同无形中也起到了推波助澜的作用。语言的发展与变化具有一定的不确定性或随机性，因此，我们由这些表面现象而对弱势族群的语言活力、语言保持、语言发展趋势做过于乐观的估计和判断可能是不科学的。

4. 弱势族群的语言与文化保护具有特殊的意义，该是纳入各民族内部文化事业发展当下议程的时候了。对此，实施一定的政府行为是非常必要的。

加拿大因纽特人语言保护的非线性思考

王松涛

浑沌学理论认为,当科学在探索简单系统的时候,线性的思维和方法还是有效的。但是,当科学要继续探索复杂系统和复杂现象的时候,线性的方法将无法展现复杂现象的真实图景。世界的非线性特性才是常态,而线性的特性是为数不多的例外现象。浑沌学就是利用非线性的方法探索复杂现象和解决复杂问题。同样,我们可以从以上的角度看待语言的保护问题。

一种语言保持的状况往往和周围的许多因素有关,但这些因素交织在一起,构成一个复杂的系统,往往很难说是哪个原因或哪类原因导致了语言保持的状况。使用某种语言的总人口、这些语言使用者的分布情况、语言使用者和其他人或者机构对使用这种语言的主观态度、外界对这种语言使用者的干扰的大小、有无文字、使用这种语言的学校教育情况等对语言的保持都有不同的影响。

语言是文化中最为活跃的部分,同时又是非常脆弱的部分。随着社会发展的不断加快,语言和文化的多样性正受到前所未有的挑战,强势族群的语言和文化正以惊人的速度吞噬着弱势族群的语言和文化。在 1995 美国科学进步年会上,研究语言濒危问题的专家迈克尔·克劳斯(Michael Krauss)这样预言,在 21 世纪结束时,将有 95% 的语言消亡或合并。同年在东京大学召开的国际濒危语言研讨会上他指出,在世界上现有的 6000 多种语言中,有 20%—50% 的语言已后继无人,只有 5%—10% 的语言是安全的,其余的都是不同程度濒危的语言。[①] 因此,人口较少的民族语言的保护已经成为了一个世界关注的问题。

加拿大的因纽特人主要居住在从东部的拉布拉多北部一直向西横跨整个加拿大北部到西北地区的广大土地,这是因纽特人千百年来居住的地区,共占加拿大总面积的三分之一,约350万平方公里,他们称这片土地为 Inuit Nunaat(因纽特人的家乡)。因纽特人所使用的语言属于爱斯基摩-阿留申语系。在加拿大主要是指 Inuinnaqtun 和 Inuktitut 两种语言。在历代传教士和语言学家的帮助下,因纽特各种语言使用拼音或其他形式的符号作为自己的文字系统。

因纽特语的保持情况在各个地区极不平衡。在占因纽特人口约一半的努那乌特地区,因纽特语言保持相对较好,91%的人口可以讲因纽特语。而保持最好的是在努那维克地区,这一比例高达99%。但在努那恰乌特地区和因努维阿流特地区,语言保持情况较差,会讲因纽特语的人占地区人口比例分别为27%和20%。而在上述四个传统的因纽特人居住的地区以外居住的因纽特人中语言保持情况更差,只有15%的人可以使用因纽特语,在家庭中最常用语言为因纽特语的人口比例低至4%,因纽特语在散居人口中的保持情况令人担忧。

虽然从加拿大统计局2001年和2006年的统计数据来看,加拿大因纽特人的语言保持情况呈现缓慢衰变的趋势,但总体保持情况仍然比较乐观,占因纽特总人口69%的人能够使用本民族语言进行交谈。这无论是在加拿大,还是在世界范围内,都令人惊叹。

我们在这里尝试用浑沌学的非线性理论来解释加拿大因纽特人语言保护的现象。

[①] 冯小钉:《语言消亡与保护语言多样性问题的研究评述》,载《安徽大学学报》2003年第3期。

一

对于加拿大因纽特人来说,他们所处的外部环境似乎并不利于民族语言的保持。

首先,因纽特人口较少。根据加拿大统计局的数据,2006年加拿大共有50,485因纽特人,占加拿大总人口的0.15%,占土著居民人口的5%。较少的语言使用者不利于这种语言的保持和发展。其次,因纽特人居住极其分散。在上述四个因纽特人传统居住区,因纽特人散落在面积达350万平方公里的土地上,相当于加拿大国土面积的三分之一。各个居住区中人口一般比较少,对于集中使用因纽特语有一定困难。另外,因纽特语所面临的外部语言环境也十分不利。加拿大是一个以英语和法语为官方语言的国家,人口的绝大部分都能说英语或法语,这两种语言的使用范围和场合非常大,几乎到了每一个角落。而因纽特语只能局限在家庭成员或者因纽特社区内,并且只有三分之二因纽特人能够说因纽特语。所有这些因素放在一起,看似因纽特语言根本无法长久保持下去。但实际情况并非如此,历史上的一些偶然的事件使得因纽特语的保护得以很好地进行。[①]

二

因纽特文字是由传教士为宣传基督教而创立的,是传教士传

[①] 文中关于人口的数据均来自于加拿大统计局公布的2006年全国人口普查结果。

教活动的一个过程和工具，文字创制的目的并不是保护因纽特语。但这为因纽特语言的保持带来了不可抹杀的贡献。

因纽特文字的创制主要分为以下三个阶段：一.18至19世纪，来自西方的传教士为因纽特人创制了两种书面文字，一种使用罗马字母，另一种使用音节文字，在因纽特人的不同地区使用。二.20世纪60—70年代，在因纽特人的努力下，因纽特文字体系得以统一和规范，形成了有两种书写形式并可以相互转换的文字体系。三.20世纪80年代以后，随着现代媒体特别是互联网的快速发展，因纽特语的两种文字也各自迅速发展并趋向统一和规范。

基督教不同教派传教士出于传教的需要在因纽特人生活的不同地区创制了三种未经统一和规范的文字，其中两种用罗马字母书写，另外一种用音节字母书写。

来自欧洲的传教士是第一批保护因纽特语言的人。抱着对宣传宗教的极度热情，基督教各教派的传教士踏着第一批探险者的脚印来到了美洲，也来到了因纽特人居住的加拿大北部地区。他们希望将自己所笃信的宗教思想传播给他们认为还没有开化的土著居民。出于传教的方便，他们必须首先学会当地居民所使用的语言，然后帮助他们创制文字，从而使土著居民能够自己阅读《圣经》故事，这样才能更加深入地传授宗教思想。尽管传教士们学习研究因纽特语、创制因纽特文字、将《圣经》翻译成他们为因纽特人创制的文字以方便传播基督教，在主观上并不是为了保护因纽特语，但在客观上，正是这些早期传教士的不懈努力，因纽特语早在18世纪末就有了虽不成熟但已经可行的文字体系。

加拿大东部拉布拉多地区的因纽特人早期使用的是摩拉维亚教派的传教士创制的因纽特文字。这些传教士利用罗马字母来拼写因纽特语，为拉布拉多地区的因纽特人创制了文字。18世纪70年代，传教士们开始将《圣经》的部分文本翻译成因纽特文。

18世纪末期，摩拉维亚传教士将这种文字进行了标准化。到19世纪20年代，在加拿大拉布拉多地区信奉基督教的因纽特人都已经能够使用这种语言，在学校教育和传播基督教方面发挥了重要所用。但是，由于这些传教士并不是专业的语言学家，这种文字体系存在着许多这样或那样的缺陷并且仅限于拉布拉多地区的因纽特人使用。

加拿大西部的因纽特人使用的是一种用罗马字母来记录因纽特语的一种文字体系。这一地区的传教士和商人用罗马字母记录因纽特语，并没有使用音节文字体系。这一书写方式没有经过统一的规范，也没有在学校教学中使用，因此每个人使用起来都有自己的拼写方式。加拿大西部因纽特人的文字虽然和东部拉布拉多地区的因纽特文字都使用罗马字母，但由于种种原因如方言不同、文字体系形成年代不同等，二者有着较大差别。

而在上述两个地区以外，因纽特书面语是一种完全不同的音节文字体系。传教士詹姆斯·埃文斯曾经在东部因纽特人居住区以南的奥吉布韦印第安人部落传教，他利用自己熟知的速记符号创制了九个表音节的符号，准确地记录了奥吉布韦印第安人的语言。每个符号可以有四个书写方向，每个方向都表示一个音节，即奥吉布韦语中不同的元音和辅音的组合。这种音节文字随后也用来记录克里印第安人的语言。1855年，这种书写系统开始在加拿大东部的因纽特人中使用并于1865年最终得以定型。在历代传教士们的努力下，到1925年，东部地区（除拉布拉多地区以外）的因纽特人都能够使用这种音节文字进行读写了。同时《圣经》也被翻译成这种书写系统，为基督教的传播带来了极大的便利。到了20世纪50年代，加拿大的因纽特人使用以上三种文字形式，但这三种书写形式都存在着这样或那样的缺陷，严格意义上讲都没有标准化。

由此我们看到，因纽特文字的创制并不是为保护其语言为目的而进行的，传教士利用语言文字的便利进行传教才是创制文字的真正目的。因纽特人的文字，就在这种情况下诞生了。人口很少、生活方式又比较脆弱的因纽特人在其语言几乎还没有受到外界影响的时候就有了自己的文字。这对于生活在他们南部的众多印第安部落来说是比较幸运的，同时也是他们无法做到的。戏剧性的是，这些成绩既不是欧洲人有意识地在保护因纽特人的语言，也不是因因为纽特人具有保护本民族语言意识的结果。创制文字来保护语言这样的难题对于因纽特人来说竟然是传教士的副产品，是在因纽特人毫无意识的情况下所迈出的关键的一步。

三

把因纽特语作为学校授课语言并付诸实施远没有因纽特文字的创制那样顺利。

历代传教士虽然为因纽特人创制了语言，但他们更加感兴趣的、也是创制语言的最终目的是传播基督教。当他们完成了创制语言的工作，使大部分因纽特人掌握了这种文字后，基督教在此基础上得以一定程度的传播。至于开办以因纽特语为授课语言的学校，由于面临这诸多的困难如合格的母语教师短缺、用因纽特语编写的各科目教材匮乏等仅仅依靠传教士的力量很难完成的工作时，他们选择放弃使用因纽特语，转而使用对他们来说更为方便的英语。所以，虽然因纽特文字的创制比较顺利，但使用因纽特语和文字进行学校教育却没有很好地推广开来。

但是，也有一个例外。加拿大东部拉布拉多因纽特人从十八世纪末开始在传教士的帮助下创建的学校一开始就使用因纽特语作为授课语言。1791年开设了第一所因纽特语授课的学校，1805年开办了因纽特语成人扫盲班。到1843年，这一地区所有的因纽特人都可以使用自己的语言和文字进行读写并逐渐开始用因纽特语接受更为复杂的知识，如国家的政治体系和宗教故事等。拉布拉多因纽特人的学校教育完全使用因纽特语来进行。最初的教师是摩拉维亚传教士，后来因纽特教师和传教士共同任教。所讲授的内容除了基本读写技能和基本生活常识外，当然还要学习《圣经》。到1914年，拉布拉多地区共有8所以因纽特语为授课语言的学校，共有学生193人。

由此我们可以看到，面临开展因纽特母语教育的重重困难，拉布拉多地区的传教士虽然并不是教育家，却很好地组织了因纽特母语教学，编写了教材，在传播基督教的同时保护了因纽特语不会过早地受到外来语言和文化的冲击。他们以保护民族语言和文化为中心的教育理念和卓有成效的努力甚至超越了随后加拿大政府的理念和管理。

四

影响加拿大其他土著居民（印第安人和美蒂人）语言和文化发展的重大历史事件对居住在北方的因纽特人的语言和文化负面影响比较有限。

1. 当传教士在因纽特地区忙于传教，并尝试性地不断开办因纽特语为授课语言和英语为授课语言的学校时，因纽特人居住区以南的印第安人和来自欧洲的移民为争夺土地进行了激烈的战争，处于劣势的印第安人各个部落由于连年战争和欧洲人带来的传染病的侵害人口急剧减少，不仅生活方式发生了巨大的变化，语言和文化也受到了极大的冲击。一些印第安人不得不离开自己世世代代居住的土地流落他乡，同时也不得不学习欧洲入侵者的语言从而适应新的生活。然而，居住在北部的因纽特人由于地处高纬度的寒冷地区而没有受到多少影响，他们身边除了一代一代并无恶意的传教士在宣传着基督教外，几乎没有别人来干涉他们的生活，语言和文化得到了最大限度的保存。

2. 因纽特人的语言和文化没有受到加拿大建国后民族同化政策的过多影响。1867年加拿大建国后，政府推行了一系列的民族同化政策，目的是使"未开化"的"野蛮人"尽快融入社会中来。这一政策的代表为1876年颁布的《印第安法案》，其中有多处对土著居民带有歧视性的规定。在这一过程中，加拿大的印第安人受到了许多不公正的待遇，其民族感情受到极大伤害的同时，民族语言和文化也受到了严重的摧残。然而，幸运的因纽特人又与此擦身而过。在第二次世界大战结束以前，加拿大政府没有认识到因纽特人居住区的战略地位，同时对北方居住的国民继续采取不闻不问的态度。他们认为没有必要打搅在北方以自己的生活方式生存的居民的生活。另一方面，联邦政府认为开发管理北部的费用将是极其高昂的。就因纽特人目前的生活方式来看，他们不需要受到太好的教育。因此，除了在灾荒之年给予粮食与物资的援助和少量的教育投入外，政府没有干涉过因纽特人的生活。只有虔诚而执著的不同教派的传教士与因纽特人生活在一起，尽心尽力地传播着他们所信奉的宗教。就连因纽特地区的学校教育都是由不同教派的教会包办的。

3. 第二次世界大战以后，随着加拿大北部资源的开发和战略地位日趋重要，政府也意识到包括因纽特人在内的土著居民应该得到和其他加拿大人相同的待遇，对因纽特人采取了民族同化政策。当时实行的是一种以英语为唯一语言的文化同化政策。根据这一政策，使因纽特年青一代彻底融入主流社会是教育的最终目的。加拿大政府在这里推行的与加拿大南部体制完全相同的学校陆续建立起来，并且认为英语的普及使用是促使因纽特年轻人接受西方教育的最佳途径，而因纽特人的母语却禁止在学校里使用。对于因纽特人来说，19世纪50—60年代和70年代早期是民族语言和文化发展最为黑暗的时期，因纽特人的语言和文化受到了比较严重的破坏。但这种情况仅仅持续了20年左右的时间。

五

从19世纪70年代开始，随着加拿大土著居民争取民族权益的努力不断取得成果，联邦政府改变了过去的同化政策，转而鼓励和支持土著居民的民族文化的发展。因纽特语言的保护在这样的机遇下取得了一定的成绩。

随着魁北克省争取自己语言权利的努力取得进展，1969年联邦议会通过了《官方语言法案》，英语和法语同时成为加拿大的官方语言。包括因纽特人在内的土著居民的语言和文化保护都得到了改善。

在语言文字上，20世纪60—70年代，因纽特语的文字系统得以定型并进行了统一的规范，因纽特语和书籍都有了一定的发展。60年代，联邦政府北部事务部（相当于中国的国家民族事务委员会）和语言学家一起探讨将因纽特语的文字形式进行标准化、统一使用罗马字母的可能性。专业的语言学家第一次加入到了规范因纽特语文字的行动中来。由于各地的因纽特人坚持使用自己的文字系统，这一努力没有取得成功。1973年，在新成立的"加拿大因纽特兄弟"这一组织的倡导下成立了"因纽特语言委员会"（Inuit Language Commission），成员均由因纽特人组成。这是200年来因纽特人第一次独立处理自己的语言问题。经过委员会成员在全国范围内各个因纽特居住区两年时间的调查和走访，对于因纽特文字的规范和发展得出了这样两个公众诉求：1. 标准的因纽特语文字体系不应该以某一方言为标准，任何一种因纽特方言都不应该比其他方言优越；2.使用音节文字的因纽特人强烈要求保留他们的文字体系。在委员会1976年召开的会议上，委员们很快就达成了使用音节文字和字母文字两套文字系统的意见，并且一致认为经过改进的两套文字必须都能够准确地表达加拿大因纽特语的各种方言。这样因纽特人的语言就有了两套文字系统，居民可以任意选择使用一种或者两种作为自己的文字。而官方文件则往往使用两种因纽特文字。随着电脑的普及，因纽特语的文字体系也可以使用电脑来处理。由于因纽特语本身的曲折变化就非常规则，不规则变化的现象很少，加之两种文字体系均为后来根据需要创制的文字并经过不断改进，相对来说非常规则，两种标准文字体系可以实现百分之百的相互转换。

随着因纽特文字使用的普及，开始出现一些用因纽特文字出版的书籍。最早出现的因纽特文字的书籍毫无疑问是和基督教相关的。用因纽特文写成的基督教基本教义和《圣经》的因纽特文译本为传播宗教提供了极大的便利。基督教也逐渐被因纽特人所接受。有了因纽特文的《圣经》，了解基督教和阅读《圣经》就可以在牧师不在场的情况下自觉进行。早期的因纽特文字出版的一些书籍还有的是宣扬因纽特人在英国的统治下是多么幸运和幸福，曾引起了因纽特人的反感。到二十世纪七十年代早期开始出现用因纽特文写成的关于因纽特民族与文化的书籍，随后又出现了短篇小说、散文和诗歌。随着因纽特文字的出现，因纽特文出版物逐渐多了起来。

在母语教育方面，早在六十年代中期就已在魁北克省发生了改变。由于当时的联邦政府还没有实行英语、法语的双语政策并且教育的管理权归联邦政府。（加拿大1969年开始实行双语政策，此前魁北克省一直在做这样的努力，包括学校教育所使用的语言。）魁北克省和联邦政府在此产生了严重的分歧。由于魁北克省和联邦政府争夺对魁北克北部因纽特人的教育管辖权，魁北克省政府采取了一些自己所推行的发展其他语种的政策，同时也是取悦因纽特人的做法。从1964年起魁北克省为北部因纽特人开设了幼儿园和中、小学。开设的第一个幼儿园完全由讲因纽特语的教员任教，这种做法很快又推广到小学的低年级。教员由本民族的教师担任，而白人教师作为助理，整个教学活动由取得教育管理证书、又粗通因纽特语的白人教师来主管。在一些大的居住区，高年级的因纽特孩子以法语为授课语言继续学习。在魁北克，因纽特人那时可以选择两种相互竞争的学校：一种是联邦政府开设的英语为授课语言的学校，另一种是由省政府开设的、授课语言为因纽特语和法语的学校。这种竞争至少有这样一个好处，那就是使大家认识到因纽特语是可以作为一种授课语言进行教学活动的。这种认识逐步被接受，到20世纪70年代早期，西北地区北部的因纽特人居住区和魁北克北部的因纽特人居住区幼儿园和小学低年级都使用因纽特语。

随着因纽特人保护民族语言和文化的意识不断加强和各种因纽特人的组织的建立，从20世纪70年代早期开始，因纽特人的教育产生了巨大的变化。1973年加拿大教育事务的管理权由联邦政府转交各省政府，包括因纽特语在内的一些土著居民的语言才被承认为合法的授课语言，在政策上和资金上都对培训使用民族语授课的教师和编写民族语教材给予了大力的扶持。以因纽特语为授课语言的学校在各个居住区建立起来。目前，在加拿大的因纽特人居住区中，从幼儿园到小学二、三年级都使用因纽特语作为授课语言，随后因纽特语作为一门课程进行学习但不作为授课语言，除此之外还开设有关因纽特文化的课程。

从加拿大因纽特语文字的创制和民族语教育的发展我们看到，虽然因纽特语的保护曾经和目前有着这样那样的问题，但无论从加拿大范围来看，还是从世界范围来看，因纽特语得到了较好的保护。除因纽特人居住地区受外界影响较小这一原因外，历代传教士的努力,政府的支持和因纽特人保护民族语言和文化的意识的增强是其语言得以较好保护的主要原因。人类学家 Michael K. Foster 认为因纽特语是加拿大三种还有可能长期保存的世居民族使用的语言之一(其他两种为奥吉布瓦语和克里语)①(Foster,1982)。

六

加拿大因纽特语文字体系的创制过程和将因纽特语作为授课语言的过程也是加拿大因纽特人从被动接受外来事物走向独立思考和采取行动的过程。在这个过程中,因纽特人逐渐增强了自主处理本民族事务和保护民族语言和文化的意识并付诸实施。

在欧洲的传教士到来之前,因纽特人的生活几乎没有受到外来的影响,简单的渔猎和采集生活使他们意识不到使用文字的必要性。当传教士带来了众多新鲜的事物并为因纽特人创制了文字,此时的因纽特人由于对外界知之甚少,仍然没有形成主动保护自己民族语言和文化的意识。随着因纽特人中越来越多的人接受了一定程度的教育及在生活中所受到的不公正的待遇,因纽特人保护民族语言和文化及独立处理民族事务的意识都增强了。

20世纪70年代,当加拿大各地的印第安人纷纷拿起法律武器保护自己的权益,要求重新获得没有通过和白人签订合约而被强占的土地,要求政府改正《印第安法案》及相关法律中关于印第安人身份的不合理规定等,此时身处加拿大北方的因纽特人也意识到保护自己权益、保护自己语言和文化的重要性,同样也提出独立处理自己的内部事务的要求并进行了不懈的努力。1999

---

① Foster, P. 7—16. Canada's First Language. Language and Society (Ottawa) NO. 7. M. K. 1982.

年，加拿大联邦政府将面积达 224 万平方公里的努那乌特地区划为因纽特人居住的特别行政区，这是因纽特人长期以来争取自己权益的结果。2008 年 9 月 18 日，在加拿大因纽特人的长期努力下，一项关于保护因纽特语言的法案《因纽特语言保护法案》在努那乌特地区得以通过，因纽特语成为努那乌特地区四种官方语言之一，因纽特语的保护和发展得到了法律的保护和支持。2009 年 6 月 11 日，加拿大联邦议会上院通过了努那乌特本地区的《官方语言法案》（根据加拿大联邦政府和努那乌特地区签订的协定，这个法案需要联邦议会的批准）。

　　从上面的分析我们可以看出，影响一个民族语言保护的因素有很多。这些因素相互作用相互影响，不能把民族语言的保持情况的变化归因于一个或几个因素。因纽特人语言的保护也是一个复杂的问题，当我们用常规的方法去分析影响语言保持的几个要素时，我们看不到因纽特语能够得到较好保护的希望。而当我们把这一问题放在一个非常规的、历史的、全局的角度去考虑时，我们发现因纽特语言之所以能够保持较好，不仅有其内在的原因，也有其外部的偶然性。

英语语音演化中的浑沌现象举例

吴海英

一、引　子

20世纪下半叶逐步发展起来的浑沌学理论，向经典科学发出了挑战，后者从机械论的观点出发，强调稳定、有序、均匀和平衡，它最关心的是封闭系统和线性关系，在它的描摹中，世界是精确的，运动方向是确定的，只要给定初始状态和最终时间，未来是可以预测的。而现实世界有很多方面却表现出无序、不稳定、多样性、不平衡、非线性关系以及暂时性，是充满变化、强调过程的。浑沌学在动力系统方面有很强的解释性，已经应用到自然科学和社会科学的许多方面。在语言学研究领域，许多学者也已开展了卓有成效的探索。下面将试用浑沌学的有关理论解释英语语音演变中的某些现象，主要考察元音系统的演化。

二、语音演进的浑沌性

纵观整个英语史，英语的语音系统，尤其是元音系统发生了极大的变化，即使时光隧道能将现代人带入古代，也无法与古人进行面对面的交流了。回望历史，在古英语历经中古英语再到现代英语的一千多年的漫长演化的过程中，整个语音系统是从平衡到平衡破缺，再从平衡破缺走向平衡的动态演化，平衡是暂时的、相对的、动态的，时时受到各种因素的扰动。

（一）古英语历经中古英语到早期现代英语的元音演化

1. 古英语到中古英语的元音变化

古英语（449——1100）① 的读音和拼写基本上是一致的，到 9 世纪元音字母有 7 个，分别为 a、æ、e、i、o、u 和 y，与字母相对应的有长短两套读音，形成如下元音系统：

i	e	æ	a	ǫ	o	u	y
ī	ē	ǣ	ā		ō	ū	ȳ

其中的 ǫ 所代表的语音，相当于现代英语 hot 里的 o [ɔ]，只在 m 和 n 之前才出现，在上面的矩阵中，只有这个 ǫ 没有对应的长音，其他元音处于相对平衡的状态。

古英语的双元音分别有长短两套，如 ēa 和 ēo，其中的第一个因素分别读为 [æː] 和 [eː]，如下：

ea——ēa
eo——ēo
ie——īe
io——īo

元音系统的变化到了约 12 世纪时，逐渐确立下来，进入一个相对平衡的状态，如果把语音系统的演化看做一个动态系统，这个系统走到中古英语时期（1100—1500），平衡状态开始被打破，发生了巨大的变化。

首先，音长发生了重要变化，在开音节里，短元音变长，如

---

① 本文的英语史分期采用 John Algeo，Thomas Pyles 著的《英语的起源与发展》一书中的分法。

古英语的 fæder（父），mete（食物），beran（拿，举）变成了 fāder，mēte，bēre（n）了；而在闭音节里，长元音又变短，如 five（5）为长元音，可 fiftēne（15）变短了。从浑沌学的角度看，这是在系统演化的关节点上发生了质的改变，产生了分叉现象。另一个分叉产生在短元音的变化上，有三种情况：原来古英语中的短元音在 mb，nd，ld，rd 和 rð（前变短了；非重读音节里的元音变短了；元音变短还会在两个非重读音节之前发生。

在音质方面也发生了变化，古英语中的 ȳ [ü] 这个音素为不圆唇的 i 所取代，于是 hyll（小山）就变为 hill，pytt（井，陷阱）成了 pit。另外一个严重的变化是非重读音节元音 a [a]，o [ɔ]，u [u]，一律变为 e [ə]，如古英语 nama（名字）变为中古英语 nāme [naːmə]，由于这个变化，中古英语的词尾变简了，拉平了，因而失去了指示语法关系的作用。古英语的名词有三个语法性别，分为阳性、阴性和中性，另有五个格。在 13 世纪时，这个被拉平的尾音 [ə] 逐渐消失了，变得不发音了，但许多名词的拼写还以 -e 结尾。这样，名词逐渐失去了语法性别，1250 年后，名词的多数词尾，不论是什么格，都只有一种形式，到了乔叟生活的时代，名词变格只剩下两种形式，如 stōn，stōnes；tāle，tāle；nāme，nāmes。

名词屈折及格的消失产生了重要的后果，句子各种成分的次序变得大为固定，介词变得更为重要，这个时期，形容词弱化的词尾也失去它指示语法性别的作用，定冠词和指示代词也发生了屈折简化和磨平的演变，这些变化与中古英语整体上的变化是一致的，语言学家亨利·斯威特（Henry Sweet）称中古英语时期为"词形变化削减时期"（period of leveled inflection）。整体上的变化与各语言构件的变化之间呈现出层次上的相似性，存在明显的同构关系，这是局部变化与整体变化之间的自相似性，是语言演化浑沌性的有力证据之一。

另外，双元音也发生了变化，古英语的双元音 ēa、ēo 和 īo 消失了，又产生了新的双元音，[aɪ, eɪ, aʊ, ɔʊ, ɛʊ, ɪʊ, ɔɪ, ʊɪ]，也就意味着出现多个分叉，双元音系统严重失衡。

2. 元音大变化（the great vowel shift）

15 世纪，英语的元音迎来了大变化，所有的长元音都变成闭口元音，其中最闭的两个变为双元音 ei 和 ou。这就是人们称之为"元音大变化"现象。丹麦语言学家叶斯柏森（Otto Jersperson）对此有着权威性的说明，"元音大变化指的是所有的长元音都提高一个位置，除了两个高元音［i：］和［u：］是例外，这两个元音若再提高一个部位就要变成辅音了，因此它们就分别变成双元音［ei］和［ou］，后来又变成［ai］和［au］了。"①。如下图所示：②

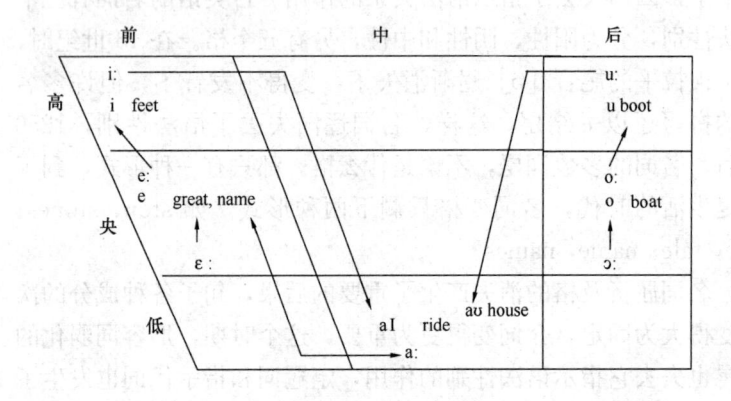

元音大变化（无例词的元音为中古英语，例词的元音为现代英语）

---

① 转引自李赋宁：《英语史》，商务印书馆，第 209 页，1992 年。

② John Algeo, Thomas Pyles：《英语的起源与发展》（第五版），世界图书出版公司，第 160—161 页，2009 年。

从上图可见，元音大变化导致了元音系统大范围的扰动，变化积累到一定阈值就产生了各个元音音质的突变，出现多个关节点，从而产生了新的相对平衡的系统。

这个时期发生的另一重大变化是词尾-e 不再发音，16 世纪初，-e 在拼写里也消失了。由于词尾屈折已经消失，许多词从那时起都变为单音节词了。

双元音的变化如下：

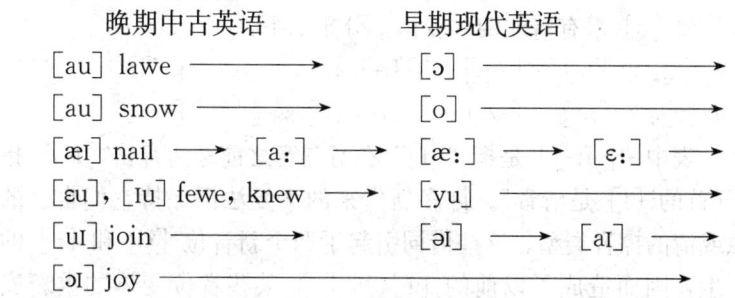

晚期中古英语　　　　　早期现代英语

[au] lawe ⟶　　　　　[ɔ] ⟶

[au] snow ⟶　　　　　[o] ⟶

[æɪ] nail ⟶ [aː] ⟶ [æː] ⟶ [ɛː] ⟶

[ɛu], [ɪu] fewe, knew ⟶　[yu]

[uɪ] join ⟶　　　　　　[əɪ] ⟶ [aɪ] ⟶

[ɔɪ] joy

此外，其他元音也发生了大量的变化，如音长的变化等等，一直到 17 世纪初，才达到新的平衡。上面考察的仅是较大的变化。美国著名语言学家霍凯特认为，这种由语音演变造成的音系改组常常发生，"统计从艾尔弗雷德时代的古英语到现代'标准'美国英语之间有案可查的改组次数，从中找到一个答案。看来次数不亚于一百，这就是说平均每十年或十五年一次"[①]。可以说，这些常常发生的音系改组贯穿整个语音演化的历史，其间充满了无数的随机性。

（二）语音演进的方向——初值的敏感依赖性

就英语在 11 世纪中叶所达到的状况，在形态、句法和词汇

[①] [美] 霍凯特著，索振羽，叶蜚声译：《现代语言学教程》，第 486 页，北京大学出版社，2005 年。

方面，英语或许会发展成大体上是日耳曼语夹杂着一定数量希腊、拉丁和其他罗曼语借词的语言，然而，事实并非如此。从1066年诺曼底人征服英国以来，英语的发展方向改变了。[①]下面从微观角度考察几个语音演化的例子。

1. 英语擦音系统的变化

霍凯特在《现代语言学教程》中提到英语擦音系统的变化[②]，这一变化是英语从诺曼法语大量借词造成的。英语中原有[f]和[s]都有清浊两种变体，分布如下：

[f]：　[f-]　[-v-]　[-ft-]　　　　[-f]
[s]：　[s-]　[-z-]　[-st-]　[-ss-]　[-s]

表中"[-ft-]"是指"[f]"在清辅音之前是清音，"[f-]"指"开首的[f]是清音"。许多新借来的诺曼法语保持它们自己的浊或清的擦音类型。这些借词引起了两个新音位[v]和[z]的产生，因而造成了以前的[f]和[s]某些音位变体的重新安排。如下表：（星号表"法语借词"）

[f]：　[f-]*　[-f-]*　[-ft-]　　　　[-f]
[v]：　[v-]*　[-v-]*
[s]：　[s-]　[-s-]*　[-st-]　[-ss-]　[-s]
[z]：　[z-]*　[-z-]*

上述音系的音系演化是从平衡到平衡破缺的有力证据，同时，还可用浑沌学的"蝴蝶效应"来解释，法语借词大量涌入只是一个偶然事件，却导致了音系的改组，由于系统在演化过程中误差成指数增长，无论多么小的误差都会迅速增长到完全影响系

---

① 费尔南德·莫塞著，水天同等译：《英语简史》，第47页，外语教学与研究出版社，1990年。

② [美]霍凯特著，索振羽，叶蜚声译：《现代语言学教程》，第480页，北京大学出版社，2005年。

统宏观行为的程度。

下面这个例子霍凯特解释为合并引起的元音音系改组，也可从初值的敏感依赖性来重新审视。

2. 合并引起的音系改组

大约至 13 世纪，在伦敦地区发生了一次元音的变化，变化前有 12 个重读节心，分布如下：（标·者可带延长过渡音）

[i]　　[u]　　[i·]　　[u·]
[e]　　[o]　　[e·]　　[o·]
[æ]　　[ɔ]　　[æ·]　　[ɔ·]

语音演变造成 [ǽ] 和 [ɔ́] 合并为一个低元音 [a]，合并引起了其他几个长节心和短元音的结构位置发生了变化，新的系统出现了：（标ˆ的音位为后来出现的）

[i]　　[u]　　[ij]　　[uw]
[e]　　[o]　　[ej]　　[ow]
[a]　　　　　　[eˆ]　　[oˆ]

上面的列表中可以看出元音系统从平衡到平衡破缺再试图走向平衡的走向，但从更深层次讲，音系的运动表现出系统长期行为对初值的敏感依赖性，这是浑沌运动的本质特征。如将合并前的系统设为初始条件，音位合并后短时间内看不出大的变化，但从长期行为看，初始条件的微小改变（音位合并）在语音变化过程中却呈现出了显著差异，出现了音系大面积的振动的局面。

这对蝴蝶的翅膀也扇向了英语的诗歌，下面讨论法语对英语诗律的影响。

3. 英诗的韵律

古英语诗歌的基础是头韵法（alliteration），即在诗句的某些重读音节之首有意重复某一辅音或元音，至少量词，一般是三次，有时可达四次，但不见古英语诗歌注重脚韵（rhyme）。

wōdon pāwælwulfas（a）　　　　　for wætere ne murnon

wīcinga werod （a）　　west ofer Pantan （b）
ofer scīr wæter （b）　　scyldas wēgon （c）
lidmen （a） tō lande　　linde bǣron （c）

"这种用头韵的诗歌被诺曼底人征服英格兰所引起的语言大变革打垮了。"[①]到了 14 世纪末这种韵律的诗歌逐渐消失，此时传入了来自法兰西和普罗旺斯的新的诗歌技巧出现了。它有两个特点，一是等音节的诗行和脚韵有规律的应用，二是重读音节和非重读音节的交替使用，另外法国的八音节诗行也传入英国。如下面的诗中有很明显的脚韵：

：（诗中 ẹ 表不发音）

Ich ′unne hirẹ ′wel ant heo me ′wo;
Yeh ′am hirẹ ′frend ant ′heo my ′fo;
Me ′thuncheth min ′herte wol ′breke a′two,
　　For ′sorẹwẹ ant ′syle!
　　In ′Godes ′greting ′motẹ heo ′go,
　　That ′wayle ′whyte

当乔叟从大陆旅行回来时，带来了法国的十音节诗行，并付诸自己的诗歌创作。至此，英诗韵律换了新的面貌。但无论二者差别有多大，都表现出对初始条件的依赖，即在英诗原有基础上发生的改变，由于法语诗律技巧介入的微小干扰，最终导致了英诗发展轨道的微小偏离。

三、结　　论

综上，无论从宏观的演化过程还是微观层面上的变动，语音

[①] 费尔南德·莫塞著，水天同等译：《英语简史》，第 45 页，外语教学与研究出版社，1990 年。

的变化中都充满了浑沌现象。其实这些现象，传统语言学著作中多有提及，这更说明了对语言进行浑沌学研究的必要性。如象浑沌学对经典力学的挑战一样，语言的浑沌学研究也将为语言研究带来革命性的变化。

英语中"性别词"的浑沌学研究[①]

王显志　王丽瑾

引　言

纵观人类发展历史,性别歧视现象由来已久,即便是经济高速发展、科技日新月异、社会不断进步的当今,生活现实中许多方面仍旧渗透着对女性的性别歧视。语言是社会的一面镜子,是文化的凝聚体,存在于社会中、隐含于文化里的性别歧视现象在语言中必然会有所表现。

中国学者对语言与性别进行系统研究是在改革开放之后。随着国门开放,包括社会语言学在内的西方研究理论与研究成果被引入中国。1979年,国内出现介绍语言与性别研究的论文(王文昌,1979;何自然,1979)。从那时起,语言与性别的研究在国内不断升温,发表论文数量呈逐年递增之势。研究内容也不断深入,由最初简单介绍西方语言(主要是英语)中的研究成果转为独立自主地研究英语、汉语及国内各少数民族语言中的语言与性别问题。孙汝建(1997)、白解红(2000)、赵蓉晖(2003)、杨永林(2004)还出版了这方面的专著。学界也发表了有关语言与性别研究的综述文章。国内一批硕士、博士研究生也围绕语言

---

① 本文为河北省社会科学基金项目"浑沌学视阈下和谐语言生活的构建:性别语言研究"(项目批准号:HB10PYY073)的阶段性成果。

与性别展开研究，撰写学位论文，例如，张莉萍（2007），雷洪波（2008），李祥云（2008），王显志（2010）等。值得一提的是，1999年4月在美国纽约大学召开的第44届国际语言学会（International Linguistic Association）的大会中心议题就是"性别与语言（Gender & Language）"，这充分表明当代语言学家已经把性别当做语言学研究中一个至关重要的领域来全面深入地探讨。本文以英语中的"性别词"为研究对象，对英语词汇反映出的性别歧视现象从浑沌学的视角展开讨论。

一、数据收集与分类

结合社会文化语境对语言进行分析和解释，不仅可以帮助我们理解社会组织结构，而且有助于我们理解社会成员的信仰和习惯。而学习任何一种语言，首先接触到的就是词汇。词汇是语言中最敏感、最活跃的部分。语言中只有一个方面直接反映社会生活、经济、文化和世界观的一切变化，这就是词汇[①]。所以，探究英语中折射出的性别歧视现象，我们在此主要以英语词汇为考察对象。

Fromkin & Rodman（1974）强调词典可以反映社会态度。同时，为了保证研究的实证性、代表性和可信度，本研究选择英语的权威工具书作为语料来源，根据玛嫦娜（Martyna，1983）[②]提出的"he/man语言研究方法"，数据收集以性别结对的词语组

[①] 王显志：《英汉语性别歧视现象的对比研究》，中央民族大学博士学位论文，2010年。

[②] Martyna, Wendy. Beyond the he/man approach: The case for nonsexist language [A]. In: Barrie Thorne, Cheris Kramarae & Nancy Henley (eds). Language, gender and Society [C]. Cambridge, MA: Newbury House, 1983. P25.

合为导向，两男两女共四位收集者分别对《牛津高阶英语学习词典（Oxford Advanced Learner's Dictionary）》进行了逐条通读，收集了所有含有-man的复合词，所有的性别对立的词语组合，还有所有在《牛津高阶英语学习词典（Oxford Advanced Learner's Dictionary）》中明确标明有性别歧视的英语词汇。最后，作者把自己收集的数据同其他数据收集者的数据进行比较、核对，最终建立了一个含有251组（个）性别对立的词语组合或者说性别歧视词条的语料库。

将《牛津高阶英语学习词典（Oxford Advanced Learner's Dictionary）》中所有相关语料采集、比较、核对后，建立英语性别歧视词汇语料库（English Sexist Vocabulary Corpus，简称ESVC），ESVC共有251组（个）性别对立的词汇（组合）。在此基础上，进行分析和归类，最终全部语料可归入以下五个类别。

1. 英语性别歧视词汇语料类别一：词形男女对应词

这类词汇组合（N=87+14）中的每对词都有相同的所指，只不过一个专指男性，一个专指女性（以下简称E1类），例如，king/queen; prince/princess; sportsman/sportswoman; statesman/stateswoman; usher/usherette 等。作者在英语性别歧视词汇语料库中共发现了101对这样的词汇或词汇组合，其中14对带有并不对称的词义解释，例如，call—girl：prostitute who makes appointments by telephone（电话应招妓女），callboy：a boy who tells actors when it is time for them to go onto the stage（舞台叫场男童）。

2. 英语性别歧视词汇语料类别二：显男隐女非对称词

这一类别语料（以下简称E2类）（N=102+8+4）体现为一种凸显男性无视女性的非对称现象，即这类词中，每个概念只有一个特指男性的词，而没有女性对应词。例如，anchor man/...（主持人）；kingdom（王国）；sportsmanship（体育道德；竞技精神）。

3. 英语性别歧视词汇语料类别三：显女隐男非对称词

这一类（以下简称E3类）词汇（N=19）的表征与E2类恰好相反，体现出一种无视男性凸显女性的非对称现象，即这类词中，每个概念都有一个特指女性的词汇表述，而没有相应的男性对应词。例如，air hostess（空姐）；street—girl（街头妓女）等等。

4. 英语性别歧视词汇语料类别四：性别歧视标识词

类别四（以下简称E4类）都是带有性别歧视标记的词（N=10），在《牛津高阶英语学习词典（Oxford Advanced Learner's Dictionary）》中被明确定义为带有性别歧视的词。这类词共有10个，如career girl/career woman（职业女性）、lay（性伙伴）等，这类词无一例外均指向女性，没有用来指男性的对应词。

5. 英语性别歧视词汇语料类别五：物质词

这一类（简称E5类）都是物质名词（N=7），并不指人类，即这里列出的均为不用来指人的带有—man的复合词。例如，chessman/...（棋子）；walkman/...（随身听）等。

二、数据分析

通过对英语语料库的分析，可以看到性别歧视意识在英语词汇中有明显体现。

在这251对（个）英语词汇中，虽然有101对是男女对应词（E1类），但是这些词形对应词，也是性别歧视的，具体表现为：用来指女性的词都是有标记性的（marked），是在男性词基础上加上—ess，—ette等黏着词素构成的，而且这些词素都含有

"细小，卑微，微不足道"等贬义。另外，从语义上，这些词也不是平等对应的，男性词往往具有中性或褒义语义，而女性词往往被赋予贬义甚至色情语义。Master 这个"大师，主人"如何能和 mistress 那个"情妇"对应呢？英国 Elizabeth 二世这个女王（queen）还是要称自己的国家为 kingdom，而不是 queendom。

社会现实中，虽然女性已经进入各行各业，但是在英语词汇中男性行业词有 114 个，而女性行业词只有 19 个，且这些女性专有词全部带有贬义或色情含义。

从词义的演变构成来看，许多最初表示中性词义的词汇，随着时间的推移，用于女性所指的时候，往往演变为贬义词汇。例如 tart，最初意思是"水果馅饼"，后来逐渐演变为一种昵称，专指女性，接着又可用来泛指"君子好逑的对象"，到了最后，竟然沦为"妓女"的代名词。这个语义演变的具体流程可以概括为"美味可口的食品－秀色可餐的宝贝－君子好逑的淑女－水性杨花的女子－街头卖身的女郎"。

三、浑沌学解释

浑沌学是以直观、整体为基点来研究浑沌学状态和浑沌学运动的复杂规则性的学问。浑沌学认为：世界是确定的、必然的、有序的，但同时又是随机的、偶然的、无序的，有序运动会产生无序，无序的运动又包含着更高层次的有序。现实世界是确定性和随机性、必然性和偶然性、有序和无序的辩证统一。该领域各理论最适合于研究事物的复杂性、不确定性、无序性、随机性。而语言与文化的关系纵横交织、错综复杂，我们可以运用浑沌学理论来探究英语词汇中的性别歧视现象，对其作出新的解释。

1. 奇异吸引子理论

根据浑沌学理论，奇异吸引子是浑沌运动的主要特征之一，是浑沌系统的本质特征。奇异吸引子的出现与系统中包含某种不稳定性有着密切关系，它具有不同属性的内外两种方向：在奇异吸引子外的一切运动都趋向（吸引）到吸引子，属于"稳定"的方向；一切到达奇异吸引子内的运动都互相排斥，对应于"不稳定"的方向。奇异吸引子具有两个主要的特点：1）奇异吸引子上的运动对初始条件表现出极端的敏感依赖性，在初始值上的微不足道的差异，就会导致运动轨道的截然不同。2）奇异吸引子往往具有非整数维（也称分维），如 2.06 维、1.2365 维等，常需要通过计算才能加以确定。浑沌打破了确定性方程由初始条件严格确定系统未来运动的"常规"，出现各种"奇异吸引子"现象等。"吸引子代表系统的稳定状态……系统运动只有到达吸引子上才能稳定下来并保持下去"[①]。英语中由性别歧视词汇构成一个系统，也是一个吸引子，具有多层次性及层次自相似性，它以吸引子中最原始的"－man"字为初始条件，围绕"男性"这一主体进行有序和无序演化，呈现诸多浑沌现象，甚至许多词已经与"人"无关，变成纯物质词，例如 E5 类。E1 和 E2 类都具有男性相关性，构成有序吸引子，基本上做常规演化。其他各类或隐或显地呈现性别歧视，构成奇异吸引子，呈现浑沌演化。一切演化均围绕"贬女"展开，具有自相似性。

2. 平衡破缺理论

浑沌学理论告诉我们，平衡破缺是常态，语言演化常常在平衡和平衡破缺之间互相转换。例如，在英语中起初只有 chairman（主席，总裁）一个词，是非平衡态，显现为平衡破缺。后

[①]　苗东升、刘华杰：《浑沌学纵横论》，第 99 页，中国人民大学出版社，1994 年．

来为消除性别歧视，造出 chairwoman（女主席，女总裁），与 chairman（主席，总裁）相对应，以示男女平等，达到平衡。而很快人们为了表达不区分性别的"主席，总裁"概念，造出了 chairperson 一词，又出现了平衡破缺，再后来甚至删除－person，简略为 chair，与"椅子"一词同形。这样，又出现了－person 这一词族的平衡破缺，例如，businessperson（商人）一词就不能删除－person，简略为 business（商业）。无独有偶，汉语中第三人称代词的演化也体现为平衡和平衡破缺之间互相转换。1926 年，刘半农造"她"本来是与"他"对应，达到平衡态，以取代文言的"伊"。但是，人们在使用时还是以男性为泛指，男女共同群体肯定用"他们"，而绝不会用"她们"。这两个形式上平衡的汉字在具体应用中再次出现破缺，并长期保持在平衡破缺状态，体现为对女性的性别歧视。

3. 非线性理论

浑沌学研究的是一种非线性科学，而非线性科学研究似乎总是把人们对"正常"事物"正常"现象的认识转向对"反常"事物"反常"现象的探索。浑沌学理论为我们提供了对语言分析的非线性视角，可以用来解释英语词汇中的性别歧视现象。"语音对应规律是线性的，语言要素的聚合和组合也是线性的，但语言要素组合之后的整体意义发生变化又是非线性的"[①]。英语中许多性别歧视词都是非对称的，而这种非对称性恰恰体现了语言的非线性。

《牛津高阶英语学习词典》有 14 对性别对应词的词义解释是非对称的（non－reciprocal interpretations）。例如，call girl：电话应招妓女；callboy：舞台叫场男童。Cowboy：美国西部牛

[①] 张公瑾、丁石庆主编：《浑沌学与语言文化研究》，第 3 页，中央民族大学出版社，2005 年.

仔，富于开拓精神；cowgirl 看奶牛的女性。Master：主人，大师；mistress：情妇。同样一个 call，加上 girl（女孩），就成了妓女；加上 boy（男孩）就成为舞台男童。这种非线性流变衍生出性别歧视。同时，E5 类词虽然有构词成分－man（人，男人），但是都指具体事物（如，棋子，随身听，等等），不用来指人，也体现为非线性。

四、结　　语

　　回顾二十世纪，人类经历了三大科学革命，即相对论、量子力学和浑沌学。这三大理论中，只有浑沌学既适用于大到天体的宏观世界、又适用于小到粒子的微观世界的研究，因此，是一次范围更广、规模更大的科学飞跃。[①] 浑沌学将确定系统与随机过程紧密联系起来，为认识事物的发展规律，预见未来的发展形态，提供了新的方法和思路。来自于自然科学领域的浑沌学经过三十多年的迅速发展，不仅广泛运用于信息科学、空间科学、生命科学、地球科学、环境科学等等自然科学领域，而且也被广泛运用于经济学、教育学、艺术学、宗教学等人文社会科学领域，显示出强劲的发展势头，具有广阔的应用前景。20 世纪 90 年代初，张公瑾先生率先将浑沌学理论和方法引入到语言与文化研究中，在国内语言学界尤其是少数民族语言文化研究方面形成了广泛影响。[②] 当前，全球经济一体化、

　　[①]　张乐、孙宏文：《混沌科学的发展研究综述》，载《中国集体经济》2009 年第 5 期。

　　[②]　丁石庆：《浑沌学与语言文化研究中的几个问题》，载张公瑾、丁石庆主编：《浑沌学与语言文化研究新视野》，第 11 页，中央民族大学出版社，2008 年．

世界政治多极化的时代特点与文化多元化、语言多样化的文化语言学理念一脉相承,而强调整体观、非线性和不可预测性的浑沌学理论为文化语言学提供了崭新而有效的方法论,必然会为语言文化研究注入新的活力。

外语学习中的"蝴蝶效应"

井兰柱

一、引　　言

　　一般来说，掌握一门外语是一个长期而复杂的心态活动的系统行为过程，当学习一种与母语差别很大的语言时更是如此。比如，中国人学习英语，或英美等国的人学习汉语。就中国人学习英语而言，几十年来讨论最多的是各级学校的外语教学费时低效，即便到了大学阶段也没有多大改变。很多学生学习了几年甚至十几年外语，仍然很难用英语与外国人交流。造成这种局面的原因是多方面的，其中有一种现象本应受到足够的重视，却被人们忽视了，就是外语学习中的"蝴蝶效应"现象。从本质来说，外语学习过程是一种浑沌运动，充满了内在随机性，它表现为外语学习行为对初始条件敏感依赖而产生的种种结果。这些结果既有积极的，也有消极的，积极结果产生于外语学习行为所敏感依赖的初始条件满足了外语学习的要求；相反则产生消极结果。很多学生学不好外语的原因，是他们没有完全满足外语学习对初始条件敏感依赖这个要求，于是产生的消极结果大于积极结果。鉴于此，在外语学习过程中，我们应当尽力满足外语学习对初始条件敏感依赖的要求，全力增加积极的初始条件，减少消极的初始条件，使外语学习系统行为向好的方面逐步放大，产生令人满意的学习结果。

二、提高外语学习对初始条件敏感依赖的满足度

浑沌学理论认为,"对初值的敏感依赖性"是指"在系统的长期行为中初值的微小改变在运动过程中会不断被扩大,导致轨道发生巨大偏差,以致在空间中的相对距离会越来越远。"① 中国成语"差之毫厘,谬以千里"的内涵讲的也是这种对初值的敏感依赖性。浑沌学开创人之一 E. N. 洛伦兹,曾经对初始条件的极细微差别可以引起模拟结果巨大变化的现象作了生动的比喻:在南半球巴西某地一只蝴蝶的翅膀的偶然扇动所引起的微小气流,几星期后可能变成席卷北半球美国得克萨斯州的一场龙卷风,这就是天气的"蝴蝶效应"。后来,人们把这种事物发展初始条件的微小改变会给最终结果带来巨大变化的现象叫做"蝴蝶效应",于是,这种理论就被称作"蝴蝶效应"理论。

众所周知,掌握一门外语是一件很费精力的事情,尤其是学会与母语相差很大的外语,需要付出更多的时间和辛劳,中国人学习印欧语系的语言就是如此。我们学习英语时发现,英语语音与汉语语音的差别很大,词汇也完全不同,语法似乎有相似之处,但很多学习英语的人既不能说让人听明白的英语,也很难写出让人看明白的文章,所用句式大多根据汉语思维把英语词汇对应翻译过去就算完成了,如此这般的表达,其语法和所表述的内容可想而知了。写作用词也漏洞百出,不是词不达意,就是词性误用,凡此种种,无不与最初学习外语时养成的不良习惯有关。俗话说,好的开始是成功的一半,刚学习外语时,一定要养成良

---

① 张公瑾、丁石庆主编:《文化语言学教程》,第 107 页,教育科学出版社,2004 年。

好的习惯,也就是说,要尽力满足外语学习对初始条件的敏感依赖性。因此,在学习外语之初,我们必须把每个音发准确,每个词的词义、词性、用法掌握准确,每条语法规则明白无误地熟记在心,这样才能满足外语学习这个复杂系统在长期行为中对初值的敏感依赖性,促使其经过长期运行后产生我们想要的结果。下面我们从语音、词汇和语法三个方面,就满足外语学习初始条件敏感依赖性会对外语学习产生良好效果这一现象作进一步阐述。

语言是人类最重要的交际手段。"语言必须借声音表达出来,有声语言是帮助人类从动物界划分出来的重要力量之一,语言里的词是声音和意义的结合体。"[①] 人们必须借助声音来实现语言传情达意的功能。语音是语言符号的物质外壳,是语言传递信息的物质载体。当运用语言与人交流和沟通时,我们必须把带有一定意义的词语准确地说出来,才能顺利进行信息交换或思想情感的交流,否则,将无法实现交流和沟通的目的。我们在学外语时,最先应该掌握的就是语音,因为它是学会一门语言的基础,是初学外语时最重要的学习内容,同时,也是最难学好的一个部分。要想熟练掌握一门语言的语音系统,需要花大量的时间和精力反复模仿和练习,经过长期实践才能够学到手。对于我们最初学习的每个音,必须掌握其发音要领,并不断练习,最大限度地减小发音误差,最大限度地满足准确发音所需条件,最终实现满足语音系统在长期行为中对初值的敏感依赖性。

控制论的创立者维纳曾经引用一首民谣,把系统在长期行为中对初值的敏感依赖性现象作了特别生动的描述,最初是丢失一个马蹄铁的钉子,于是坏了一只马蹄铁,然后折了一匹战马,进而伤了一位骑士,因此输了一场战斗,最终亡了一个帝国。马蹄铁上掉个钉子本是一件微不足道的事,但经过逐级放大后,竟然

[①] 罗常培、王均著:《普通语音学纲要》,第3页,商务印书馆,2004年。

导致整个帝国灭亡的灾难性后果。我们不妨把语音系统的语音比作是马蹄铁上的钉子，某个语音出了问题，会影响包含该语音的词汇，这些词汇又会影响由它们组成的句子，这些句子又影响有它们组成的篇章，如此这般逐步放大，就会使所学的整个语言系统完全崩溃，根本无法进行交流，使学习外语的目的彻底落空。因此，只有精通了语言的语音系统，才能在学习语言的整个过程中事半功倍，在交流中得心应手，运用自如，进行良好高效的沟通。

语言是音义结合的符号系统。词是语言中能够独立运用的最小的符号，掌握一种语言，除了学会它的语音系统外，还必须掌握一定数量的词汇，就像建房子必须准备一定的建筑材料一样。当我们掌握了一定数量的词汇，核心问题就在于把所学的词的语音形式和词的意义联系起来，否则，在交际中是不起作用的。然而，语言的意义是非常复杂的，除了由词的语法关系产生的语法意义外，还有人们对现实现象的反映，以及由此带来的人们对现实现象的主观评价构成的词汇意义，即词义。准确掌握每个词的词义是学好一门语言的基本要求，学好外语当然也不例外。由于缺乏学母语的语言环境，学习外语词汇时，我们主要依赖于教科书以及其他学习资料，没有真实的语言环境，因而对很多词的意义把握不够准确，特别是那些意思相近的词汇更是如此。于是就造成了使用词语不当的后果。鉴于此，学习外语词汇一定要准确掌握所学每个词的词义，绝不能有模棱两可的现象存在，确保养成良好的学习习惯，使之在外语学习过程中逐步放大，产生越来越有利学好外语的结果。换句话说，就是满足外语词汇学习对初始条件敏感依赖的要求，让这种"蝴蝶效应"现象在学习外语的长期过程中发生正向的积极作用，产生我们想要的结果。

语言是有规则的，说话必须符合大家共同遵守的规则，违背这种规则，就会使对方感到别扭甚至产生误会。由于我们学习外语的语言环境往往没有像习得母语那样优越，因而学习语法是学习外语很重要的内容。尤其在我国传统教育体制下，学习外语的主要目的是为了通过考试，而不是用来交流和沟通，于是乎学习外语几乎等同于背单词记语法应付考试了。即便如此，很多已经考入大学的外语学习者，仍然不能熟练掌握基本的语法规则，无论是说话还是写文章，常常犯语法错误。比如，中国学生学习英语，汉语可以省略主语，母语的主语省略现象会负迁移到英语中，因此，学生很容易错误地运用省略主语的英语语句。从语言类型学角度看，汉语属于孤立语，其特点是没有或极少有形态变化，句法关系主要靠词序和虚词来表达。英语则属于屈折语，其特点是用形态变化表示语法意义，而且往往把不止一个语法意义融合在一个形素里。当母语为汉语的中国学生学习英语时，常常忽略英语的曲折变化，如动词随人称变化而变，时态也有多种变化形式，名词复数有不同变化形式等等。凡此种种，除了英汉两种语言形式上的差异外，另一个重要原因是，中国学生在最初学习英语时，没能很好地认识到英汉两种语言的根本差别，或者受母语影响常常忽视英语外在形式应有的变化。由此可见，在开始学习英语语法时，要清楚认识英汉两种语言的差别，养成时刻牢记并准确掌握英语各种语法曲折变化规律的习惯，使这种认识和习惯在后来的学习过程中产生良性循环，也就是满足英语语法学习对初始条件敏感依赖的要求，为学好英语语法奠定坚实基础。

三、克服外语学习中不良初始条件的消极影响

任何事物的发展都包含着积极因素和消极因素，事物的发展过程就是这两种因素相互斗争的结果。当积极因素占主导地位时，事物就向好的方向发展；当消极因素多于积极因素时，事物

就会停滞或向相反的方向发展。外语学习也是包含积极因素和消极因素的一个过程。这两种因素在外语学习的过程中此消彼长，要使外语学习向好的方向发展，必须不断地扩大积极因素的正面影响力，同时要不断地克服消极因素产生的负面影响，特别要克服不良初始条件带来的消极影响，这对促进外语学习良性发展有非常重要的作用。

我们知道，影响外语学习的消极因素是多方面的，可分为内部消极因素和外部消极因素两大类，内部消极因素指学习者自身的不利于学习的各种因素，主要包括错误思想认识和观念、消极学习态度、不良学习习惯和方法、懒惰等等。外部消极因素指不利于外语学习的外部环境条件，主要包括学习者的家庭环境、学校环境、社会环境三个方面。内部消极因素对学习者产生直接的负面作用，严重影响其学习效果，甚至完全决定学习者学习的成败。人的思想意识决定其行为态度，一个对外语学习没有正确思想认识和观念的人，必然没有积极的学习态度和行动，即使迫于外在压力而有所行动，也必然是消极对待，不会产生什么好的效果。俗话说，态度决定一切，态度直接决定人的行为，没有积极的学习态度就不可能有积极的学习行为，当然不会有好的结果。习惯是长期养成的，良好的学习习惯对学习效果有非常重要的促进作用，不良习惯是导致学习失败的重要原因。方法在学习中起关键作用，恰当的方法会使学习效率大大提高，能使学习事半功倍，而不良学习方法则严重制约学习效率，使学习事倍功半。外部消极因素对外语学习者有很大的负面影响。近朱者赤，近墨者黑，屠夫的儿子往往学会卖肉，教师的孩子常常学着当老师。家庭环境对人的影响最早最大，对小孩来说更是如此。学校是影响人成长的又一重要的环境，一所好学校能培养出一批批的人才，而一所差学校能毁掉很多有潜力成才的学生。社会环境是锻炼人的大舞台，良好的社会环境能造就大批的英才，反之则会扼杀众多青年才俊。

　　因此，为了提高外语学习效果，在充分利用积极因素的同时，还要尽力减少消极因素的负面影响。特别是在学习外语之初，要尽可能地把一切不利于学习的因素消灭在萌芽阶段，即对外语学习所遇到的各种不良初始条件进行根除，既包括学习者自身的和外在的不良初始条件，也包括学习中遇到的具体的方法和习惯方面的不良初始条件，避免它们在后来的学习过程中逐步放大影响，产生难以预料和控制的不良后果。

四、结　　语

　　外语学习过程是一种充满了内在随机性的浑沌运动，外语学习效果是由外语学习行为对初始条件敏感依赖而产生的。这个效果可能是好的，也可能是差的，好的效果产生于外语学习行为所敏感依赖的初始条件满足了学好外语的要求，差的效果是由于初始条件没能满足学好外语的要求而产生的。可见，高效的外语学习应该是一个使初始条件不断满足外语学习要求的过程，同时还应该是一个不断克服不良初始条件影响外语学习的过程。为此，我们应当尽力满足外语学习行为对初始条件敏感依赖的要求，竭力增加有积极影响的初始条件，努力减少有消极影响的初始条件，扩大外语学习系统行为内在随机性的积极面，克服其消极面，获得满意的学习效果，最终实现外语学习质的飞跃。

论汉语词兼类和活用的初始条件

杨大方

兼类和活用是汉语中的一种常见现象，在汉语的学习理解和分析研究中都具有重要意义，本文将要探讨兼类和活用现象出现的原因及其对语言行为和语言分析的影响。

一、兼类和活用的同一性

在汉语的学习与研究中，按照一般流行的说法，兼类是指某个词经常具备两类或几类词的主要语法功能，而活用则是指一些词的一种特殊的用法，即在特定的条件下，为了表达上的需要，临时借来一用。简言之，兼类是一种语法问题，活用则是一种修辞手段，二者属于不同的范畴。但通过考察汉语的实际情况，有人发现，无论是古代汉语还是现代汉语，哪些是活用哪些是兼类，都不太容易分清。因为从"临时活用"到"常见活用"，再到"兼类"，再到"同形词"，是一个连续的过程，这个过程的相邻阶段或环节之间，在界线上有时是模糊浑沌的。[①]

黄伯荣、廖序东主编的 2002 年版《现代汉语》在说到词的活用问题时用了见于鲁迅杂文《风马牛》中的一个语例：

"牛马同是哺乳动物，为了要'顺'，固然混用一回也不关紧

---

① 张伯江：《词类活用的功能解释》，载马庆株编《二十世纪现代汉语语法论文精选》，商务印书馆，2005 年。

要,但究竟马是奇蹄类,牛是偶蹄类,有些不同,还是分别了好,不必'出到最后一册'的时候,偏来'牛'一下子的。"①

这段话里的最后一个"牛"的用法,在鲁迅时代确乎是一种为了修辞效果的活用,但在我们今天,类似下面这样的话已是司空见惯:

(1) 你牛什么?有什么牛的?

(2) 牛了半天,还不是那样。

(3) 不是吹,他真的很牛。

(1)(2)(3)中的"牛"显然已不是一种活用,而是标准的兼类了。可见,从活用到兼类,并不是不可逾越的,活用与兼类之间并不一定那么泾渭分明。其他一些词,如"风、雨、雷、电、火、花、铁、锁"等,也能说明同样的问题。"春风风人,春雨雨人"中的第二个"风"和第二个"雨",到底是兼类还是活用,现在很难说清。"一把锁"的"锁",和"锁好门"中的"锁"到底是一个"锁",还是两个"锁",也存在争议。

有时候,硬要把活用与兼类区别开来,也是难以自圆其说的。有人说道:"古代汉语的实词,有一个共同的特点,就是词类活用。这就是说,古代汉语里的实词在一定的语境里往往可以临时改变它的语法性质,即临时改变它的语法功能。这种现象是古代汉语词法的主要特征之一,也叫词性变换。"②既然是"共同特点",是"主要特征",那就意味着是一种比较固定的规律,因此作者最后称之为"词性变换",我们认为,如果在现成的概念"兼类"和"活用"中选择,应该说叫兼类比叫活用更"宜"一些。

---

① 黄伯荣、廖序东:《现代汉语·下》(增订三版),第57—58页,高等教育出版社,2002年。

② 周本淳:《古代汉语》,第132页,华东师范大学出版社,1990年。

事实上，无论活用还是兼类，都是建立在语义具有内在联系这一基础之上的。离开了语义上的关联，也就无所谓活用或兼类。词类活用和词义引申是同一个问题的两个方面：从语法的角度看，是词类活用；从语义的角度看，是词义引申。语言学界现在讨论的词类活用现象实际上属于如何判断词的某个引申义是本用还是活用的问题。至于兼类，也就是所谓的本用，语言学界早有定论，它"是词义引申发展的结果，是词自身所固有的，各种用法是固定的经常的。"[①]因此我们认为，兼类和活用不能简单地认为是分属语法和修辞的两个具体、孤立的问题，它们都是一种语言表达的规则，从文化语言学的角度看，它们是同一性质的东西，把它们放在一起讨论更为合适。

二、兼类和活用的客观物理条件

众所周知，汉语中的兼类现象主要出现在名动形之间，具体情形如下：

（一）兼动名。如：病、锈、建议、决定、领导、工作、代表、指示、通知、总结……

（二）兼名形。如：左、科学、标准、经济、道德、困难、理想……

（三）兼形动。如：破、忙、丰富、明确、端正、明白、努力……

（四）兼名动形。如：麻烦、方便、便宜……

活用的情况和兼类差不多，主要有：

（一）名词活用为动词。如：解衣以衣友、侣鱼虾而友麋鹿、

---

① 朱振家：《古代汉语》，第6页，中央广播电视大学出版社，1990年。

党同伐异、鱼肉百姓……

（二）名词活用为形容词。如：太火了、很营养、他真雷锋……

（三）形容词活用为动词。如：春风又绿江南岸、这件事黄了、那弹性的胖绅士早在我的空处胖开了他的右半身了……

（四）动词活用为形容词。如：何人最往还……①

为什么名词、形容词、动词之间容易互相兼类和活用？这得从词语概念的多面性、复杂性、整体性与词语使用的单一性、简单性、具体性之间的矛盾关系说起。事物的体、相（性）、用，是人们认识世上事物的几个重要侧面，它们分别对应于所谓的名词、形容词、动词；体、相（性）、用的统一，体、相、用三而一、一而三的关系，正是名、形、动之间出现兼类和活用的一个初始条件。这是一个客观物理条件。

关于这一点，中国古人早就有所认识。"实字虚用"、"死字活用"便是一例。实与虚、死与活的划分标准是意义：实字死字是表示事物的"体"，是实实在在的静态的事物，等于今天的名词；而虚字活字则表示事物的"用"，是虚而无体的动态的过程，即表示动作行为的词，等于今天的动词。所谓"实字虚用"、"死字活用"，实际上就是指把本来表示人或事物的词用作表示动作行为的词，用今天的话说就是把名词用作动词。因此，实字虚用、死字活用强调的是意义的变化和统一。清人袁仁林在他的《虚字说》中指出："凡死皆可活，但有用不用之时耳。从其体之静者，随分写之，则为实为死；从其用之动者，以意遣之，则为

---

① 韦应物《答李澣》诗有云："林中观易罢，溪上对鸥闲。楚俗饶词客，何人最往还。"其中的"往还"一词，如果作常规理解，是两个动词语素的并列，语义是"去回"的意思，是动词义。但显然，作这种理解是说不通的。"何人最去回"，语法上不通，语义上也不符合逻辑。只有把"往还"这种动作行为化作了关系亲密友好的象征，理解为一个形容词才符合诗人的原意。

虚为活,用字之新奇简练,此亦一法。然其虚用活用,必亦由上下文知之,若单字独出,则无从见也。""死字活用,亦非修辞者勉强杜撰如此,盖天地间虚实恒相倚,体用不分离,至静之中而有至动之理,凡物皆然,彼字之死实者,亦一物也,故其理自然可以如此,然于本义,则在离即之间矣。后世字书,每摭前人所用,注于本字之下,一似古来造字时,便有此义,究竟'耳''目'只耳目,'视''听'只视听,造字之始,自是体用各出而不相假,迨涉笔用之,而始得其虚活处,然亦必藉上下文,乃可照出,不能单行见意,此可知造字时未尝先寓意如此,不过用之者因其自然之理而通其一时之意耳。细阅字书,盖亦有不能尽注者,所以言此者,见字意自有源流,当分别观之。""口中'耳目',而意已'视听'矣。盖直斥'视听'者,意尽言中,而索无余味;活用耳目者,体用俱来,而形神飞动。以此推之,知虚用活用之妙。"①这些论述,可谓深知汉语词汇运用变化之妙。

而现代语言学流派的一些理论研究也支持和印证了这一说法。张伯江曾借用功能语法的一些概念,从功能游移(functional shifting)的角度来观察分析汉语词的兼类活用现象,得出的结论是:在同一类词中,那些生命度低的、典型性差的、无指性强的词功能上更具游移性。以名词为例,他发现,抽象名词活用的最为多见,从可接受程度来看也比具体名词的活用略为自然。有些抽象名词带有明显的性质意义,原因是抽象名词并非人们对有形实体认识的结果,而往往是反映了人们关于抽象事物的概括,其内涵的实体意义和性质意义没有明确的界线。从表达的角度看,说话人常常不是着眼于一个抽象名词的全部含义,而是只取其某种性质义拿来使用的,典型的例子就是"不科学"、"不道德"、"很民主"、"挺技术"、"中不中洋不洋"、"人不人鬼不鬼"

---

① 袁仁林:《虚字说》,第39页,中华书局,1989年。

等类说法。值得注意的事实是，不管是高生命度名词还是低生命度名词、具体名词还是抽象名词，它们活用作动词或形容词时用的都是以它们的无指意义实现的，最能说明问题的就是那些高生命度的具体名词的活用例子："公若曰：'尔欲吴王我乎？'"（《左传·定公十年》）、"国宝曰：'将曹爽我乎？'"（《资治通鉴·晋纪·安帝隆安元年》）、"真够雷锋的哎！"（电视剧《渴望》第一集）。一旦专有名词被说话人赋予了类意义，其功能游移就变得容易些了。古汉语里多有亲属名词当动词用的，如："侯年宁能父我邪！（《汉书·萧望之传》）、"请勾践女女于王，大夫女女于大夫，士女女于士。"（《国语·越语上》）、"时迈其邦，昊天其子之。"（《诗·周颂·时迈》）。常说的"春天了""大姑娘了""岁数了"等也都不是指称某个具体的"春天""姑娘"和"岁数"，而是指这些名词所代表的那一类事物及其最突出的性质。可以说，从有指意义衍生出无指意义是名词活用的先决条件。名词表现其基本的空间意义时，其功能必定是稳定的；当它丧失了明显的空间意义甚至具有一定的时间意义时，就有可能发生功能游移现象。这就是名词可能活用以及活用自由度各异的根本原因。非谓形容词中相当大的一部分明显是从名词转化来的，而"意外"、"国际"、"专业"、"高度"等词本身就兼有名词和非谓形容词两重身份，表明名词功能游移固定化而形成了一部分非谓形容词。把名词当非谓形容词用比较自由，也比较自然，可以说非谓形容词是名词功能游移的一个突破口。形容词跟名词相通之处可以从两方面说明：意义上说，它往往表示一种性质，这种性质义已很接近抽象名词的意义；从形式表现上说，我们注意到，形容词常常表现出一些近似于名词的功能。相对于谓词体词化而言，体词的谓词化倾向更加明显。名词的词类转变本质上取决于名词的词义特征。特征义（与"类属义"相对）来自人或事物的形貌性态的名词，一般只能作名词使用，或用作形容词；而特征义来自人或事物的动作行为的名词，则能经常用作动词。可以说，是特征义决定了名词有无动用的可能。"名动词"用作动词是对古代汉语的自然运用，并不是出于修辞等目的的人为的主观的运用。①

而认知语法更是直接地为词类转换作出了一些认知解释，如：具有事体性的名词在人的认知上常把客观对象当作静态的事物来看待，其识解方式就是静止的，但也可将其视为具有不同程度的动态性，它就具有不同程度的"关系性"。同理，动作和过程主要是一种具有关系性的动态意象图式，但在人的范畴化和认知作用下，也可将其视为一种静态的事体或过程，使其具有了事体性的静态意象图式。这也就为词性之间的转换提供了认知基础，为语法隐喻化作出了认知解释。又如，Lakoff&Johnson（1999：500）运用原型范畴理论对词性转换进行了分析，他认为：典型的名词是人、事物、东西的名称，是有定界的物理性的实体。"椅子"这个音位形式和椅子这个实物之间的关系是name-of 的关系，前者是后者的名称，从神经角度来说，name-of 关系就是一种激活。当我们听到或理解语言时，音位形式就激活了概念；表达时，概念激活音位形式。因为我们有神经系统，有范畴化的能力，而且神经具有充分扩展的功能，能以概念中心为基础辐射状地向外扩展范畴。由于儿童早期所形成的范畴属于感知动觉范畴，是以有定界的物理性实体（如人、地、物）为中心的，在他们的成长过程中，范畴不断扩展。基于现有的概念隐喻和其他神经性认知机制，将有定界的物理性客体所形成的范畴中心，呈辐射状地向外扩展，结果就形成了以有定界的物理性客体为中心，以多种方法扩展的辐射性范畴。因此，名词这个

---

① 张伯江：《词类活用的功能解释》，载马庆株编《二十世纪现代汉语语法论文精选》，商务印书馆，2005年。

范畴通过隐喻性扩展就也包括了状态、活动、思想、抽象概念等。这种范畴扩展在不同语言之间有很大不同,但可用原型范畴理论作出统一解释:动词——概念范畴的中心是动作;形容词——概念范畴的中心是特性;介词——概念范畴的中心是空间关系。所有这些中心意义经常是以各种方式隐喻性地向非中心区域扩展,因此在同一词类中,各成员之间存在着中心与边缘之分,典型与非典型之别,这就决定了词类必定要具有模糊性。[①]

除了名动形之间的兼类与活用外,汉语中还有一个普通名词用作量词的问题,也同样能说明词语概念的多面性复杂性整体性与词语使用的单一性简单性具体性之间的矛盾关系,起到了一个初始条件作用。像"桌子"、"床"、"脸盆"等等名词之所以能用作量词,无非就是因为这些名词所代表的事物具有放置东西的功能,人们直接用放置东西的事物来作为度量这些被放置的东西的单位,于是在量词被重视因而丰富的汉语中就产生了普通名词用作量词的现象。

综上所述,我们认为,无论是兼类还是活用,都是对一个词原本所具有的词义的一种激活,都是情理中事。所谓情理中事,就是不超出词语本身的意义复杂性与词语使用的单一性这一矛盾统一关系的范畴之外。换句话说,兼类和活用所表现出的词语的意义和功能无论隐显,都必须是这个词语所固有的。

三、兼类和活用的主观人文条件

汉民族思维方式上重综合、善联想(意合)的整合性特点,传统文化上重实质轻形式的简约实用倾向,是汉语兼类和活用现

[①] 王寅:《认知语法概论》,第41—43页,上海外语教育出版社,2005年。

象得以出现的另一初始条件。这是一个主观人文条件。

综合的思维模式使得汉语的词具有一词多义（具体的）、一词多用（包括兼类和活用）的特点。"管"既是竹做的钥匙，又是竹做的管子或是一般的管子，还是管理（者），既是名词又是动词。"绿"既是一种颜色，又可指变为绿这种颜色。而这种综合性的思维模式必须以善于联想作基础。从古今汉语的使用实践来看，汉民族是善于联想的。无论是分析理解古代汉语还是分析理解现代汉语，我们都会运用到一个非常重要的方法，那就是意合法。这种意合法就是一种联想、想象和推理。没有一定的联想、意合能力，有时就无法正确理解句子。如"蚕食中原"这个语言片段，就只能用意合法来理解：首先按字面意思作常规理解，得出（1）"蚕这种虫子吃中原"和（2）"蚕这种虫子的食物中原"，发现都不通，但（1）至少在语法上还过得去，于是可确定"食"为"吃"义，作动词用；然后再联想到"人立而啼"一类说法，把"蚕"理解为"像蚕一样"，即"蚕"为名词用作状语，得出（3）"像蚕一样慢慢地一点一点地侵占中原之地"；最后结合上下文和社会文化语境确认（3）的正确性。这一种能力也体现在汉族对外族语言的理解上。周振鹤在《逸言殊语·"中"的活用》里讲到日本语对"中"的使用时举了这样一些例子："营业中、开放中、展览中……工事中……出国手续中"，这些用语对于汉族人来说，理解起来真可谓小菜一碟。为什么？就因为汉族人太有联想意合能力。一个连"香稻啄余鹦鹉粒，碧梧栖老凤凰枝"、"叶浮嫩绿酒初熟，橙切香黄蟹正肥"、"南风不用蒲葵扇，纱帽闲眠对水鸥"、"池塘生春草，园柳变鸣禽"都能准确理解的民族，怎么可能理解不了"出国手续中"呢？见到这样的日语表达法，汉族人只会有这样的惊讶：日本人学习中国文化还真是得其要领。

有人总喜欢拿西方的东西来比低自己。在文字问题上，就曾有许多人认为汉字不如西方拼音文字,指责汉字为什么不像拼音文字那样直接记音,而且还那么笔画繁琐,因此极力主张简化汉字、汉字拼音化。在语言问题上,可能也有人在心里嘀咕:为什么汉语不像英语那样多一些形态标志呢?那样不就可以省却意思理解上的麻烦吗?出现这种情况的根本原因,是他们忽略了这样一个基本的事实,那就是汉族传统是重实质而轻形式的,即所谓重质轻文,日常生活崇高简约实用。用一个字一个词能表达的,为什么要用几个字几个词,为什么自身先天具有的能力(如联想意合能力)弃而不用?这就是经济原则,就是以不变应万变原则。这些原则和传统,客观地讲,我们很难指出它的不当之处。

今天我们反思现代汉语教学与研究的相关问题,有一个最深切的感受,就是结构主义分析方法用到汉语分析研究中,有它的先天不适应性。对于汉语而言,这种方法重视了局部却忽略了整体,把语言弄得支离破碎;它重视了形式却忽略了意义,把原本以意义为中心靠意合方法来理解的汉语学习者弄得无所适从。比如,在汉语传统看来,语言的一切无非都是为了表达意义,语言的一切因素都与意义有直接的关联,但我们把词汇、语法和修辞都分而治之,后来又把句法和语义、语用分而治之;我们对词进行分类硬是要撇开意义,说是语法分类,而非意义分类,好像讲语法的最终目的不是为了表达意义似的。而事实是,世界上哪里存在没有意义的形式呢?有些语言,形式上对意义标志得很清楚,分析好了形式也就理解了意义,所以用形式主义语法如鱼得水,而汉语本来就不讲究形式标志问题,我们却偏偏要用形式主义方法对它加以分析,强调从形式上入手,甚至追求纯形式的东西,这不能不让人感到有南辕北辙、东施效颦、削足适履之嫌。

四、余　论

兼类与活用现象在上古汉语中就大量存在了。有人对《诗经》《左传》《论语》《孟子》几部书做的统计，"雨"当名词用跟当动词用的次数比是 34∶31，几乎是对半开，而"妻"的名动次数比是 91∶26。"据调查，古汉语的实词都可以活用，只是有的常见有的不常见而已。"[①] 这种传统并没有因为汉语的发展，也没有因为外族语言的影响，更没有因为现代语言学家们的引导与规范而发生改变，相反它形成了一种蝴蝶效应，使我们的语言生活中经常出现一些令人意想不到却又在情理之中的事情。如"四声别义"现象的消失，即刚开始还有所顾忌，名词用作动词或动词用作名词时，还要变一下调，一般读为去声，但慢慢地就毫无顾忌了，一点语音形式都不讲了，一点形式区别都不要了。又如"山寨"、"雷"等的新义和新用法。我们见到的最新的例子则是："让我们和三 G 翼起来"，它显然是山寨了一把传统，够雷人的。"翼"本为飞禽的翅膀，而翅膀自然会使人联想到飞翔，汉语中有"如虎添翼"这个成语，有"恨不得能长上一副翅膀"的说法，都是源于这种联想。但真正把"翼"用作动词，把它的飞翔义激发出来实现出来却还是第一次。所以让人感到很陌生、很意外。甚至有些人开始看到这句广告语时，可能一时还想不到名作动这一层，而仅仅只是把"翼起来"当作一种谐音的修辞手法，理解为"一起来"。显然，这种理解就把这句广告语的冲击力大打折扣了。"一起来"太常态了，太普通了，"一起飞起来"

[①] 张伯江：词类活用的功能解释，载马庆株编《二十世纪现代汉语法论文精选》，商务印书馆，2005 年。

才够劲、够现代。以上这些一脉相承的事实说明，初始条件对于语言传统、语言沿流的形成和模铸是多么重要。

总之，由于通过格物致知认识到了基本的物之理，又由于崇尚综合简练实用的原则，习惯于且有能力通过意合方式理解语言，汉族人认为在词语的语法功能和用法上没必要形态标志，进而不重视形态标志，最后让汉语缺乏形态标志。这是现代学者在试图寻找汉语句法成分与词类之间简单的一一对应关系时遭遇兼类与活用难题的一个直接原因。要解决这个难题，还得回到原点，从汉语的实际情况出发。对于汉语来说，词汇绝对是语言的基础，词汇语义学应该得到应有的重视，它不仅仅是语汇学范畴里的东西，和我们的语法分析也有着千丝万缕的联系，不应总"被"徘徊在语法的门外。"汉语研究中对一些与句法变化直接相关的语义等级研究一向重视不够"[1]，但愿我们的汉语语义研究中，不再总是固守在所谓"语法意义"的狭小圈子里作茧自缚。

---

[1] 张伯江：《词类活用的功能解释》，载马庆株编《二十世纪现代汉语语法论文精选》，商务印书馆，2005年。

昭通方言咒死詈语的语义演变动因探究

王国旭

引 言

詈语词,俗称"骂人话",主要指用一些粗鲁的、恶意的言辞对别人进行攻击或中伤的言语现象。詈语具有特殊的文化内涵,是特定的地区、时代意识、处世哲学、认知特点的真实写照,詈语文化是方言文化的重要组成部分。詈语普遍存在于每一种语言中,包括詈语词和詈语短语。其中,咒死詈语即詈语中形式和内容与死亡有关的词和短语的总称。

詈语研究由于其特殊的文化地位,在学术界总是难登大雅之堂,直到上个世纪90年代初,许多学者才从文化民俗的角度对其进行阐释,但始终比较委婉,时至今日,詈语的定义和分类仍没有一个定论。但也不能否认,这十几年来我们的确取得了许多成果,从中国知网上搜索"詈语"一词,到2009年以前,从各个角度出发探讨,公开发表的论文有52篇,但这些论文大多从共时的角度对詈语的总体概况进行说明,深入探讨某类詈语的文章不多。本文搜集整理了上个世纪80年代至今仍活跃于昭通地区老百姓口舌唇间的咒死詈语,对其语义的流变和功能转化中的非线性因素进行了分析,以期对昭通方言文化的研究做相应的补充。

昭通方言属于北方方言下的西南官话区滇东北片,其语法与普通话大同小异，构词语缀多，声调相对简单，有平、去之分，没有曲折调和入声调。昭通方言的形成有其独特的历史地理条件。昭通地处云南的东北部，这里高山峻岭，交通闭塞，但却有着悠久的历史文化。据历史记载，早在夏、商时期，中原王朝就在此建制，当时属梁州之域；周为窦地甸、大雄甸，春秋为蜀国地靡莫部，秦为蜀郡辖地，西汉置犍为郡，辖朱提（今昭通、鲁甸、大关、盐津、水富）、南广（今彝良、镇雄、威信及四川高县、珙县、筠连、兴文）、堂琅（今巧家、会泽、东川），东汉置朱提郡。三国时为蜀地。两晋、南北朝仍置朱提郡，曾一度设置南广郡。隋置恭州，唐沿恭州后分置恭州、协州、曲州。南诏时属拓东节度使，部落首领各据一方，兼并后存乌蒙、乌撒、芒部、东川4部，其中乌蒙最强。宋大理国时设乌蒙、闷畔、芒部、易娘、易溪等部。元时，设乌蒙、芒部、东川三路。明洪武年间由四川布政司管，称乌蒙、芒部、东川三军民府。清雍正年（1727年）从四川划归云南管辖，设乌蒙、镇雄、东川府，实行"改土归流"。最早开发昭通的当属彝族先民希母遮的后裔，随后其他民族不断迁入这一地区，促进了昭通经济文化的发展，秦开五尺道，昭通成为中原地区进入云南的必经之地。唐宋时期一些汉族或为商贾、或为战争等缘故逐渐在此定居，元明清三代，迁入昭通的汉族达到顶峰，从而为昭通汉语方言的形成奠定了一定的基础。兹有今者，关乎过去。自汉唐以降，随着汉文化的影响日盛，少数民族文化不断融汇，儒家精神蔚然成风，形成昭通复合型、地域性的文化格局。昭通方言亦形成了别具一格的文化气质。辞藻上丰富多彩，文自异读多，交际使用中各有分层，普通交流不注重选词炼句，在红白喜事等仪式上往往要郑重选择。同时，昭通方言语调铿锵，多具阳刚之气，在整个云南多言中特点鲜明。当然了，昭通方言中詈语丰富多彩，尤其是咒死詈语，更是透露出浓厚的地域色彩。

一、昭通方言咒死詈语的语义功能流变

文化语言学关注浸润于语义中的文化因素，并以此为基础解释语言演化的基本模式。在昭通方言咒死詈语中，语义上通常具有双层的含义，表层常具备致使的内涵，里层则兼具转喻的意味，因而能引发受话者心理波动的语汇，往往会产生一种"跌倒不疼起来疼"的修辞效果。言已尽而意无穷的詈语，常常体现出说话者的聪明和见识。比如，"晒大路"表层的意思是"使……晒大路"，里层的意思则为抛尸露骨，死后无人料理，其致詈的意味是很明显的。限于篇幅，这方面的论述将另文探讨。随着社会的发展，咒死詈语也处在一种动态的演变过程中，具体体现在以下几个方面。

（一）单向性向双向性转化

作为一种在民间广为流传，在交际中无处不在的语言形式，咒死詈语体现丰富的儒家文化的沉淀，其中，尊老的观念浸染最深，所以许多咒死詈语在长辈使用和晚辈使用的地位上并不对等，也就是说，长辈可以骂晚辈，晚辈却少有相应的咒死詈语骂长辈。这种单向性既体现在具体的语用过程中，也映照了当地人保持的一种非常固执的传统文化结构。比如"短命儿（骂人夭折）"、"晒大路"、"挺尸"等。

在众多的咒死詈语中，有极少的晚辈对长辈的骂詈上，但一般语气较弱，多为背骂，且相对委婉，很少有面骂的。如"老格料"、"收脚迹窝窝"、"马脚迹窝窝头溺水死"等。

但随着交通逐渐便利，大量农民外出务工，人口流动速度加快，传统文化逐渐在现代化进程中中受到削弱，人们的思想观念

有了较为大的改观，最为典型的是詈语中开始出现双向流动的现象。在咒死詈语中，比如："早死早翻身"、"无儿上坟"、"摔岩倒坎"等语汇，不仅仅是长辈施加于晚辈，某些场合下，晚辈也会用之回骂长辈，长幼之序的观念开始淡化，代之而起的是更加强调个性的张扬和自我利益的肯定。

（二）许多咒死詈语情感语义的逐渐弱化

众所周知，詈语是早期人类在语言迷信的影响下极度情绪化的产物，在不同的语境中，咒死詈语是愤怒和痛恨的代表。乌丙安先生曾指出，咒语作为语言迷信的产物有其历史渊源。它几乎和原始语言同时产生，它是人类崇拜和相信自己的语言具有神秘魔力的必然结果。[①] 因而在咒死詈语中，通过语言的作用，置人于死地是发话者的最终目的。如昭通方言中的"上刀山"、"塞垮土"、"枪打的"，同样是死亡，但对死亡方式的选择同样会产生极大地心理反应。

随着社会的发展，人们在教育文化水平方面迅速提高，人们对大多数的咒死詈语的态度发生了极大地变化，如俗语中有"说的风吹过，打的实在货"，对语言迷信有了更加清醒的认识，虽然在日常生活中还经常听见咒死詈语，但其致詈的意味大大减弱。其作为语言符号，有语音的静态相关性，却无语义动作的具体指向性，咒骂意味相对泛化，有的甚至沦为口头禅，并不是真正的情绪失控的产物。如"绝儿"、"砍脑壳"、"狗扯的"等，这些咒死詈语，多半带有笑骂的意蕴。比如：你这个砍脑壳，一天都不好好读书，到处闲逛。或：狗扯的，又乱拿人家东西了！"砍脑壳"、"狗扯的"一骂，随着斩首制度的远去和人们对动物的控制性加强而逐渐淡出人们的视野，现在人们使用这些词时更

---

① 乌丙安：《中国民俗学》，第281页，辽宁大学出版社，1988年。

多地体现为一种略带爱意的责备，已不具备实际的致詈效果。受话者接收时自动过滤詈语中的咒死部分，接受情感的部分。这与中国古代汉语中的鬼的演变是一样的。在中国文化中，认为人死了后会成为鬼，永恒地存在于活人世界的周围，由于所处世界的悬殊，鬼遭到人们的嫌弃。但鬼也因为其虚无的存在唤起了人们对它的敬畏，因而中国古代的鬼具有崇高的地位。在方言詈语中，有称自己丈夫为"死鬼"的，实际上已经消失了咒骂的内涵，更有打情骂俏的作用。

（三）部分咒死詈语咒骂内涵增强

在昭通方言中，过去一些咒死詈语并不具有很强的致詈特征，但随着社会上一些新事物的出现，旧有的意义逐渐强化，从而增强了咒骂的可能。如在过去，昭通汉族普遍实行土葬，咒死詈语"火烧的"的能指与所指之间没有一一对应的关系，但随着火葬的推广，老人们对死后的遭遇还没有跳出土葬的思维习惯，"火烧的"一词反而出现了非常恶毒的咒骂结果。另外，一些咒死詈语"绝门倒户"、"绝儿绝女"、"死无葬身之地"、"塞炮眼"、"破撮箕端的"、"烂匣匣窖的"等语汇，在传统文化的坚守中咒骂色彩依旧强烈，不管是说话者还是受话者，都能唤起极大的心理震动。

二、昭通方言咒死詈语语义功能演变动因

语言是人脑特有的机能，是人与人之间进行交流的基本工具，人类能通过语言构建整个知识文化框架，从而达到对社会现实的再现，可以说，我们生活在语言的丛林中。从语言的发展来开，昭通方言咒死詈语的演变与地区经济文化的发展息息相关。

一方面，社会的发展演变能促进语言的变化，另一方面，语言的演变同样能映照社会文化的进展。人类能对历时和共时的语言现象作具体的描写，但对社会文化引发的语言变化的探讨却呈现出一种非线性的特征。语言作为"一个多维开放的体系，语言现象与各种文化现象互相纠缠，其中存在许多动态的，不稳定的，随机性的因素。"[①]

当今浑沌学理论与语言文化研究的结合，是解决这种动态演变的主要方法。在浑沌学理论看来，有序和无序是事物发展的两种特殊的方式，"以往语言学只看到语言系统有序的一面，即只看到语言系统是有规则的，而忽略语言系统无序的一面。"[②] 因而，对昭通方言咒死詈语语义的演变，从浑沌学的视野出发，我们能够得到更为清晰的认识。

（一）历史上的兵屯及现代多民族杂居是昭通方言形成的基础也是咒死詈语演变的初始条件

系统中最初的状态即为初始条件，在发展演变中，系统的初始条件始终规划着运动的方向。昭通方言咒死詈语的演变与昭通方言的形成具有相同的途径。文史大师姜亮夫先生在《昭通方言疏证》中论述道："三苗西迁，庄蹻东来，其子姓已不能实指，而不能飞越乌蒙，又可断言，则其骨骼肤理必有在吾昭人子孙血溶俞脉之中。自沐英入滇，鄂尔泰奏请改土归流，军事所到之处，以兵力整齐其语言为官话统一方言消失之一大因。三百年来昭辖蜀黔滇三省贸易咽喉，商业极盛，下通两湖皖苏，于是遂为四会之地，其语以北语为主，而兼有取于山左、关东、蜀、黔、三楚赣粤，下及吴越，如父母之称，有爸爸、爷爷、依爷、爹

[①] 张公瑾：《文化语言学发凡》，第89页，云南大学出版社，1998年。
[②] 同上，第90页。

妈、姐、妳、娘等。"① 对昭通方言融汇南北口音，存在大量的少数民族语言底层词汇的状况，他指出这是由于兵屯的缘故，众多语言长期接触，并且在接触中产生了较大的变异的结果，认为"昭方言既杂糅四会，则其语不能无变。"② 姜先生对昭通方言的形成的认识是很有见地的，他充分考虑了历史地理等方面的因素，这对我们理解咒死詈语演变的生态环境提供了较为清楚的佐证。

一种方言的形成必然伴随着一个地域文化的构建，昭通方言在整个云南方言中具有一定的特色，其地域文化也与其他地方有所出入。在昭通方言的咒死詈语中，既有与中原文化趋同的一面，如对儒家文化的坚持、对伦理道德的固守等，同时也渗入许多异族文化的特色，如彝族、苗族文化中的信鬼，拜家神的自然习俗。对于前者，如骂"无儿上坟"就是对别人死后无嗣的冒犯；对应后者，则用"鬼找你"，"天收你"等直接进行言语攻击。

（二）昭通方言咒死詈语语义功能演变中的奇异吸引子

奇异吸引子表现为一种对系统持续干扰的动力，使得系统演变逐渐偏离原来的轨道，在詈语的语义功能演变过程中，奇异吸引子是地域、时代文化的象征。在现实生活中，詈语有时是一种语用的策略，有时甚至是一种关系亲近的体现。昭通方言的咒死詈语在实际演变中，情感语义的削弱和增强受到奇异吸引子的推动，同时奇异吸引子也诱发其成为一种特殊的语用标记性的可能。

第一、社会沿革。语言是社会活动的一面镜子，任何社会的变革都会在语言中留下自己的影子。人类语言学的奠基人爱德华·萨

---

① 姜亮夫：《昭通方言疏证》，第1—2页，上海古籍出版社，1988年。
② 同上，第2页。

丕尔曾认为:"语言也不脱离文化而存在,就是说,不脱离社会流传下来的、决定我们生活面貌的风俗和信仰的总体。"① 语言与文化相互构建形成的这种特殊的关系,渗透在彼此的历史变迁之中,在昭通方言咒死詈语中,如"塞炮眼",引申为被枪或炮打死。这是在战争年代,生命无常的折射,当地的人们正是反用这种"己所不欲,就施于人"的心理,造成对受话者的诅咒。再比如"煤洞打的",意为被煤洞所埋,主要源于早期昭通地区以简陋的方式从事采煤工作,非常容易出事故,从而变成普施于其他人的咒死詈语。

第二、儒释道文化交融的处世哲学。死亡是人们无法避免而又存在于日常生活中的生物规律,死亡也是一个难以预知并且死后不知身归何处的难解之谜,因而人类对死亡的心态是纠结的,我们或者选择宗教的皈依,寻找一种复归于宁静后的永恒信仰,或者我们对此耿耿于怀,避之唯恐不及。古往今来,不同的宗教哲学派别都对死亡的解释持有不同的态度。儒家强调世系的沿袭,包括对身前身后事的看重,因而对死亡充满恐惧,孔子对死亡如是解"不知生焉知死",实际上是对死亡的一种逃避。佛教对死亡的态度稍显开明,把生死视为一种"轮回",把死亡幻想为升入极乐世界的另一种生存形式。道家则追求长生不老,老死成仙的境界,依旧对死亡难以释怀。常年的兵屯和战乱的纷呈是昭通方言早期不断融合的催化剂,艰难的环境养成了这一地区的人们对生死的独特的世界观。因而在昭通方言咒死詈语中,对来生的缔造予以否认,恰恰体现了他们对轮回的认同。如"早死早翻身"、"畜生投胎的"等;而"短命儿"、"嫩胎胎"等,则是对夭折,难以得享天年的反感;"断子绝孙"、"绝门倒户"等充分体现了"不孝有三,无后为大"伦理观念的背叛。另外,一些表

---

① 爱德华·萨丕尔:《语言论》中译本,第186页,商务印书馆,1985年。

面委婉，而实际上咒死意味浓的语汇，也深刻体现着当地人的文化修养和处事态度，如"收脚迹窝窝"，在当地人的意识中，他们认为一个人要死之前必然会对过去经过的地方重新再走一遍，因而在一定的语境中，借指咒别人死亡。

三、小　　结

文化作为一个不可割舍的部分贯穿于语言的各个层面，尤其是在词汇层面，任何语言都不可能使其生活在真空之中。咒死詈语语义的演变是一个动态的过程。在长期的发展中，独特的社会、文化、历史、民族、地理等因素和谐共融是昭通方言文化气质形成的主要生态环境，同时也为咒死詈语语用的开放性演变提供了动态的支持。针对整个咒死詈语的语义和语用的演变，我们可以从语言演变的浑沌序列予以澄清，即从宏观上这种语义的时空变异表现为一种有序的规律运动，但其内部变化的动因及具体阶段则体现出较强的随机性和偶然性。总之，从浑沌学理论出发，对廓清这些非线性现象提供了较为有力的解释，其中，历史上的兵屯和多民族和谐杂居的典型为营造独特的詈语文化创造了有利的生态环境，是系统演变的初始条件；而社会活动的沿革和儒释道结合的民间信仰，则为系统的演变提供了前进的动力。

"哥"类词语的浑沌学阐释

李丽虹

一、"哥"类词语：一种流行的网络现象

近段时间以来，网络上出现了一系列"哥"类词语，如"犀利哥、雪碧哥、低碳哥"等等，[①] 这些"哥"类词语与传统上的包含"哥"的词语（如"张哥、大哥"等）不同，它们都是一种绰号，用来指称在某方面表现得无厘头或具有某种足以吸引眼球的行为或本领的男性。常见的这类词还有：

尊严哥、励志哥、君鹏哥、寂寞哥、甘蔗哥、地铁哥、深邃哥、明天哥、力量哥、高数哥、刀疤哥、黄鹂哥、妖娆哥、卖花哥、文化哥、吉他哥、雨伞哥、咆哮哥、胜利哥、眼镜丝袜哥、毛毛哥、光头哥、贤淑哥、抗日哥、多金豹哥、和谐哥、大肚哥、玛莎哥、奔跑哥、三轮哥、火车哥、板凳哥、毛衣哥、数学哥、烧烤哥、熨斗哥、激情哥、瞌睡哥、卧铺哥、瓶盖哥、龙套哥、装醒哥、被子哥、摩托哥、古文哥……

本文将这类词语称为"哥"类词语。"哥"类词语指称的"哥"们多有惊人之处，如：

犀利哥：以极品乞丐著称于网络，具有忧郁眼神，冷酷表

[①] 孙瑞：《"犀利哥"来了》，载《语文建设》2010年第9期；曾炜：《"犀利哥"与"犀利姐"》，载《语文学刊》2010年第4期。

情，引领混搭时尚；

瞌睡哥：乘坐地铁时碰到身边女乘客，不仅不道歉，反而大骂长达六分钟；

和谐哥：名车被追尾须赔26万，却只要7万，以厚道被称赞；

卧铺哥：因在卧铺上只着内裤的不雅形象让周围乘客尴尬不已而闻名；

奔跑哥：身后的大客车瞬间就要撞上之际，一个加速，轻松躲过一劫；

……

同样是网络奇人，却各有各的特点，网友的态度也是褒贬不一：众人一致鄙视的如瞌睡哥、咆哮哥、力量哥、卧铺哥、妖娆哥；一致称赞的如明天哥、吉他哥、雨伞哥、抗日哥、和谐哥；既惊又叹的如犀利哥、深邃哥、高数哥、卖花哥、贤淑哥、被子哥；捧腹称奇的如装醒哥、烧烤哥、摩托哥、熨斗哥、奔跑哥、三轮哥、火车哥……

网络当红的"哥类"现象在刺激着人们日趋麻木的审美神经的同时，也赋予了"哥"新的含义。本文拟从浑沌学的角度对"哥"的意义演变作一探讨。

二、"哥"的意义流变及"哥"类词语的特点

1. 传统意义上"哥"的意义流变[①]

《说文解字》中说"哥，声也。"朱骏声认为是："发声之语。"其最开始出现时并不是称呼语，而是与"歌"同义，是其

[①] 张婷：《常用词兄\哥的发展与演变》，载《山东行政学院山东省经济管理干部学院学报》2008年第2期。

古字，表示"歌唱"；到了唐初，"哥"开始替代"兄"，用于表示与"弟"相对的概念，同时在唐代皇宫中，用"哥"指称"父亲"；五代以后，"哥"所表示的概念超越了血缘关系，用作对男子的尊称；宋代时"哥"衍生出新的意义，既可是一种昵称，可用于长辈称呼晚辈，也可用于女子对所爱的男子或妻对夫的称呼；明清时期的"哥"在意义上基本与现代汉语的差别不大。

《现代汉语词典》中对"哥"的解释是：①哥哥；②亲戚中同辈而年纪比自己大的男子；③称呼年纪跟自己差不多的男子；④姓。

在现代汉语中"哥"的实际用法也较为简单和稳定，一般要在前面加个修饰语，修饰语主要包括三种：一是数词性或形容词性的，表示次序或年龄，如大哥、二哥、老哥等；二是姓氏，如张哥、李哥；三是名字或名字中的一个字，如满喜哥、铁锁哥、祥哥。"×哥"还经常用于指称黑社会老大。少数词如"情哥"、"帅哥"、"的哥"、"一哥"中的"哥"外延扩大了，仅表示男性，但相对"男"而言，附加了一种感情色彩。

2. "哥"类词语的特点

通常情况下，在现代汉语中，仅表示男性这一概念多用"男"，这种现象在网络语言中同样存在。"哥"类现象流行前，网络中常用"×男"或"××男"表示具有某一特征的男性。如：型男、潮男、猥琐男、礼帽男、单身男；其中的"男"与"女"相对。"哥"类现象流行后，"哥"类词也大幅增多，与"男"分担着表示"男性"的这一功能。

"哥"类词语绝大多数为三字格式"××哥"，与"××男"相比，具有如下特点：

①"××哥"显然多了一种感情色彩，或惊或叹，或怜或爱，或恨或讽，而后者则是对性别的客观表述，不附加个人情感

因素。针对同一人同一事，不同的人会有不同称呼，如："一分男"和"一分哥"都是指因不满银行保安态度，在该银行反复存取一分钱达25次的杭州某男子，该男子引起网友热议，冠之以"哥"的网友更带有个人的感情色彩，或是赞成，或是不屑，而只是客观描述其人其事时则更倾向于用"男"。

　　②"哥"类词语中的修饰语"××"十分多样和随意，而"××男"的修饰语则类型较为单一。如以"××哥"走红的地点命名：卧铺哥、地铁哥；以走红的道具命名：三轮哥、摩托哥、熨斗哥、雨伞哥、被子哥；以走红的行为命名：咆哮哥、瞌睡哥、奔跑哥、装醒哥、龙套哥；以其身上体现出来的特性命名：妖娆哥、贤淑哥、力量哥、寂寞哥、深邃哥；以其职业命名：烧烤哥、卖花哥；以与其相关的事物命名：黄鹂哥、高数哥、火车哥、瓶盖哥等等。仅凭字面意义很难理解"××哥"的意义。而"哥"类现象流行前，"××男"中的限定词多为某一表示特性的形容词或具有称代作用的该"男"身上的某一部分。如：墨镜男、礼帽男。

　　③"哥"类词语后都隐藏着一个特定场合发生的特定故事，"××"并不足以激活该"哥"的特点，使未闻其人的网友能够在第一时间将其人与其事联系起来。而"××男"则只从字面上便可理解，无须深挖其义。如："摩托哥"不是指骑摩托车的男性，而是特指因不用抓把骑摩托车而闻名的某一男子。而"墨镜男"则仅指某一戴墨镜的男子。

　　④"××哥"的产生多缘于某一事件，一炮成名，特指某一个人，"××男"则可指某一类人，也可指某一个人，或表示其身上的特性，或表示其在某一特定场合中的某一特定装扮。"哥"类现象流行后，"××男"的限定语也受在"××哥"的冲击，变得丰富随意，并且也开始指缘于某事走红的某一个人，如：亮灯男、一分男、背妻男等。

3. "犀利哥"的意义扩展

犀利哥成为网络红人后,不仅丰富了"哥"的意义,使"哥"成为一个类词缀,而且"犀利哥"一词本身的用法也发生了变化,由具体指称渐渐泛化为类称。

2010年新春,一张流浪汉照片引爆网络,甚至蜚声于海外,照片中因复杂身世流落宁波街头的乞丐给人以放荡不羁的感觉,其服饰被认为是引领"混搭"时尚,尤其突出的是其犀利的眼神,被网友们冠名为"犀利哥"。一时间各地媒体、各大网站纷纷关注、报道其人其事,引起全国上下的热议,各地出现了不同版本的"犀利哥"如:"女版犀利哥"、"台北版犀利哥"、"农夫版犀利哥"、"街舞版犀利哥"、"游戏版犀利哥"等等;面对具有时尚外形而又命运悲惨的"犀利哥",人们心里五味杂陈。最终,"时尚"和"弱势"成为诠释"犀利哥"的两个义素,对于其它同样包含这两个特点的人或物,人们利用"犀利哥"的知名度,创造性地使用"犀利哥"来称代。如:"火箭犀利哥"、"犀利哥版奥迪"。

三、"哥"类词的浑沌学阐释

语言是一个开放的复杂动力系统,语言的各要素,尤其是词汇系统会因其系统内部矛盾或外部社会文化环境不断地发展变化。语言系统的变化发展是线性与非线性、有序与无序、确定与随机的统一体,体现为一种浑沌现象,处于浑沌状态之中。"哥"类词也是一种浑沌现象,其发展变化过程,充满了浑沌。

1. "蝴蝶效应"与分叉——"哥"类词语的浑沌变化

浑沌是确定性非线性系统的内在随机性。从更深的层次看，浑沌运动的本质特征是系统长期行为对初值的敏感依赖性，即在系统的长期行为中初值的微小变化在运动过程中会不断被扩大，导致轨道发生巨大偏差，以致在相空间中的距离会越来越远。这种规律被称作"蝴蝶效应"，简言之，一个微小的变化会引起一个系统的巨大变化。"哥"类词语的爆发同样验证了这一浑沌学的规律。

2009年3月，猫扑网上的一个名为"不要迷恋哥，哥只是个传说"的帖子吸引了网友的眼球，帖子中发帖者自恋的言语与其所附的本人其貌不扬的照片极不相称，引来众网友嘘唏，沦为笑谈。该"哥"该语也因此被评为"牛年牛人牛语"，之后相似的句式接踵而来，进一步扩大了"哥"的知名度。"哥"的语义初值在网络语言中发生了微小的变化，多少使人联想到"无厘头"、"雷人"等词。之后网络中始出现"××哥"，如在网上扬言"要包养各国佳丽"、坚称"哥包养的不是情人，是尊严"的"尊严哥"，其貌不扬而拥有漂亮女友的"励志哥"等。这些现象只是"哥"义变化的暂态，是偶然态。一直到"犀利哥"的出现，其巨大的影响力使众多网友记住了极品乞丐"犀利哥"这个词，再加上之后的"雪碧哥"、"深邃哥"、"高数哥"等乞丐的相继亮相，进一步加深了"××哥"这一格式的运用。"哥"的语义进一步发生变化，仍是带有"无厘头"、"雷人"等意味，但是对"哥"的态度不再只是调侃、嘲讽和讥笑，在了解其不幸身世后更带了一种同情和关注。网友在坚信自己对"哥"的感觉后，抓住"哥"们身上最主要的特质，越来越多、越来越广地使用这一赋予新义的字眼。在"哥"义的流变过程中，"哥"尽管在不断偏离其语义初值，甚至出现分叉，其运行轨道却敏感地依赖于初始条件。

与此同时,"哥"的意义也开始出现了分叉,分叉在浑沌学中的意义是指在一个系统演化过程中的某一个关节点,当系统的非线性运动强烈到一定的程度,就可以出现分叉。"犀利哥"、"雪碧哥"、"深邃哥"、"高数哥"中的哥都是指一些处于弱势却引领某种时尚的流浪汉。之后分叉出来的"××哥"有:

1. 某一行为在当今社会中起到标新立异,树立榜样作用的男子。从起初的贬讽扩展出褒扬义,如"明天哥"因其答题卡上的潇洒字迹而得到赞赏,网友们认为在写字能力退化的今天拥有这样的书法实为奇迹;"雨伞哥"因其出门常备雨伞帮助他人而得此尊称等等。但总的来说,对"××哥"的态度,讽多于颂。

2. 具有某一破坏社会公德、扰乱社会秩序行为的男子。如:"力量哥"因赌博精神崩溃,裸体堵在马路中间拦车,高呼"给我力量";"咆哮哥"身为公务员,却在上班时对办事群众咆哮,服务态度蛮横。

3. 具有某种特殊技术或具有与常理不符的行为和特质的男子。如"摩托哥"能够不用抓把骑摩托,"三轮哥"、"火车哥"、"奔跑哥"面对突如其来的危险,轻松躲过一劫,创造奇迹;"卖花哥"卖花同时标榜自己"卖的不是花,是寂寞"。

2. 奇异吸引子——猎奇心理

2010年爆发的"哥"类现象中登场的主角们,种类繁多,但是不管怎么变化,他们共同的特征都是"奇":奇特的外形、奇特的行为、奇特的经历、甚至是奇特的想法,全被"哥"收纳。"犀利哥"的一炮走红,其实是一个摄影师偶然拍到其照片,发布到网上,在全国甚至全世界引起轰动完全是意料之外。诱发这股"哥"潮的奇异吸引子正是时下网友们的猎奇心理。

21世纪是一个社会文明飞跃发展的时代,人们能够利用各种现代科技成果享受视觉、听觉盛宴，通过各种渠道轻而易举地得到需要的信息，人们在心理上得到满足的同时也产生了审美疲劳，人们试图通过某种方式驱赶、刺激这种近乎麻木的状态，缓解巨大生存压力下的厌倦，从而得到宣泄。而网络以其特殊的优势成为许多年青一代的宣泄工具。网络各大网站中的新闻信息中最吸引人目光的往往是"新"而"奇"的部分。"犀利哥"的图片一经上传，点击率迅速蹿升，网友们都被其时尚的外形和弱势的地位这互相矛盾的元素而吸引。"猎奇"心理引导着网友们关注"犀利哥"其人其事，而之后各电视台的一系列追踪报道部分满足了人们的"猎奇"心理。"犀利哥"事件平息后，"哥"类现象似乎方兴未艾，网络上又掀起了一波又一波的"哥"潮，鼓励着人们继续猎奇。

"哥"的范围在不断地扩大，弱势或强势、可爱或可憎，只要具有某种足以吸引眼球的行为或本领，广而纳之。对"哥"的年龄也越来越淡化，"哥"仅仅成为性别的标志。起初多为青年人，较一般网友的年龄而言，称为"哥"较为合适，之后随着"犀利哥"等在网友以外人群中的传播，人们对"哥"的年龄越来越忽略不计。如有四五岁的"装醒哥"，也有四五十岁的"瞌睡哥"。

有些人也对"哥"类现象进行了抨击，认为这是一种低俗文化，其形成一方面表示了弱势群体分享网络话语权的大势所趋，另一方面也反映了人们精神追求的娱乐性和生活的庸俗化。不可否认的是，网民读者对"犀利哥"的关注和热捧也带着对小人物不幸命运的善意关怀和同情，当然这种关怀中仍不排除许多人的猎奇心理。后来出现的一些带有积极意义的"雨伞哥"、"和谐哥"、"抗日哥"等并非以搞怪吸引目光，但是他们的做法在当下社会中仍显得特立独行，网民们在关注他们时，多少还是带有猎奇心理。猎奇是"哥"类词背后的奇异吸引子。

3. 平衡与平衡破缺——"××哥"与"××姐"

对于语言而言，总是在平衡中不断地产生平衡破缺，然后出现新的平衡，以达到发展。平衡是相对的，平衡破缺是绝对的。"哥"类词和与之对称的"姐"类词也是在不断地平衡和平衡破缺中发展。早在"哥"类词流行以前，已经出现以搞怪、雷人著称的"芙蓉姐姐"、"凤姐"，系统出现了平衡破缺；之后出现的"春哥"、"曾哥"，并未能达到一种新的平衡，这两个"哥"有着自己独特的内涵，指的是两个以男性装扮得到追捧的超女；"犀利哥"走红后，大量代表着搞笑、无厘头的"哥"类的涌现，似乎与"××姐"出现了对称，并且"姐类词"也在增加，如"犀利姐"、"励志姐"，看似出现了平衡，但是"哥"类词的大爆发使屈指可数的"姐"类词相形之下显得冷清。与此同时，"快乐男生"成都唱区的刘著因偏爱女生装扮被称为"著姐"，与"春哥"、"曾哥"重新达到一种平衡状态。

网络"哥姐"文化来袭，引起了各界人士的热议。有相当一部分人认为，"哥姐文化"反映出一些人为出名不择手段或选择极端，不惜献丑搞怪，这种低俗文化会使人变得庸俗、无聊。新加坡《联合早报》认为，中国一直在尝试严打网上低俗文化，中国须寻找能激发思考、培养辨别能力的娱乐方式，否则现有的娱乐方式也许会把一代人变成"愚民"。在这些社会舆论下，政府将如何引导，"哥"类文化将何去何从，"哥"类词、"姐"类词将出现怎样新的平衡破缺与平衡，一切还是个未知数。

无序与有序：嵌入式新语块衍生机制探讨

孟德腾

一、语块（Chunk Theory）理论概述

传统语言研究中，词法和句法的二元对立曾使得语块的研究因找不到合适的"栖身之所"而备受冷落。近年来，对语块的研究越来越受到理论语言学特别是应用语言学的关注，也反映出语言研究者对词法句法简单二分的质疑和对语言研究的逐步深入。语块源于组块概念。20世纪50年代，美国心理学家 Miller 提出短时记忆的容量为"7±2"个单位，这个单位就是组块。组块的概念提出之后受到心理学界的关注。后来 Becker 又提出预制语块理论，很快获得语言学的研究领域特别是二语教学界和自然语言处理的高度重视。在语言交际过程中，由于语块所具有优势记忆功能，说话者并不需要付出多大努力就可以运用自如。从语言理解角度看，层次分析法不必分析到词，中文信息处理中也提出了浅层分析的概念。但当前语块研究主要集中在外语教学界，汉语语块的研究还未受到足够的重视，还有不断深入探讨的空间和必要。

综合当前关于"语块"的各家之说，我们认为，语块是共现率高、凝固性相对较强的多词组合，它具有一定结构，表达一定意义，包括常见的各种习语和搭配。其特征是：形式被整体记忆

储存，并在即时交际中被整体提取而并不需要使用语法规则来加工分析。语块最主要的功能就是减轻说话人在交际时的加工压力，提高交际效率。叶斯泊森曾提出："如果需要分别记住每一个项目，说话人将不堪负重，语言会变得难以驾驭。"[1] Bolinger 也曾作过一个形象的比喻，"我们的语言并不要求我们建造每一样东西都要用木板、钉子和图纸，语言给我们提供了很多预制材料"。[2]

二、嵌入式新语块的衍生

所谓嵌入式新语块，就是在特定待嵌格式的基础上，通过填充一定的成分构成相对固定的语块。举例来说，"蓝颜知己"、"做人不能太谢才萍"、"很假很坦白"等都属于嵌入式新语块。这类语块最明显的特征是把特定的待嵌格式作为生成的基底，然后类推出大量新语块。参照李宇明（1999）和周荐（2008）的说法，我们把该类语块的生成基底称之为语块模。如"蓝颜知己"的语块模是"×[3]颜知己"，"做人不能太谢才萍"的语块模是"做人不能太×××"、"很假很坦白"的语块模是"很×很×"。绝大多数的语块模都有相应的来源，都是在某一个语块基础上生成的。相对于语块模而言，这个原始语块可称之为"语块基"。通过把语块基中的某一个或几个词、语或小句抽掉，从而形成空槽，形成一个抽象的待嵌格式，成为语块模，之后再在语

---

[1] Wray A., Formulate language and the lexicon. p. 7 Cambridge: Cambridge University Press, 2002.

[2] Ibid., p. 8.

[3] 为方便论述，我们用"×"来表示嵌入式新语块的嵌入部分。

块模的空槽中填充进一个新的词、语或小句，成为一个新的嵌入式语块。换言之，嵌入式新语块是通过语块基类推而来的。这个类推过程可以图示为：

语块基 —抽掉某些成分→ 语块模 —填充某些成分→ 嵌入式新语块

（一）语块基的来源

语块基有各种来源，归纳起来大致有以下几种：

1. 诗文语句

问君能有几多×：问君能有几多羞、问君能有几多诚、问君能有几多搞……

显然，上述嵌入式语块是以南唐后主李煜《虞美人》中"问君能有几多愁"为语块基，进一步产生语块模"问君能有几多V"衍生而来的。

2. 名人名言

毛泽东于1949年曾有元旦献词《将革命进行到底》，形成语块基"将××进行到底"，经过1999年电视连续剧《将爱情进行到底》的推波助澜，类似新语块大量出现：将牛市进行到底、将肌肤美丽到底、将腻歪进行到底……

3. 报刊媒体

"很黄很暴力"语出《新闻联播》。[①] 随后，依托于语块模"很×很××"，"很好很强大、很傻很天真、很纯很暧昧"等应运而生。

4. 曲艺影视

张宇有一首歌叫《都是月亮惹的祸》，由此形成"都是xx

---

① 2007年12月27日CCTV新闻联播一则关于净化网络视听的新闻里，一个名叫张殊凡的小学生接受央视记者采访时说道："上次我上网查资料，突然弹出来一个网页，很黄很暴力，我赶紧把它给关了。"

惹的祸"而衍生了一大批嵌入式新语块：都是鲨鱼皮惹的祸、都是天使惹的祸、都是灌水惹的祸……

5. 固有熟语

熟语因为其结构固定特征且具通俗性，非常容易滋生语块模，如以"××别××"为基础而来的"上什么别上大学、输什么别输气质、考什么别考研"等嵌入式语块明显出自"有什么别有病，没什么别没钱"这一熟语。

6. 已有句法结构的变异

范跑跑、郭跳跳、楼脆脆、楼歪歪、楼裂裂[①]……

这类语块皆为 ABB 结构，A 和 B 皆可以作为待嵌部分。其中 B 通过重叠进一步凸显了 A 的特征，本来句法结构当为"奔跑的范某某"、"跳跃的郭某某"、"脆弱的大楼"、"歪斜的大楼"、"开裂的大楼"，"范跑跑、郭跳跳、楼脆脆、楼歪歪、楼裂裂"都是句法变异的结果。

（二）嵌入式新语块"做人不能太××"衍生的个案分析

从语用角度看，"做人不能太××"的信息结构由话题和评论两部分构成，"做人"为话题，"不能太××"为评论，整个结构体可以独立成句来表达说话人的看法。格式中的"太"属于高量级程度副词，表示人对事物性质的量级高低的主观评价。从句法上看，程度副词"太"之后主要接谓词，例如：

"太+形"：太大了、文章不能太长、太简单

"太+动"：太相信别人、太夸奖了、太坚持己见了、太吸引人了

近年来，来源于框架语义学的构式语法（Construction

---

① 2009 年 11 月 29 日央视《焦点访谈》节目以《"楼裂裂"背后的交易》为题曝光了重庆市奉节县在移民搬迁中的黑幕。

Grammar, CG) 理论方兴未艾，在语言学界备受关注。其主要理论观点可概括为：语言的基本单位是形式意义结合体——结构式（constructions），构式本身并非直接由其构成成分决定的，而是具有独立的意义。例如不少人就认为双宾结构"Subj［V Obj1 Obj2］"（He gave her a cake; He sneezed the napkin off the table; He baked him a cake.）表示"位移"（transfer）。依照构式语法理论，嵌入式语块模"做人不能太××"是形式和意义的结合体，可以看作一个构式，从格式塔心理看，"做人不能太××"本身就具有一定的整体意义，表示出说话人主观上对"太××"的不满或批评，认为"太××"有悖心目中"做人"的标准或要求。如：

（1）做人不能太老实（书名，李昊著，妇女与生活出版社，2009年）

（2）做人不能太累!（《人民日报》1994年第三季度合订本）

老实人容易受欺负，不被人重视，人要活得轻松些都符合人们的传统看法和价值观念，所以"太老实、太累"都不是人们心目中的理想状态。类似的表达很多，如：

（3）在朝阳区一家银行门口，张女士刚刚办完了赎回手续，"2007年6月进的，亏倒没亏，只是利润缩水很多，不过看到那么多割肉的，做人不要太贪，卖了，爱涨涨爱跌跌，以后这些东西和我没关系了。"（《北京青年报》2008/03/21）

众所周知，2008年在传媒界影响力巨大的CNN，因为其失真扭曲的报道而成为中国公众诟病的靶子。"做人不要太CNN!"这一流行语迅速传播开来就在于它给人们提供了一种对CNN所作所为强烈不满的宣泄平台，引发了对新闻报道的底线和做人的良知的深入思考。"一石激起千层浪"，2008年CNN事件之后，"做人不要太CNN"迅速蹿红，2009年11月27日我们在goole搜索引擎中就多达122000条

（4）……中国媒体特别是网络媒体热点发生了明显的移位，即由"华南虎"、"藏羚羊"、"广场鸽"和"平江虎"等国内新闻打假转向境外目标……并产生了一句新的网络流行语："做人不要太CNN！"（《北京青年报》2008/03/31）

此后，以"做人不能太××"为语块模，衍生了不少新语块

（5）"我刚虚构了个人叫陈冠希报考，已经通过审核啦。"一位网友昨日在论坛上发帖，引来不少网友"围观"，"做人不能太冠希"的评论让不少网友都乐了。（2009年10月17日《扬子晚报》）

（6）易中天"发飙"遭谴责：做人不能太易中天（2009年07月30日《深圳晚报》）。

（7）"做人不能太朱德庸了，总是长不大，跟天山童姥似的，这个人越活越小了。"采访之前，好友沈浩波看到刚刚进门的朱德庸脱口感叹道。（2009年7月24日人民网）

（8）相比其他三虎，耻辱出局的鲁能被球迷列为万恶之首。"鲁无能""做人不能太鲁能""骂人请用你真鲁能"……这两天，网友调侃鲁能的新词层出不穷。（2009年05月23日《京华时报》）

（9）为了自己的政治利益而无视对华关系，只能说，做人不能太萨科奇了，总有一天他会搬起石头砸自己的！（2008年12月09日人民网）

（10）阿里：做人不能太三鹿，良心不能掺了假。（2008年12月01日《羊城晚报》）

（11）"不管你征服过多少座高峰，你的灵魂却始终高不过那一座坟头！"并有"做人不能太王石""王十块"等调侃语在网上流传。（2008年09月05日《政工研究动态》）

（12）"做人不能太谢才萍"。据媒体报道，这已经成为近日

重庆坊间的一句谚语，它的意思是做人不能太嚣张，不能太好色。（2009年10月15日央视《新闻1+1》——谢才萍涉黑案，保护伞下的赌与毒）

此外，"做人不能太谢亚龙、做人不能太百度、做人不能太腾讯、做人不能太范跑跑"等嵌入式语块①屡见不鲜。

通过观察，我们发现在"做人不要太××"格式中，进入空位的"××"皆为专有名词，且同时具有[＋知名度高，＋重大影响，＋负面效应]这三个语义特征，缺一不可；否则构成的新语块就不容易成立。请看下面几个例子：

＊做人不能太张三

＊做人不能太孔子

＊做人不能太钱学森

尽管"张三、孔子、钱学森"都是专有名词，但都不能很自由地进入该格式，其原因就在于这三个成分不能够同时满足格式中空槽的[＋知名度高，＋重大影响，＋负面效应]语义要求而受到限制，因而上述三个语块令人难以接受。"张三"三个语义特征全不符合，而"孔子、钱学森"知名度很高，二人都产生了重大影响，但因缺少[＋负面效应]这一项语义特征而受到该格式的排斥。

值得一提的是，在嵌入式新语块"做人不能太××"中，××多为名词，这种规律可能与近年来"特葛朗台、挺中国、太香港、很淑女"等大批副名结构出现有着密切关系。在一定语境中，"葛朗台、中国、香港、淑女"等名词往往可以凸显某种强语义特征，能够激活人们大脑中关于具有该语义特征的联想。对

---

① 现在又出现许多嵌入格式"做××不能太××"，如："做广告不能太CNN"（《国际金融报》2009年12月7日）、做CIO不能太抠门！（中小企业IT网）等，此类格式我们认为是由"做人不能太CNN"衍生而来，将另文论及。

"做人不能太××"而言，空槽中对嵌入成分［＋知名度高，＋重大影响，＋负面效应］的语义要求与副名结构中名词所携带的强语义特征相吻合，因此"做人不能太××"雨后春笋般出现也就不足为怪了。但是从另外一方面看，至于"××"具体为哪些名词，我们不得而知，因为随着社会的发展和时间的推移，能够同时满足［＋知名度高，＋重大影响，＋负面效应］三项语义要求的专有名词也充满变数，从而难以准确预测。

三、嵌入式新语块衍生的浑沌学思考

尽管浑沌迄今尚无公认的普遍适用的定义，但是人们已经认识到浑沌是现实系统的一种自然状态，一种不确定性，尽管外在表现上千头万绪，混乱无规，但内在蕴含着丰富多彩的规则性、有序性。浑沌包含无序的一面，但不等于完全无序，它同时还包含有序的一面。嵌入式新语块的衍生无疑体现了稳定与随机、有序与无序、开放与封闭的有机统一。浑沌是指发生在确定性系统中的貌似随机的不规则运动，一个确定性理论描述的系统，其行为却表现为不确定性不可重复、不可预测，这就是浑沌现象，这已经在学界取得共识。进一步研究表明，浑沌是非线性动力系统的固有特性，是非线性系统普遍存在的现象。嵌入式新语块的产生从本质上讲就属于一种浑沌现象，也为"无序"与"内在有序"的统一、确定性与随机性的统一以及长期行为不可预测等浑沌属性作了生动有力的注脚。

在嵌入式新语块的衍生过程中，语块基作为一个相对稳定的待嵌结构，其句法空槽的开放性为该类语块的大量产生提供了一种可能性，至于什么具体成分进入空位构成新的嵌入式语块，我们无从准确预测，这一点从当前不断产生的新语块就可以得到证实。但是通过嵌入式语块"做人不能太CNN"的个案分析，我们又会发现待嵌结构中句法空槽并非来者不拒，而是具有某种潜在的排他性和封闭性。换言之，类推过程中只有符合某种特征的成分才可以进入空位来产生新的嵌入式语块。

　　语言是变动不居的符号系统，尤其在网络的迅速催生和强有力的推动作用下，语言变异现象更加突出，如今新出现的嵌入式语块目不暇接，表面上看似无序，实际上这些语块的衍生仍然受到某些规则的制约，既具有开放性又不失封闭性。不同的嵌入式新语块，在相同的嵌入结构之后，往往有着不同的衍生机制。举例来说，近来从"红颜知己"衍生出的"蓝颜知己、白颜知己、绿颜知己、青颜知己、男颜知己、黑颜知己、紫颜知己"等成语变异现象屡见不鲜，形形色色的"×二代"（独二代、富二代、穷二代、官二代等）、"被××"（被代表、被增长、被捐款、被失踪、被自愿、被自杀、被开心、被小康、被就业、被主持等）层出不穷，除了"潜规则"之外，"明规则"等词语也开始浮出水面。Hopper曾提出"用法先于语法"，这句话同样对我们密切关注这些新出现的语言现象有着有益的启迪。这方面有部分学者已经进行了初步探讨，但是仍然不够系统和全面。面对日新月异的嵌入式新语块，作为语言工作者，我们有责任去探讨纷繁复杂现象背后所蕴含的相关机制和规律，去分析对语言本身的各种影响。这样才能对语言变异和语言内在机制作出更深入的理解；也只有这样，面对狂欢的语言，我们才不至于"乱花渐欲迷人眼"，陷入不可知论。

　　目前浑沌学已经和不少学科联姻，越来越显示出其生命力。"他山之石可以攻玉"，语言学的研究同样需要吸收其他理论的合理部分为我所用。从化学领域引进的"配价理论"在语言学研究中发挥出重要而独特的作用就是很好的证明。张公瑾先生率先将浑沌学引入到语言学领域，显示了卓越的胆识和远见，并取得了不少研究成果。我们也要清醒地看到,今后如何进一步把浑沌学理论和语言学密切结合,如何将来自自然科学领域的浑沌学进行合理而又系统地转化,准确深入把握浑沌学的核心精神之所在,并通过对具体语言现象的观照和阐释使其在语言学中生根发芽,也是任重而道远的。

从浑沌学角度看言语幽默

刘 浩

幽默现象无处不在。幽默"以轻松、戏谑但又含有深刻的笑为主要审美特征,表现为意识对审美对象所采取的内庄、外谐的态度。通常是运用滑稽、双关、反语、谐音、夸张等表现手段,把缺点和优点、缺陷和完善、荒唐和合理、愚笨和机敏等两面极对立的属性不动声色地集为一体。在这种对立的同一中,见出深刻的意义或自嘲的智慧风貌。"①

美国"幽默语言大师"纳什 Nash 曾在《幽默言语》中说道,"和语言能力、数学才能、灵巧的大拇指、制造工具的能力这些能力一样,幽默也是人类区别于其他动物的特点之一。对于我们中间的大多数人来说,幽默不仅仅是生活的一个和蔼可亲的装饰,它是我们生活的一种复杂的才能,是一种攻击方式,一条防御战线,是一种对于生活的斗争中的不平等的抗议,是一种弥补过失和重修旧好的方式,也是一种对于生活中那些随意的、被破坏的和我们所不能控制的一切的一种妥协。"② 由此可见,幽默在人们生活中占有非常重要的地位。

从幽默的主要交流媒介区分,幽默大致可以分为非言语幽默和言语幽默两种。非言语幽默,是指那些不需要借助语言工具向人们传递幽默信息的手段,如动作、表情等。言语幽默是同幽默发出者、接受者、应用的语言形式,以及相关的语境密不可分

---

① 《辞海》编制组:《辞海》,上海辞书出版社,1999年。
② Nash: The Language of Humor, Pl, Longman. 1985.

的。本文主要关注言语幽默。国内外许多学者已经对幽默进行了各种研究,大多从"合作原则"、"礼貌原则"、"关联理论"、"言语行事理论"、"优越感论"、"模糊理论"等来分析,本文将在前人研究基础之上,试图用浑沌学的理论来阐释言语幽默的深层动因、形成机制及其与文化的关系。

一、言语幽默的深层动因——浑沌序

在日常生活中,人与人之间的交谈之所以没有成为互不连贯的话,一个必不可少的因素在于谈话双方有意无意地共同遵守一些基本原则,也就是说,交谈双方是彼此合作的。美国著名语言哲学家格赖斯于1967年在哈佛大学的演讲中指出,在人们交际过程中,对话双方都遵循同一套规则,以求有效地配合从而完成交际任务。这一谈话双方共同信守的原则就被称为"合作原则"(Cooperative Principle)。它包括量的准则、质的准则、关系原则、方式原则。在交际中,一方有意或无意地违反了其中一条或几条准则,容易导致说话者的主观意图与客观效果之间的不一致,交际效果必然会受到影响,但是也并不一定会造成交际的失败。而这种不一致,往往会导致幽默的产生。

对于语言学而言,有序代表语言系统中有秩序、有规则的一面;而无序则意味着混乱与无规则的那面。"合作原则"作为人类言语交际活动中一个普遍的理论,有着特定的秩序和规则,是一种有序现象。而言语幽默产生的原因就来自对合作原则的违反,是无序的。

有人认为有序与无序是两个绝对排斥的概念,其实不然。无序并不是简单的混乱,是嵌在无序中的有序,"它是一种复杂的、高级的有序，也就是浑沌序。"① 言语幽默是我们生活中不可缺少的一部分，虽然它违反了合作原则，但并不代表它是混乱的例外或者是没有定则的问题，只是因为它的复杂性让人们很难去探究它的规律。下面我们从实例来看一下违反合作原则中的各项准则而产生的言语幽默。

（一）违反"量的准则"

量的准则（Quantity Maxim），是指会话中双方根据话题内容提供充分但不超出所需的信息。也就是说，它规定了交际双方说话时所应该提供的信息量：既不能少说也不要多说。因此，对数量准则的违反会出现两种情况，一种是说话方在言语交际过程中提供的信息量不足，一种是提供的信息量过多。在这两种情况下，言语交际中就会出现言外之意，而幽默的效果也往往因此产生。

1. 信息量不足产生的言语幽默

例1　王二家里失火了，他拨打119后，这是以下的对话：
王二："失火了！失火了！"
工作人员："在哪里啊？"
王二："在我家啊！"
工作人员："我是问你哪里失火了？"
王二："我家厨房啦！"
工作人员："不错！但我们要怎么到你家呢？"
王二："奇怪啦！你们不是有救火车吗？!"

在这段对话中，119工作人员一直想了解王二家的具体地理位置，但是王二却始终没有提供这个有效信息。这个例子也因信息量不足达到了使人发笑的效果。

---

① 张公瑾：《文化语言学发凡》，第90页，云南大学出版社，2007年。

2. 信息量过多产生的言语幽默

例2 有一个人到早餐店叫了两碗豆浆,当服务生送来时,那人却改口说:"我不想要豆浆了,帮我换两条油条来"。服务生立刻将豆浆换成油条。当这个人吃完后,竟拍拍屁股就想走人,

服务生拦住他说:"先生,您还没付钱呢!"

这人立刻瞪大眼睛说:"我油条是用豆浆换来的,你凭什么叫我付钱?"

服务生说:"可是你豆浆也没付钱啊!"

这时,这人眼睛瞪得更大了:"我豆浆一口都没喝,干吗付钱啊!"

例中这个人为了吃白食,说了一堆不是理由的理由,提供了过量的信息,让人感到荒谬可笑。但是在他的诡辩之中幽默也随之产生。

(二)违反"质的准则"

质的准则(Quality Maxim),是指所提供的信息必须真实、可靠,证据充分。也就是说,说话的内容如果缺乏依据,甚至完全不真实,也会产生幽默。

例3 饿狼觅食,听到有家人在训孩子"再哭,把你扔出去喂狼"。孩子哭了一夜,狼第二天早晨长叹一声"人类说话不算数"。

例中"再哭,把你扔出去喂狼"很显然是家长吓唬孩子的话,是不能当真的,家长为了让孩子听话,利用孩子的年幼无知提供了不真实的信息,饿狼居然还苦苦地在门外等候。不过也正是信息的不真实和狼的信以为真,对话才产生了幽默效果。

(三)违反"关系原则"

关系原则(Relation Maxim),是指对话双方提供的信息必

须与话题内容相关,即说话要切题。如违反这一准则,一方"说东",另一方却"道西",或一方所答非另一方之所问,交际势必难以正常进行,还往往引出滑稽可笑的结果。

例4 一女生找清华大学,不料迷路了。幸好遇见一位文质彬彬、抱着几本厚书的教授。"请问,我怎样才能到清华大学去?"教授思索了一会,语重心长道:"读书,只有不断地努力读书,你才可以去清华大学。"

例中,该女生的本意是要询问从所在地到清华大学应该怎么走,而教授却误以为女生是在问"如何能成为清华大学的学生",因而进行了不切题的回答,虽然是出于无意,但却明显地违背了关系原则,使人发笑。

(四) 违反"方式原则"

方式原则(Manner Maxim),要求话语表达得清楚明白,即双方所提供的信息要简练,有条理,避免晦涩和歧义。相对于量的准则、质的准则和关系原则的"说什么"而言,方式原则更侧重于"怎么说"。幽默的产生与说话方式、说话内容的不协调紧密相关。

例5 同事小王刚学会上网,非常喜欢聊天,有一天刚进入一个聊天室,一个网友问道:"你是男的还是女的?"小王水平有限,"女"字死活也打不出来。于是她想了一下回答说:"我是一个小姐。"接着,网友打出一句话来:"谢谢你的坦率。"

"小姐"一词除了可以表示对未婚女性的泛尊称,官宦富豪家的千金以外,还可以指称"从事出卖色相肉体职业的女子"。本例中的小王本来是要用"小姐"指代自己是位女性,但却造成了句子的歧义,使网友误以为指称的是"从事出卖色相肉体职业的女子",还直呼坦诚。幽默也在这种歧义中油然而生。

综上,我们可以看出,言语幽默在对"合作原则"的违反中，使人们感悟到语言的有序和无序，在一种熟悉和新奇的不协调中，用笑声释放内心的感情。

二、言语幽默的运行机制

（一）言语幽默是一个非线性系统

拉斯金（1985）在《幽默的语义机制》一书中引用了Beattie（1976）对幽默的阐释："幽默产生于两个或更多不一致、不恰当或不相等的部分或情景。它们在一个复杂物体中或情形下得以统一，或以某种为人们所知道的特别方式产生一种相互关联。"[1]

在幽默产生之前的那部分交际活动中，由于人们心理认知、文化和经验的作用，当说话者提到其中一个概念，听话者就会自动启动另一个或另一些概念。由此看出，说话者提到的概念和听话者启动的概念是线性的关系，它满足线性系统最基本的特点，即在交谈双方普遍认知的基础上，可叠加可还原。叠加指一个概念加上一个相应的交际场景必然会使人们产生对另一个或另一些概念的联想；还原是指通过解析，听话者启动的较高层次的概念可以分解为之前的较低层次的概念。

这些产生幽默的"不一致、不恰当或不相等的部分或情景"是相对于听话者不自觉间启动的概念而言的，是对这些概念的颠覆和违反。它打破了人们的心理期待，上升到了一个新的层次，具有产生幽默之前部分所没有的新的性质，却又浑然天成地成为一个整体。由此，我们可以看出言语幽默是一个非线性的系统，

---

[1] Raskin, Victor: Semantic Mechanisms of Humor, p14, Dordrecht: Reidel, 1985.

它不具备叠加性和还原性。

例6 在百万富翁的丧仪上来了许多人,其中一个青年人哭得死去活来。

"想开点吧!"不明真相的人们安慰他,"故去的是您的父亲吗?"

"不是,"年轻人哭得更厉害了,"为什么他不是我的父亲啊……"

故事中,首先场景是一个百万富翁的丧礼上一个年轻人在痛哭,因为一般只有死者至亲至爱的人才会在丧礼上哭得如此悲痛,这样的场景加上这样的思维惯式让人们很自然地想到这个年轻人也许是富翁的儿子。然而,年轻人的回答与人们的心理预期是很不一致的,他痛哭是因为没有一个死去的富翁爸爸,多半是想到自己无法平白获得巨额遗产才导致的伤心。

(二)言语幽默的"平衡与平衡破缺"

平衡态是指系统的这样一种状态,即在没有外界(指与系统有关的周围环境)影响的条件下,系统各部分的宏观性质长时间内不发生变化的状态。实际生活中并不存在完全不受外界影响,并且宏观性质绝对保持不变的系统,所以平衡态只是一个理想化的概念,它是在一定条件下对实际情况的抽象和概括。

Dolitsky曾用"花园路径现象"(garden path phenomena)解释言语幽默的产生机制,即"幽默的效果源于听众被诱惑着走在花园的一路径上,而后却发现走错了路,要重新走过"。[1] 这个理论和浑沌学中"平衡与平衡破缺"理论有异曲同工之妙。在幽默产生之前,交际按照人们特定的先验和文化,遵循合作、礼

---

[1] Dolitsky: Aspects of the unsaid in humor. p33. Humor: International Journal of Humor Research. 1992.

貌、关联等各种原则，表现为一种平衡状态；言语幽默出现的同时打破了交际的各项原则，造成了人们认知上的冲突和期待上的落空，进入一种"平衡破缺"的状态；言语幽默出现之后，人们通过仔细的回味，对这种"落空的期待"重新落实，发现出乎意料的答案才是正确答案时，就进入了一种新的平衡状态。言语幽默走过了"平衡—平衡破缺—新的平衡"的过程，这实际上也体现了分叉原理。由于言语幽默在分叉点选择了去打破平衡，才进入了浑沌，达到了一个新的阶段，由此也形成了新的平衡。

（三）言语幽默中的反馈现象

反馈（feedback）是指将系统的输出返回到输入端并以某种方式改变输入，进而影响系统功能的过程。可分为负反馈和正反馈。前者使输出起到与输入相反的作用，使系统输出与系统目标的误差减小，系统趋于稳定；后者使输出起到与输入相似的作用，使系统偏差不断增大，使系统振荡，可以放大控制作用。

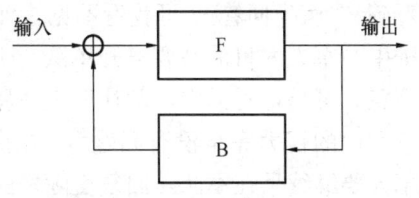

在反馈理论中，当幽默言语输入时，交际中的人们按照正常的心理惯势，无法理解该言语的真正意义，于是返回输入端，对其重新进行理解，过滤掉表层意思，发现隐藏着的深层意义，并与之相对应发现幽默的存在。

言语幽默既可以是一种正反馈现象，也可以是一种负反馈现象。当出现正反馈作用时，言语幽默的输出与输入起到了相似的作用，放大了言语的力量和作用，使交际更有效。反之，当出现负反馈现象时，输出起到与输入相反的作用，使话语输出接近系统初始值，从而使系统最终趋于稳定。

例7 "你为什么要求离婚？"法官问道。

"因为我的丈夫又浪漫又多情。"一位女性原告说。

"许多妇女都渴望能有这样一位丈夫。"法官不解道。

"她们是的，"这位妇女反讥道，"这也正是我要离婚的原因。"

这是很明显的正反馈现象，原告女性的交际目的是要离婚，却输入了关于丈夫"浪漫多情"的信息，在法官对这个信息进行了常规的正面理解，并因此无法理解这宗离婚请求时，女人的讥讽迫使法官重新理解"浪漫多情"的第二重意义，使输出和输入一致，从而使其言语效果更为明显，进行成功的正反馈。

例8 一个军人想找个借口离开军队。于是他找到军医，说："真糟糕，我的视力越来越差了，有什么办法吗？"医生给他看了一会儿，说："你能证明你的视力不好吗？"此人环顾一下四周，指着远处墙上的一颗钉子说："医生，你能看见墙上的那个钉子吗？""能看到。"医生回答。"可我看不见。"此人说。

在这个例子中，军人的目的是要离开军队，于是他输入了自己视力变差的信息，可是在对话中，却让医生在反馈的过程中输出了相反的信息"他的视力完全没有问题"，结果医生自然会驳回他的申请，军人要继续呆在军队，回复交际之前的状态，因此这是一个负反馈。

浑沌模型一个很显著的特点就是，非线性系统中的能量流可以让系统自然而然地发生自组织行为，使得系统在不平衡的条件下仍能维持某种结构，同时通过与外界的交流、通过一个反馈循环，甚至还能产生新的结构和行为模式。

综上，我们可以看出，在言语幽默这个非线性系统中也存在着独特的能量流贯穿整个系统，使系统在不平衡的条件下发生自组织行为，同时通过反馈现象，产生新的言语意义和神奇的艺效果。综上说明,浑沌学理论能很好地解释言语幽默的形成机制。

三、言语幽默和文化的层次自相似性

在现实世界中,有许多事物的部分常常呈现出与整体相同或相似的特征,这就是部分与整体的层次自相似性。它有些像俄罗斯套娃或洋葱的结构,每一部分都具有类似的结构,一层层的套下去以致无穷。而言语幽默和文化也体现了这种层次自相似性。

文化是世代相传、生生不息的传统,一旦接受了它的熏陶以后便潜移默化,成为一个人内在的精神品质。同时,文化具有地域性、民族性,不同的国家、地区和民族往往具有不同的文化。而语言是文化的载体,是文化的主要表达形式和传播工具。萨丕尔在《语言论》中也指出,语言不能脱离文化而存在,不能脱离社会继承下来的各种做法和信念,这些做法和信念的总体决定了我们生活的性质。

因此,在对语言进行解码时,文化背景发挥着很重要的作用。幽默的欣赏也是如此。处在特定文化背景下的人们在幽默作品的理解、评价和判断上有较强的共通性和趋同心理。文化背景不同,操不同语言的人在交谈时,常常发生下列情况:由于文化上的不同,即使语言准确无误,也会产生误会。因为对于不同的人,同一个词或同一种表达方式可以具有不同的意义;由于文化上的差异,谈一个严肃的问题时,由于一句话说得不得体,可以使听者发笑,甚至捧腹大笑,而一句毫无恶意的话却可以使对方不快或气愤;由于文化上的差异,在国外演讲的人经常发现听众对他讲的某个笑话毫无反应,面无表情,鸦雀无声。而在国内,同一个笑话会使听众笑得前仰后合。

例9　有个老人一生辛辛苦苦养育了四个儿子。儿子在外结婚之后，开始还经常来看望他，后来，老人年老体弱，积蓄花光，衣食无着，四个儿子就都不管他了。有一天，他把四个儿子都找来，写了一个"老"字，叫他们认。四个儿子认了半天谁也认不出这是什么字，都说："这像个'老'字，可是又没点。"老人气愤地说："是啊，老子有一点，你们就来了。老子没一点了，你们就都不认得老子了！"

中国有句古话："养儿防老，积谷防饥。"传统的中国老人对这种观念更是深信不疑。对于儿女而言，百善孝为先，天经地义，无可厚非，同时我国法律也强制规定儿女有赡养父母的义务。例中老人故意使用双关话语，表面是在讲一个字，实为教训儿子们的忘恩负义，他的儿子们也一定会为老人的教训和机智感到汗颜。但是在西方国家，孩子长到18岁就是成年人了，可以离开父母独立生活，赡养父母并非他们必须要履行的义务，父母们也不会指望孩子为自己养老送终。因此西方人在理解这则幽默时就必须首先了解中国文化。

例10　Sitting on a car after an exhausting day of seeking work, an unemployed black man winds up in a conversation with God: "Tell me, Lord, how come I'm so black?"

"You are black so you could withstand the hot rays of the sun in Africa."

"Tell me, Lord, how come my hair is so nappy?"

"Your hair is nappy so that you would not sweat under the hot rays of the sun in Africa."

"Tell me, Lord, how come my legs are so long?"

"Your legs are long so that you could escape from the wild beasts in Africa."

"Then tell me, Lord, what the hell am I doing in Chicago?"

很明显这则幽默揭示了非裔美国人早期被迫离开非洲被贩卖到美洲做奴隶的历史事实，黑人对白人的不满仇视情绪通过这则幽默也得到了舒缓。

众所周知，美国是一个移民国家，各个种族都有自己的传统、习俗和价值观念，在这个大熔炉的土壤上绝佳地孕育出了关于种族的幽默。这些小幽默起到了缓解了各种族间敌对情绪的作用，有利于各种族人们融洽地生活在一起。中国人如果不了解美国独特的社会历史背景，在看到这则幽默时，很难理解其真正意义。

综合以上分析可以看出，如果忽略了一种语言所产生的幽默，是无法真正了解其文化的。若没有对对方文化内涵的把握，也是不能理解其幽默的，幽默的产生离不开文化这片肥沃的土壤。因而言语幽默和文化内涵两者之间密不可分，相互印证，二者具有层次自相似性。

四、结　语

本文尝试从浑沌学这一新的视角分析言语幽默的产生原因、运行机制及其与文化的分形关系，以期能更好地理解和运用言语幽默。虽然本文研究尚浅，也不可能完整揭示言语幽默的内在机制，但是，我相信，只要从各个角度对幽默展开研究，就能识得庐山真面目。

从基本颜色词看汉越文化的交流

何思源

生存环境中的自然事物对人的视觉器官产生刺激,形成了颜色感知经验,使人们形成了基本的颜色概念,产生了基本颜色词。颜色词作为一种符号,与颜色对象之间只是一种外在的关系,人们完全可以用任意的声音形式来表达某种颜色对象或属性。但是,颜色概念是比较抽象的,人们得通过一个具体实物来表达这个颜色。表示具有某种颜色特征的实物的词汇,在意义演变过程中词的中心义素被有意忽略,而表示事物某种色彩特征的非中心义素,得到突出,并取得中心义素的地位,如此一来,颜色词便产生了。颜色词的产生经历了一个从"依附于实物名词"到"实物和颜色各自用独立的词来表达"的过程,这是一条重要规律。正因为颜色词大都是从有颜色属性的名称转类而来的,人们约定用什么符号去指称什么颜色,实际上是一种"近取诸身、远取诸物"的选择活动,这里边与颜色词共通的原型、人类的认知共性有关,又与各民族的自然环境、审美倾向、生产力发展水平等有关。颜色词的研究对符号学、原型理论、语言类型学、认知心理学、社会语言学、文化语言学以及理论反思等都有重要的意义。

颜色词作为语言的一个组成部分,与文化的联系尤其密切。萨丕尔曾指出:"语言有一个环境","语言不能脱离文化而存在。""语言的词汇多多少少忠实地反映出它所服务的文化。"[①]

---

① 萨丕尔:《语言论》(陆卓元译)第211页,商务印书馆,1964年。

文化间的交流，更是反映在颜色词汇的借用和影响上。表达同一理性概念（rational concept）的颜色词，由于在不同的文化氛围下不断使用形成了附加在理性意义之上的不同联想意义。汉语和越南语是两种系属不同但历史上接触频繁的语言，通过两种语言颜色词的对比研究，我们可以认识到人类文明的共性体现在不同民族文明的个性之中，同时也发现两种不同语言存在着密切的关系。本文试从两种语言颜色词产生的顺序、隐喻义的异同等方面进行比较，从中窥见两个民族语言文化的发展史和交流史。

一、汉语和越南语基本颜色词出现的大致顺序

（一）基本颜色词普遍发生顺序

在国外，语言学界对颜色词的研究从19世纪就开始了。美国语言学家伯林（Brent Berlin）和凯（Paul Kay）通过对98种语言的颜色词进行分析，认为任何语言的基本颜色词都不超出11个词的范围，演变顺序可概括为7个阶段，并且形成如下序列[①]：

$$\begin{bmatrix} \text{white 白} \\ \text{black 黑} \end{bmatrix} < [\text{red 红}] < \begin{bmatrix} \text{green 绿} \\ \text{yellow 黄} \end{bmatrix} < [\text{blue 蓝}] < [\text{brown 褐/棕}] < \begin{bmatrix} \text{purple 紫} \\ \text{pink 粉红} \\ \text{orange 橙} \\ \text{grey 灰} \end{bmatrix}$$

最左边一项是最基本的、任何语言都有的颜色词，有左边的"项"就有右边的"项"，左边的"项"出现之后，右边的"项"才有可能出现。这就是各种语言的基本颜色词7个阶段的普遍发

---

① 李红印：《现代汉语颜色词语义分析》，第12页，商务印书馆，2007年。表中汉字为本文作者所加。

生顺序。

近百种语言中,伯林和凯认为包括汉语普通话、广东话、越南语在内的几种语言不遵循这个序列。理由是汉语普通话作为颜色词的"灰"则与名词的"灰"一致,不应看成基本颜色词,因此汉语普通话应处在演变的第五阶段;广东话的情况类似,也处在第五阶段,有黑、白、红、绿、黄、蓝,还有粉红和灰,但没有"褐/棕"(被归在"黄"这个范畴)。广东话的粉红、蓝、灰出现较晚,是否能视作基本颜色词仍不明确;越南语缺少"蓝"(注:确切地说是"绿"和"蓝"同为一个词),但却有黑、白、红、黄、粉红、紫、褐和灰。[1]

(二)汉语基本颜色词的发生顺序及其原因解释

对于汉语基本颜色词的数目,古今有不同看法。中国古代的五行说认为,基本颜色包括青(蓝和绿)、赤、黄、白和黑。近现代以三色说为基础,将红、黄、绿、蓝、紫定为五种基本颜色。[2] 20世纪70年代后,我国语言学者以柏林、凯的假说为出发点,对汉语基本颜色词进行了不同程度的研究。姚小平从文化分析的角度中提出了伯林和凯的理论与汉语基本颜色词的演变事实不符的观点,认为现代汉语的基本颜色词为棕(或褐)、红、橙、黄、绿、蓝、紫、灰、白、黑10个。[3] 李红印、王逢鑫等认为现代汉语基本颜色词有白、黑、红、绿、蓝、黄、褐、紫、

---

[1] Brent Berlin, Paul Kay: Basic color terms: their universality and evolution, P42—43, University of California Press, 1991

[2] 张积家、林新英:《大学生颜色词分类的研究》,载《心理科学》2005年第1期。

[3] 姚小平:《基本颜色词理论述评——兼论汉语基本颜色词的演变史》,载《语言教学与研究》1991年第3期。

灰9个。① 刘丹青认为现代汉语基本颜色词是白、黑、红、黄、绿、蓝、灰7个。② 还有一部分学者认为，现代汉语中具备稳定而能产的扩词能力的基本颜色词是红、黄、蓝、白、黑、绿、灰、紫8个，它们可以单独使用，也可以和"色"字组成一个复合词再用来表述颜色，即我们描述一件物体的颜色时可以说它是：红的、黄的、蓝的……也可以说它是：红色的、黄色的、蓝色的……

根据伯林和凯的观点，英语中有11个基本颜色词，汉语中也可以找到11个颜色词与其对应。但是，汉语的"粉红"从结构和语义上看是复合词，因此不算基本颜色词；"橙"与别的颜色词相比，不能直接修饰名词、不能受程度副词和否定副词的修饰，产生得较晚，且在现代汉语中很少能自由单用，实际上使用更多的是"橙色"而不是"橙"，另外它也没有派生出描绘色彩的词，很难作为现代汉语的基本颜色词；"褐/棕"的情况类似，也不能受"很"和"不"的修饰，也没有派生出描绘色彩的词，但考虑到"褐/棕"在现代汉语颜色词词汇语义系统中表示的是一类色调，且有一定的构词能力，对一些颜色词如"茶色"、"巧克力色"等有解释作用，故将其确定为发展中的准基本颜色词。因此，本文把现代汉语的基本颜色词看作9个。

研究者们通过文献追溯、使用频率统计等方法，找出了汉语基本颜色词发展的脉络和阶段（引自姚小平，1988）：

---

① 李红印：《现代汉语颜色词语义分析》，第48页，商务印书馆，2007年。王逢鑫：《论色彩词——汉英色彩词语义比较》，载《北京大学学报（哲学社会科学版）》1991年第2期。

② 刘丹青：《现代汉语基本颜色词的数量及序列》，载《南京师范大学学报（社会科学版）》1990年第3期。

①殷商	②周秦	③汉晋南北朝	④唐宋至近代	⑤现代
幽[黑]	玄、黑[黑]	黑[黑]	黑[黑]	黑[黑]
白[白]	白[白]	白[白]	白[白]	白[白]
赤[红]	赤[红]	赤、红[红]	红[红]	红[红]
黄[黄]	黄[黄]	黄[黄]	黄[黄]	绿[绿]
青[蓝/绿]	青[蓝/绿]	青[蓝/绿]	青[蓝/绿]	绿[绿]
	绿[绿]	绿[绿]	绿[绿]	蓝[蓝]
	紫[紫]	紫[紫]	蓝[蓝]	紫[紫]
	红[粉红]	红[粉红]	紫[紫]	灰[灰]
		灰[灰]	灰[灰]	褐[棕]
			褐[棕]	橙[橙]

汉语基本颜色词的演变事实与伯林和凯的理论不符。周秦至唐代,"青"包括了"蓝"、"绿"、"黑"这三个颜色范畴,"蓝"指的是用作染料的蓝草,虽偶尔已有颜色意义,但成为专指"蓝色"的颜色词则是唐代以后的事。① 这一时期出现了"绿"、"紫"、"红"三个词。这是因为手工业、织染业的高度发展,对各种丝线的颜色进行辨别和分类提出了更高的要求,于是产生了一系列专指某种颜色的织物的词。"绿"、"紫"、"红"的本义分别指"青黄色混合而成的丝帛"、"青赤色混合而成的丝帛"、"赤白色混合而成的丝帛"。东汉许慎《说文解字》,罗列的色彩名目已近40种,如绯、绛、缥、绿、缁……这些字的部首多从"糸"部,表明织染业与颜色词的产生关系密切。"实物名词"出现后,经过若干时间的演变,才成了"基本颜色词",这中间是人类的转喻认知在起作用。因为颜色的观念是很抽象的,简单的符号无法表达,只能借助于具体事物来称说某种色调。当实物词频繁、固定地充当具有这种颜色的物体名称的定语时,表明该颜色词出现了。汉晋南北朝是"灰"作为基本颜色词的形成期。"灰"本

---

① 姚小平:《古代汉民族的颜色观念》,载《百科知识》1985年第6期。

义指"火灭后的余烬",演变成"黑色和白色混合成的颜色",虽是借用实物名构成的实物颜色词,但能受副词修饰,因此算基本颜色词。"褐"字出现得很早,如《诗·豳风·七月》:"无衣无褐,何以卒岁。"它本义指"用粗麻织成的袜子"、"粗布或粗布衣",后通常指用葛、大麻、兽毛等做成的粗加工品,多为贫贱人所穿,唐宋以后才演变成了颜色词,而且出现时间晚于"紫"。"褐"和"灰"一样都是借用实物名构成的颜色词,与其他基本颜色词的语法功能和构词能力很接近,但"褐"不能受副词修饰,我们不可以说"这布很褐"、"扯一尺褐布",也不会说"布是褐的",所以"褐"严格说来只能算准基本颜色词。作为颜色的"橙"这一意义可能是从欧洲语言相当于汉语"橙"的词(如英语 orange)借译过来的,还带有实物意义,出现的时间最晚,不能单独使用,只能说"橙色",还不具备稳定而能产的扩词能力,因此本文把它排除在基本颜色词之外。汉民族高度发达的手工业、织染业使得汉语里表示颜色的词大量涌现,打乱了基本颜色词演变的次序。又因为汉民族的审美倾向、文化心理等造成了对部分颜色的偏好和有意选择,如紫色在汉代常被作为珍稀的极色,唐代则作为五品以上官服和皇家喜爱的色彩,造成了作为颜色词的"紫"出现得比"褐/棕"要早的状况,这是汉语基本颜色词的出现次序不符合伯林和凯的基本颜色词演变顺序的主要原因。

(三)越南语基本颜色词出现的大致顺序及其原因解释

越南语言和英语 11 个基本颜色词大致对应如下:

英语	black	white	Red	yellow	green	blue	brown	purple	Pink	Orange	grey
越南语	dɛn¹	tsaŋ⁵	do³	vaaŋ²	sɛn¹		nəu¹	tim⁵	hoŋ¹	mau²za¹kaam¹	saam⁵

mau²za¹kaam¹直译就是"柑皮色",作为一个复合词不属于基本颜色词范畴;越南语只有sɛn¹(青),如果需要表达"绿"和"蓝"概念则需要用复合词的形式:sɛn¹la⁵kəi¹(树叶青,即绿色),sɛn¹za¹tsəi²(天幕青,即蓝色)。因此,本文把现代越南语的基本颜色词确定为9个。

1. 越南语基本颜色词的汉借词及其大致借入年代

越南语9个基本颜色词中,有3个明显借自汉语:

vaaŋ²,即汉语的"黄",作名词时指"黄金",也就是说,颜色词和实物词同为一个形式。中原最初把金属都叫做"金",管"金子"叫"黄金","银子"叫"白金"。在今天一些藏缅语和南亚语中,还有把银子简称或直接称为"白"的,如景颇语、基诺语、佤语孟汞方言、柬埔寨语和越南语等,其读音如同汉语古代"白"的读法,与汉代以前的汉语读法有关。① 越南语把"金子"简称为"黄",应该在汉代以后、隋唐以前。因为到了隋唐,汉语的"金"已经从"金属"义演变成特指"金子"了。② vaaŋ²演变成越南语的基本颜色词,亦不会晚于唐代。因为唐宋时期形成的汉越音,已经把"黄"读作hwaaŋ²。

sɛn¹,即汉语的"青"。这也是一个隋唐以前就已经借入的读音。因为汉越音已经把"青"读作thɛn¹了。汉语的"青"在中唐以前囊括了绿、蓝和黑三种颜色范畴。该词在中古前已经被借入,现今的越南语几乎保留了"青"的原意。

---

① 吴安其:《上古时期南亚文化的传播》,载《世界民族》2000年第2期。
② 姚小平:《古代汉民族的颜色观念》,载《百科知识》1985年第6期。

hoŋ², 即汉语的"红", 原义指浅红色或粉红色的丝帛, 作为颜色词时表示"粉红", 越南语仍保留了这个意思。它在越南语里它还用作名词, 指"蔷薇"。hoŋ² 是汉越音, 表明它是在唐宋期间借入, 但又不可能太晚, 因为汉语的"红"在唐代以后使用频率逐步提高, 渐渐代替"朱、赤、丹", 成为红色的代表词。

越南语的 vaaŋ² 和 hoŋ², 既是颜色词又是实物名词, 说明这两个汉语词被借入时已经演变成了较为抽象的颜色词, 因此越南人不得不借助于具体的实物来说明颜色的意义。

2. 其余基本颜色词的大致出现时期

余下的 6 个基本颜色词, den¹（黑）、tsaŋ⁵（白）、dɔ³（红）是越南语固有词, 它们原先所指称的专物已经不甚明了, 表明它们作为颜色词产生得非常早。nəu¹（褐/棕）原指薯莨, 其汁液可用于染布, 成品呈褐色, 后发展出褐/棕色这一义项。越人使用薯莨汁来染织物和皮革由来已久, 北宋科学家沈括的《梦溪笔谈》中记载: "《本草》所论赭魁（即薯莨）, 皆未详审。今赭魁南中极多, 肤黑肌赤, 似何首乌。切破, 其中赤白理如槟榔。有汁赤如赭, 南人以染皮制靴。"[①] 可以推断, 越南语里很早就有 nəu¹ 这个词了。至于褐/棕色这一义项凸显出来获得主导地位, 应该相对较晚。明末茅瑞徵所辑会同馆本《华夷译语·安南国译语》"声色门", 单字颜色词有"青、红、绿、白、黄、黑、紫", 双字颜色词有"天青、金黄、大红、花红、黑绿、鸭绿、葱白"等, 没有表示"褐/棕"色意义的任何词汇形式。[②] 因这一时期的汉语中"褐/棕"作为颜色词还不太常见, 在对译别的语言时就有可能出现空缺。中国的京族是 16 世纪从越南东北部来到现

---

① [宋] 沈括: 梦溪笔谈, 卷二十六·药议。
② 范洪贵、刘志强: 《越南语言文化探究》, 第 168—169 页, 民族出版社, 2008 年。

今的居住地的，新中国成立京族人有用薯莨染香云纱和渔网的习惯，新中国成立后聚居地薯莨种植逐渐绝迹，如今只有四十岁以上的中老年人还记得 nəu¹ 这个词了，现今京族人表达"褐/棕"这一概念用的是"猪肝色"这一表达方式或直接借用当地白话的"棕色"。[①] 随着当地生活方式的变更以及自然环境的变化，直接导致既表颜色又绘事物的 nəu¹ 的消失，说明 nəu¹ 作为颜色词产生的时间不长，还未从实物中完全抽象出来。

"紫"，在越南语中有三种形式：tiə⁵、tɯ³、tim⁵。前两者显然借自汉语，tiə⁵ 是古汉越音或越化汉越音，表明借入时间很长，已经内化于越南语日常用语中，有一定的构词能力。tɯ³ 是汉越音，中古时期借入，只用于读书音，几乎没有能产性。tim⁵ 是纯越词，作为颜色词其词源不明。《华夷译语·安南国译语》中用汉字"雜"来记录安南语的"紫"，应是 tiə⁵ 的记音，说明当时还没有产生 tim⁵。徐世璇（1998）认为"词义和用法完全一致的并存状况是这些汉语借词在语义系统中的位置尚未确定的表现。""如果借词和固有词在表义和使用上始终不形成互补分布的关系，那么势必会有一种表达方式最终被淘汰。"[②] 如今的中国京语的"紫"用的也是 tiə⁵，越南语用的是 tim⁵，就是表达方式的历时选择在地域上的表现。

越南语的 saam⁵（灰）并不来源于"灰烬"。与中国的京语比较，后者还没有产生这个颜色词，因此可判断 saam⁵ 产生的时间更为晚近。saam⁵ 的语源有可能是汉语的"衫"。越南语近代借入的汉借词，只有调值的近似而无调类的对应，多用第 5 调（调值 45）来读汉语的平声（调值 55）。明末至民国时期大批迁

---

① 由广西东兴市宣传部的苏凯（京族）提供史料，在此表示感谢。
② 徐世璇：《毕苏语方言的形成和语言的接触影响》，载《民族语文》1998 年第 3 期。

入越南的中国移民多为闽粤籍,这些平民所穿的多为对襟衫,长袍、长衫,多以棉布制作,常换常洗,较少染色,呈现为灰或月白,和越南平民所穿衣服颜色大不相同,越南平民衣服多为褐色。因此越南语有可能把"衫"指代"灰色"。语义经过演变,颜色义项逐渐突出并掩盖了实物名,saam⁵ 的出现,应在明清以后。

经过以上的分析,我们可以看到越南语 9 个基本颜色词产生的大致顺序:

dɛn¹(黑)、tsaŋ⁵(白)＞dɔ³(红)＞vaaŋ²(黄)、sɛŋ¹(青)＞hoŋ²(粉红)＞nəu¹(褐/棕)＞tim⁵(紫)＞saam⁵(灰)。

3. 影响汉借词进入越南语基本颜色词系统的因素

越南语基本颜色词序列的左右两端,和普遍规律是相符的,但在中段出现了很大的"干扰",造成了演变次序和基本颜色词的普遍演变次序不一致,和汉语基本颜色词出现的次序也有差异。

再与中国的京语及同语支的语言的基本颜色词进行比较,我们就可以推断出越南语哪些基本颜色词是固有词,哪些词是语言/方言分化后产生的:①

	黑	白	红	黄	绿	蓝	褐	紫	粉红	灰
越南语	dɛn¹	tsaŋ⁵	dɔ³	vaaŋ²	sɛŋ¹		nəu¹	tim⁵	hoŋ²	saam⁵
中国京语	dɛn¹	taŋ⁵	dɔ³	vaaŋ²	sɛŋ¹		nəu¹	tiə⁵	—	—
徕语	ljai⁴	ɬin⁵	kou⁵	ᵐbjaaŋ³ 或 ʑan¹	ɕaŋ⁵		—	—	—	luuk⁸
布芒语	da²⁴	buk²⁴	ɕɔ²⁴	ɛ⁵⁵	ot²¹ heu⁵¹	laau⁵¹	—	maan²¹; paaŋ³³		ɔ²⁴

---

① 中国京语材料引自欧阳觉亚等著:《京语简志》,第 146 页,民族出版社,1984 年;布芒语材料引自刀洁著:《布芒语研究》,第 51 页、245 页、246 页,民族出版社,2006 年;徕语材料引自李旭练著:《徕语研究》,第 248—269 页,民族出版社,1999 年。

四种语言/方言的"黑"、"白"、"红"对应比较整齐，其余的颜色词随着语言亲疏程度的不同出现分歧。因为这些语言/方言和在分化前就已经存在的颜色词是对应的，分化后各自形成的颜色词差别就比较大，据此可推断，它们的原始共同语已经产生了黑、白、红这三个颜色词，中国语言文化传入之后，中古前越南语借来了汉语的"黄"、"红"、"青"、"紫"等词，中古越南语则借入了汉语的"蓝"、"绿"、"褐"、"赭"、"灰"等词。然而，只有"黄"、"红"、"青"作为基本颜色词得以融入口语中并具有较强的构词能力，其余的颜色词只停留在书面语阶段，很多都不具有能产性。一个汉借词能否进入越南语的基本颜色词系统，与这些因素有关：

（1）生产力发展程度。颜色词的贫乏是与其文明的发展程度相一致的，社会生活决定了人们选择颜色词的取向和颜色词数量的多寡。那些有较少的颜色词的民族通常其文明程度还处在较原始落后的阶段。通过读书音吸收进来的汉语颜色词，大多数与织染业的高度发达有关。而当时越南的手工业、织染业等还没有发展到相应程度，因织染业而来的不少颜色词构词性不强，大多停留于书面上，如"绿"、"蓝"、"绯"等；有些就算被借入了，后来也被纯越词所取代，如 tim^5 取代 tiə^5（紫）。

（2）是否在借入语里找到一个相应的实物来呈现所借的颜色词。被借的汉语颜色词意义往往比较抽象。如红，粉红这个颜色概念比较抽象，越南语借入该词后用"蔷薇"这一实物来代表该颜色。通过常见的实物来指代颜色，红得以本土化并在越南语中发展出了相应的构词能力。那些没能找到相应实物词来表示的汉语颜色词，如紫，最终只停留在读书音里，构词能力不强，没能成为越南语基本颜色词的语音形式。

（3）颜色词的抽象程度。如果一个汉语颜色词被借入时已经高度抽象化，已从原先的实物名词独立出来，那越南语只需另拿一个具有这种颜色的实物来指代该颜色即可,即借物呈色。但是如果一个汉语词其颜色义项仍依附于实物义项,那么该词被借入后受自身的实物义项所限,难以在越南语中找到相应的实物来指代,其颜色词义项就很难得以突出、继而发展成为越南语基本颜色词。实际的情况是,汉越音形成于唐宋,这一期间借来的不少颜色词仍然被列为越南语颜色词系统,但因为它们不能产出其他类别颜色词,结合面很狭窄,所以不被视为基本颜色词。这样的颜色词数量很多。① 那些 10 世纪以后才从实物名词中剥离出来的汉语颜色词,也很难能进入越南语基本颜色词系统。如"蓝",在唐代仍较少表示颜色,而是指"蓝草";"褐"很长时间里它表示的是"穷人穿的短衣",宋代以后作为颜色词才逐渐增多;"灰"直到现在仍是实物名词与颜色词共用一个形式。因此这三个汉语基本颜色词其语音形式是被借入了,但颜色词义仍然未能进入越南语基本颜色词系统里。

二、汉语和越南语基本颜色词隐喻义的异同

虽然基本颜色词数目都为 9 个,但两种语言基本颜色词所表示的范畴呈交叠式对应:

汉语	黑	白	红	黄	绿	蓝	紫	褐/棕	灰
越南语	den^1	tsaŋ^5	do^3	hɔŋ^2	vaaŋ^2	sɛn^1	tim^5	nəu^1	saam^5

到目前为止,分析比较汉语与越南语中颜色词的隐喻义、所折射的文化色彩内涵问题的论述不多,屈指可数的有阮芝梨《越

---

① [越南]阮芝梨:《越南语和汉语基本颜色词的对比研究》,载华东师范大学硕士论文,第 56—57 页,2006 年。

汉基本颜色词的文化内涵》[①]、王蕾《汉、越熟语颜色词文化色彩义探析》[②]等。对比两种语言的基本颜色词引申义、文化内涵时又多以使用频率较高的基本颜色词白、红、黄、绿、蓝、黑色作为研究对象。本文不再赘述这些高频基本颜色词的分析比较，而是着重比较紫、褐/棕、灰这三个基本颜色词。

紫，在中国传统文化里，并非正色，乃为红色加蓝色组合而成。有关紫色的最早运用，见于《论语·阳货》，有"恶紫之夺朱"的说法。由于《论语》这一典故，人们往往把以邪犯正，以下乱上比作以紫夺朱。王莽篡汉，《汉书·王莽传赞》则书为"紫色蛙声，余分闰位"，把王莽篡汉说成是以紫夺朱，蛙声打鸣。清时之文人曾骂满清王朝为"夺朱非正色，异姓尽称王"。又因为汉武帝非常喜好紫色，所以把它订立为天帝之色，不准其他人的使用，又把自己居住的地方叫做"紫宸"、"紫极"。在此之后，紫色成为高贵的颜色，表示神秘、优美、品格优美等义。在很多方面，"紫"与道教及皇家有关。如"紫宙"指宇宙、上天、高空；"紫穹"指天空；"紫房"指道家炼丹房或皇太后所居的宫室，如此等等。在越南语，紫色表示肝胆的颜色，因此这一颜色也代表勇气。相对而言，越南语的 tim^5 没有汉语如此丰富的文化内涵。

褐，在中国古代指粗布或粗布衣，为贫贱人所穿，因此有贫贱、鄙陋之意。如褐衣（粗布衣，借指平民）、褐夫（穿粗布衣服的人，指贫贱的人）等等。相比之下，棕和褐虽然在颜色上大致相近，却没有被赋予太多文化意蕴。在漫长的封建时代，越南

[①] ［越南］阮芝黎：《越汉基本颜色词的文化内涵》，载《台声·新视角》2006年第1期。

[②] 王蕾：《汉、越熟语颜色词文化色彩义探析》，载《神州民俗》2009年第2期。

平民百姓所穿的衣服是用薯莨染成的，因此颜色词 nəu[1] 有乡土、简单、朴实之义，这和汉语的"褐"有一些相同之处。又因为僧尼所穿的衣服也是棕褐色的，因此该颜色还被看做与僧家、修行、佛门有关，这与汉语大不相同。

灰，因为是黑白混合而成的颜色，饱和度不高，处于不澄澈的中间状态，因此给人不振奋、不透明的印象。汉语的"灰色"常象征懊恼、厌恶、意志消沉、无望、不公开、来源不明等等。相比之下，越南语的 saam[5] 基本没有这些意义，与人的心理状态相联系甚少。由于脑和脊髓的灰色部分与智能有关，因此越南语用"灰质"来指代知识、智力、人才、学说、理论等也常被说成"灰色的"，这种用法是汉语所没有的，这应该是近代解剖科学传入越南之后有的意义了。

总的来说，汉语和越南语使用频率较高的基本颜色词黑、白、赤、红、黄、青等的隐喻义有较多相似之处，这是因为越南有相当长的时期属于中国版图，两个民族文化交往密切，越南受汉文化的影响极其深远。由于东方民族的生活模式、思想情感和思维方式较为接近，因而两个民族人民在观察事物及表达思想感情方式上也有很多相似之处。越南语从汉语借入的几个基本颜色词，主要是保留了10世纪之前的意义，10世纪以后发展出来的一些义项，则没有在越南语里表现出来。如"绿"是唐代以后才逐渐从"青"分化出来的，且明代起，"绿头巾"、"绿帽子"有了不光彩的意味，但越南语完全没有这些用法。越南语10世纪以后出现的基本颜色词，由于不是借相应的汉语颜色词，因此在隐喻义方面与汉语差别较大，这里边折射的是自然环境、生产方式、民族心理、民族交往等方面的不同。

三、自相似性在基本颜色词中的反映

Soja 等人认为，颜色并非为物体本身所固有，而是人的视觉器官与外界事物相互作用的结果。由于人类的视觉器官和生存环境大体上一致，因而不同语言中表示颜色基本范畴的词有一致性。不同语言的颜色词虽然有很大差异，但颜色分类是人类共有的认知能力。[①] 人类认知的普遍性、人类相同的认知操作策略决定了基本颜色词的出现顺序大致相同。儿童使用各种颜色词并不同时出现，其出现顺序大致为：红＞黑、白、绿、黄＞蓝＞紫＞灰＞棕，[②] 说明了基本颜色词普遍发生顺序的普适性。与颜色词的普遍进化理论相反，语言关联性假设则认为，不同语言对颜色的分类是颜色词切分颜色世界的证据。近年来，对颜色词和颜色认知关系持折中的观点更为流行，这种观点认为：颜色认知包含物理、知觉和文化的成分，无论何种观点，都说明了因为社会文化选择的不同，造成了基本颜色词的数目不同及出现顺序的差异。基本颜色词的取向和发生顺序的差异反映了不同民族、社会、文化记录颜色的独特经验。

汉语具有丰富的颜色词，颜色词的出现与其色彩的可用性和实际生活中的功能和频率有很大关系。正所谓哪里有需要，哪里就会出现丰富多样的颜色名称。汉语基本颜色词发生顺序与基本颜色词普遍发生顺序不符，这与汉族社会高度发达的手工业和织

[①] Soja N N: Young children's concept of color and its relation to the acquisition of colorwords, p918~937 Child Development, 1994

[②] 刘金花主编：《儿童发展心理学》，第 180 页，五南图书出版股份有限公司，2009 年。

染业不无关系。

因受到中原文化的影响，汉语的颜色词被越南语借入，但并不是被越南语全盘吸收，而属于有选择性地吸收。一些词只出现在读书音里，在越南语里出现频率不高，构词能力也很弱，不能进入越南语基本颜色词系统。因此造成了基本颜色词发生顺序左右两端符合普遍顺序、中段出现很大扰动的现象。

词汇是语言的重要组成部分，是语言中最活跃的部分，其构成要素——基本颜色词更是带着民族文化的深刻烙印，在体现民族文化的同时也传播着文化。语言间的影响接触，也表现在汉越两种语言基本颜色词隐喻义上。通过汉越基本颜色词隐喻义的对比研究，我们可以看到越南语基本颜色词以 10 世纪为分水岭，之前出现的基本颜色词，与汉语有诸多相同之处；之后产生的基本颜色词，差异较大；汉语 10 世纪之后才发展出来的隐喻义，在越南语里甚至没有。

如果把基本颜色词系统看成是语言系统的局部，而语言系统又是民族文化的一个局部的话，我们看到，汉越基本颜色词系统和汉越文化交流史之间表现出一种局部对整体的自相似性。

所谓自相似性是指一个复杂系统中的任意部分与整体之间的相似性，整体中的任何一个局部经过放大都能够与整体完全一样或者说体现整体的基本特征。

历史上越南曾经是中国领土的一部分，其时，中国称之为"郡县时代"，越南称为北属时期。越南共有两次长期的北属（王力 1948：8），因此越南语也曾经跟汉语接触过两次：（1）公元前 111 年至公元 40 年（约 150 年）：汉朝的汉武帝出兵占领南越（越南），将越南纳入中国的直接统治。当时也有一些汉语传入了越南，并且称为"古汉越语"。越南语基本颜色词 vaaŋ[2]、sɛŋ[1] 和 tiə[5] 就是在这一时期出现的。（2）公元 603 年至 938 年（约 330 年）：938 年吴权夺占交州，939 年称王，正式宣布交州脱离中国独立。对越南语影响最深刻的是第二次接触，唐初中国在越南设学校、授汉字，中国文化带动了越南文化的全面进步。汉越音就是于那个时候产生的（王力 1948：8）。这一时期借入的基本颜色词有 hoŋ²。独立后的越南，也和朝鲜一样，还得小心地应付中原强大的王朝，很长的时间里越南还是中国的藩属国，但这和之先是中原王朝的几个郡县是有根本性区别了，这以后的交流与冲突就可视为是两国之间的关系了。越南民族的认同感在这以后得到了发展，民族自觉意识比较强烈。10 世纪之后汉语基本颜色词发展出来的义项及新产生的颜色词，基本上没能像隋唐时期一样在越南语基本颜色词系统中扎下根。10 世纪后产生的越南语基本颜色词 nəu¹ 和 tim⁵ 5，都是纯越词，虽然 saam⁵ 来自汉语，但这个颜色概念的原型义，显然和汉语的"灰"没有任何联系。saam⁵ 的语源，与明清时期中国移民浪潮大批涌入越南有关。

　　语言同时也是复杂适应系统，这个系统并不是被动地接收外部的信息。它的扰动来自内部，不存在随机的外部干扰，且系数和初始条件是非随机的。汉语借词虽然大量借入，但进入越南语后，进行了调整和平衡，经过自我调适，产生了新的秩序。在长达两千余年的交往过程中，越南语基本颜色词与汉语基本颜色词同中有异，有单向的吸收也有各自的创新。如果我们把时间、地域、民族、条件看作语言系统的相空间，则生产方式、民族习惯、价值观念等都可以被看做是语言的奇异吸引子。在略有差异的相空间中，颜色词表现出不同的文化含义，但又能约束在一定的范围和模式内，说明语言系统有很强的融合力和生命力。通过对两种语言基本颜色词与文化交流史自相似性的研究，将有助于我们更深刻地描述和理解语言乃至文化这个复杂系统。

达斡尔语亲属称谓中的"尊长卑幼、男尊女卑"思想

宫海荣

引　言

世界各民族的亲属关系复杂多样,表现其关系的亲属称谓形式也丰富多彩。正是由于不同民族、不同语言、不同地域、不同时代的社会文化背景不尽相同,才产生了不同的亲属关系和制度,其称谓体系也就有别。[①]

亲属称谓的研究已长达一个多世纪。美国的摩尔根、默多克、克劳伯、斯耐德,英国的马林诺维斯基,法国的列维斯特劳斯等人类学家将其作为文化的一个重要组成部分来解析。传统的研究主要探讨亲属称谓与社会、婚姻、世袭等制度文化的关系。斯耐德力反传统,从文化象征主义的角度加以研究。本文旨在剖析亲属称谓所折射的社会文化心理。

依据浑沌学层次自相似性的理论原则,假设在语言这个层面以及语言层面下的诸多子系统与文化其他层面下的子系统共同存在着与文化这个大系统相似的结构特征。同理,亲属称谓系统作为语言的一个子系统与文化的其他子系统一样存在相似的结构特

[①] 田惠刚:《中西人际称谓系统》,第34—35页,外语教学与研究出版社,1997年。

征，即包含着相同的文化特质。为了证明以上假设，文章启用长幼、男女两个尺度考察达斡尔民族亲属称谓形式在核心亲属称谓、直系血亲亲属称谓、旁系血亲亲属称谓、姻亲亲属称谓四个系统中的结构特征及分布特征。根据结构、分布特征推断其下隐含的民族文化心理。之后，通过考证达斡尔民族文化中的其他子系统是否存在同样的文化心理，进一步证明推断的可靠性。

一、研究的理论依据

（一）浑沌学的层次自相似性

浑沌学提供了系统论的研究方法。层次自相似性是浑沌学分形理论的重要概念，指部分呈现出与整体相同或相近的结构特征，系统的不同层次存在与系统整体相似的结构，即系统特征隐含在系统的不同层次。层次自相似性这一概念为阐述语言与文化的关系提供了强有力的理论支持。

（二）亲属称谓、语言与文化的关系

"文化是一个庞大的系统结构，整体中包括许多组成部分，每个组成部分又有各子系统构成，而每个子系统里又有许多具体、个别的构成因子，由此构成了一个由上至下、从大到小的结构网络。"[①] 在文化系统中，"语言是一种文化现象，是文化总体的组成部分，是自成体系的特殊文化——由于其自身的系统性，使人们不自觉地对世界万物做出了分类和解释，从而使一切文化

[①] 张公瑾，丁石庆：《文化语言学教程》，第20页，教育科学出版社，2004年。

现象从浑沌变为有序。"① 亲属称谓是语言词汇系统中特殊的子系统。这一系统承载着深厚的社会文化内涵。

二、分　析

数据来源于达斡尔民族亲属称谓语义场义素分布表。② 启用长幼、男女两个尺度考察达斡尔民族亲属称谓形式在核心亲属称谓、直系血亲亲属称谓、旁系血亲亲属称谓、姻亲亲属称谓四个系统中的结构及分布特征。

（一）兄弟姊妹称谓系统中尊长卑幼、男尊女卑思想的体现

表1　兄弟姊妹称谓

		长	幼
女	核心称谓	姊：əkəə	妹：ujin dəu
	旁系血亲称谓	堂姊：ujəəl əkəə	堂妹：ujəəl ujin dəu
		姑表姊：taar əkəə	姑表妹：taar ujin dəu
		姨表姊：bul əkəə	姨表妹：bul ujin dəu
男	核心称谓	兄：akaa	弟：dəu
	旁系血亲称谓	堂兄：ujəəl akaa	堂弟：ujəəl dəu
		姑表兄：taar akaa	姑表弟：taar dəu
		姨表兄：bul akaa	姨表弟：bul dəu

在核心亲属称谓系统中的兄弟姐妹称谓中，兄和弟分别有各

---

①　张公瑾，丁石庆：《文化语言学教程》，第44—45页，教育科学出版社，2004年。
②　丁石庆：《双语族群语言文化的调适与重构》，第144—147页，中央民族大学出版社，2006年。

自的单纯词表述。从表 1，我们还可以看出："兄"为 akaa，"弟"为 dəu。姊妹称谓中，"姊"有单纯的词语 əkəə 表述，而"妹"却并非如此。"妹"的称谓是合成词：由 ujin（女）＋dəu（弟）构成。

从男性年幼者"弟"有独立的单纯词 dəu 表述，而与其平行的女性年幼者"妹"却没有独立的单纯词语表述这一意义上，再加之，在所有的核心亲属称谓形式中，除妹妹外，其它称谓形式都是单纯词（参看表2），[1] 因此我们说达斡尔民族亲属称谓文化中存在"重男轻女"的倾向。

表2　核心亲属称谓

	核心亲属称谓
生育关系	父：atʃaa
	母：əwəə
	子：kəku
	女：ujin/ugin
配偶关系	夫：ərgun
	妻：əməg/nugur
同胞关系	兄：akaa
	弟：dəu
	姊：əkəə
	妹：ujin dəu

此外，与年幼的女性"妹"没有单纯词的表达方式对立，同是女性的年长者"姊"却由单纯词 əkəə 表示。这一点体现了达斡尔民族亲属称谓文化中"尊长卑幼"的心理。

---

[1] 丁石庆：《双语族群语言文化的调适与重构》，第 144—147 页，中央民族大学出版社，2006 年。

上述现象在旁系亲属的同辈称谓即堂兄弟姊妹、姑姨表兄弟姊妹中也同样存在。

(二) 祖孙辈直系血亲称谓系统中尊长卑幼、男尊女卑思想的体现

表3 祖孙辈直系血亲称谓

	长 直系血亲祖辈称谓		幼 直系血亲孙辈称谓	
男性	祖父 sardie atʃaa	外祖父 naadʒil sardie atʃaa	孙 omul	外孙 omul
女性	祖母 sardie əwəə	外祖母 naadʒil sardie əwəə	孙女 omul ujin	外孙女 omul ujin

长辈即祖辈称谓系统中男女平等,二者的称谓形式是对等的合成词,见表3。

例如:祖父由 sardie 和 atʃaa 构成;祖母由 sardie 和 əwəə 构成。而孙辈的男女称谓形式却不是对等的;男性称谓有独立的单纯词语表示,而女性却没有独立的单纯词语表示,取而带之的是合成词。例如:孙子是 omul;而孙女却是由 omul 和 ujin 构成的合成词。

从男女称谓形式在长辈称谓系统中对等,在幼辈称谓系统中却不对等这一点,可以推出达斡尔文化中"尊长卑幼"的思想。

(三) 孙辈称谓系统中男尊女卑思想的体现

表4 孙辈称谓

男		女	
孙	omul	孙女	omul ujin
曾孙	omul	曾孙女	domul ujin
玄孙	ʃomul	玄孙女	ʃomul ujin

从表 4 我们可以看出，男性孙辈、曾孙辈、玄孙辈称谓分别有各自的单纯词表述：孙 omul，曾孙 domul，玄孙 ʃomul；而女性称谓则是由上述男性的称谓分别与单纯词"ujin（女）"组成的合成词 omul ujin、domul ujin、ʃomul ujin。因此我们说在孙辈称谓中存在"男尊女卑"的思想。

（四）姻亲—夫系、妻系称谓系统中尊长卑幼、男尊女卑思想的体现

表5 夫系、妻系称谓

夫系		妻系	
父兄	xadəm akaa	内兄	xadəm akaa
夫弟	xadəm dəu	内弟	noon bənər

从表 5，我们可看出，虽然夫弟、内弟称谓不同，但是夫兄、内兄的称谓形式却相同，二者共用一个表达形式 xadəm akaa。也就是说，在夫妻对彼此兄弟的称谓系统中，对年长者的称谓形式无分别，而对年幼者的称谓形式却有区别。这一点表明，在达斡尔民族亲属称谓系统中的姻亲称谓层面存在"尊长卑幼"的思想。

此外，夫弟 noon bənər 作为年幼者，与夫兄/妻兄 xadəm akaa 的差别只是一个 dəu 字，而与之对应的妻弟 noon bənər 却完全不同于其他三个形式，成了孤雁。我们是不是可以推断这体现了男尊女卑的文化心理呢？

三、结论与讨论

综上所述，在直亲和旁系的兄弟姐妹称谓层面、祖孙辈的直系血亲称谓层面、姻亲夫妻双方兄弟的称谓层面，称谓形式在男

女、长幼两个尺度呈不对等分布，如表 6 所示。

表 6　男性和女性亲属的长辈幼辈称谓

1. 兄弟姐妹—直系、旁系
2. 祖孙辈直系血亲
3. 夫妻兄弟

	男性（或男性亲属）称谓	女性（或女性亲属）称谓
长辈	A 区 单纯词 1. akaa 复合词 2. sardie atʃaa 　　　 3. xadəm akaa	B 区 单纯词 1. əkəə 复合词 2. sardie əwəə 　　　 3. cadəm akaa
幼辈	C 区 单纯词 1. dəu 　　　 2. omul 复合词 3. xadəm dəu	D 区 复合词 1. ujin dəu 　　　 2. omul ujin 　　　 3. noon bənər

这种不对等是一种称谓上的平衡破缺现象。平衡破缺出现在年幼的女性（或女方亲属）的称谓区域，如图所示 D 区。一旦平衡破缺出现，这种现象下面必隐含着某种特殊的社会文化心理。我们将这种特殊的社会文化心理解释为"尊长卑幼、男尊女卑"思想。基于上述的两种文化心理体现在上述不同亲属称谓层面，可以断定层次自相似性存在于亲属称谓系统中。

在达斡尔的家庭、财产继承和禁忌三个文化层面可以找到同样的文化心理。

达斡尔族家庭文化具有父系大家庭特征，每个家庭都有男性家长，称为"贝功达"，家长通常由长辈担任，如长辈年老体衰时，此职权交给长子，家长的职责是安排处理家庭内的各种事务。

在财产继承方面，父母的遗产一般由其儿子继承，养子对养父的财产也有继承权，如果无子嗣，死者的财产则由近系侄子来继承。入赘女婿有继承岳父的家产权利，而女儿无权继承父母的遗产。这是为了保护以男系血亲关系的利益，使男系家庭的财产由男子直系的后裔或近系后裔继承，女系失去继承权和支配权。这也在一定程度上反映了达斡尔族文化中男尊女卑的社会现象。

此外，在禁忌风俗方面，达斡尔族女子结婚年龄忌偶数，故常择 15、17、19 等奇数年龄时婚配。男子则无此禁忌。未出嫁女子、孕妇、无子女的妇女及小孩死后不准埋入祖坟；孕妇死后必须火葬；小孩死后，必须风葬等习俗也折射出达斡尔族文化中的男尊女卑、尊长卑幼思想。

四、结　语

综上，层次自相似性不仅存在于达斡尔语亲属称谓中，也存在于达斡尔民族的大文化系统中。浑沌学的层次自相似性可以用来解释文化各子系统及各子系统下一级系统中的同构现象。同时，依据自相似性原则，在文化的某一子系统中发现的现象，可以在其他子系统中寻找旁证。语言与文化的研究目的之一，就是依据语言的特殊结构特征或特殊分布特征推断其下潜存的深层文化心理，并试图在文化的其他系统中寻求旁证，以增强其实证解释力。

藏文化的奇异吸引子——以藏文为例

尹蔚彬

一、奇异吸引子的概念

奇异吸引子是浑沌学理论体系中极其重要的一个概念，是浑沌系统的本质特征之一。"吸引子代表系统的稳定定态，在相空间中是由点（状态）或点的集合（状态序列）表示的"①。有吸引子就有吸引域。"一个吸引子的周围有一些点（状态），经过这些点的运动轨道都被吸引到吸引子上来，相空间中这种点的集合，称为该吸引子的吸引域。"② 作为一种分形，吸引子与系统存在自相似性。根据吸引子运动特性分为平庸吸引子和奇异吸引子。平庸吸引子的运动是线性的有序运动，奇异吸引子的运动是非线性的无序运动。奇异吸引子是系统中最活跃的部分，是系统非线性发展的动力。系统越复杂，奇异吸引子的分布就越多样。系统的随机性与奇异吸引子的存在有着必然的联系。奇异吸引子在特定的域内，仍具有稳定性。

---

① 苗东升、刘华杰：《浑沌学纵横论》，第 99 页，中国人民大学出版社，1994年。
② 苗东升、刘华杰：《浑沌学纵横论》，第 104 页，中国人民大学出版社，1994年。

二、藏文作为奇异吸引子的特点

语言是一个复杂的文化系统。藏文是藏族人民使用的文字,它不仅是藏文化系统中的最重要元素,也是藏民族文化传承的载体,其在藏族文化历史上起着举足轻重的作用。藏文是一种音素拼音文字,该文字体系是在参照梵文字母体系和文字制度的基础上创制的。藏文共有三十个辅音字母、四个元音符号和用来拼写外来语的五个反写字母、五个送气字母。藏文音节的组成是以基字为中心,有上加字、下加字、前加字、后加字和再后加字等。藏文的书写习惯是由左向右横写。藏文字的外形,立体感很强。关于藏文的产生,目前学术界的主要看法为七世纪以前藏族已有文字,但不完备,流行地区和使用范围也不广,主要为巫师、苯教徒书符、画咒、记述教义使用。到了七世纪前叶,图弥·三菩扎(thon mi sam bhot)等对藏文加以整理规范化,又经松赞干布大力提倡推行,才较普遍地使用开来。藏文的书写体系不仅包含辅音和元音字母,还包括若干形体别致的标点符号。

藏文区别于其他民族文字的特点在于其组合方式和拼读规则。创制时期的藏文从理论上讲每个音节都由基字和后加字构成。基字是表示单辅音声母或复辅音声母中的基本辅音的字母,后加字是表示辅音韵尾的字母。基字作为基础,与上加字、下加字和前加字来共同表示复辅音声母。藏文在历史上曾经进行过三次大规模的厘定,第一次是7世纪中叶;第二次是9世纪初,第三次是11世纪初至13世纪。其中以第二次厘定影响最大,现今通行的藏文基本上保留了9世纪第二次厘定的基本面貌。

目前学术界对藏文的研究主要集中于藏文的书写体系和藏文超方言的特点,很少有学者对藏文在整个藏文化系统中的地位进行研究。本文尝试从浑沌学的角度,运用奇异吸引子的理论概念对藏文在藏文化体系中的作用进行说明。藏文作为藏族文化体系的奇异吸引子,其主要特点表现在以下方面:其一是对藏语言发展的影响,其二是对宗教文化的影响,此外还涉及藏文对藏族文化稳定性以及藏民族文化心理的影响。

三、藏文对藏文化的影响

(一) 对藏语言发展的影响

文字是记录语言的符号系统。文字的产生,弥补了人们在使用口语交际时所受时间和空间的局限并将各地有差异的方言统一于文字,增强了民族内部的统一性、认同感,同时还促进了语言的规范和统一。文字的规范和统一强化了语言的交际职能。藏文作为藏文化系统的一个重要组成部分,其混沌学特性主要体现在当今各个藏语方言的非线性发展。但这种非线性发展并不妨碍文字作为书面交际工具的职能。本文尝试透过语言现象,发掘文字对语言发展的影响。

创制初期的藏文是一种拼音文字,也就是说早期的藏语,言文比较一致。经过了一年多的演变,藏语口语以及藏语各个方言都发生了很大的变化,而藏文却基本上保持了9世纪文字大规模厘定时的面貌。当今通行的藏文实际上是一种按照历史规范拼写的一种超方言的拼音文字。以藏语三大方言为例,我们就可以看出藏文读音在实际口语中的差别,仅举几个例词为证:

藏文①	卫藏方言（拉萨话）	康方言（巴塘）	安多方言（夏河）	汉译
sna	nə^{55}ku^{53}	n̥a^{53}	hna ʁoŋ	鼻子
sman	mɛ̃^{55}	m̥ɛ̃^{55}	hman	药
bdun	tỹ^{13}	dỹ^{55}	dən	七
gsod	sɛ^{53}	sɛʔ^{55}	ɕa	杀
spu	pu^{55}	pu^{55}	χwə	毛

从上面的例子我们可以看出，当初言文一致的藏文在今各个藏语方言中呈现出非线性发展的趋向，藏文在今卫藏方言和康方言中的读音比较接近，而在安多方言中的读音则与前两者差别巨大。藏语口语的非线性发展是相对于统一的藏文而言的。事实上，在藏语史研究中，方言的很多非线性发展，都能从文字上找到其线性发展的动因，这也就印证了我们经常说的，奇异吸引子在特定的域内，仍具有稳定性。下面以藏语安多方言的元音为例进行说明。

藏语安多方言的元音与卫藏和康方言比相对少，有/a/i/u/e/o/ə/6个元音，但与古藏文比，藏语安多方言就多出个/ə/音位，这个/ə/音位来源于古藏文的 *i 和 *u②。

古代（藏文）	a	i	u	e	o
现代（安多）	a		ə		e	o

从上表我们可以看出，古藏语的 *i 和 *u 已经演变为现代藏语安多方言的/ə/，那么现代藏语安多方言的/i/和/u/又从何而来？根据现有材料，现代藏语安多方言的/i/由古代"元音+

---

① 藏文采用拉丁转写。本部分的语言材料一律源自黄布凡主编的《藏缅语族语言词汇》，中央民族学院出版社，1992年。
② 胡坦：《汉藏语概论》之《藏语支》，民族出版社，2003年。

s"演变来的，其演变轨迹是：古代：as、is、us、es、os——>今安多藏语/i/。例如：

古代（藏文）	nas	gnyis	dus	ɕes	nyos
现代（安多）	ni	n̠i	ti	ɕi	n̠i
汉译	青稞	二	时间	知道	买（过去时）

现代藏语安多方言的/u/是古代元音 o 和音节 ɦi 的组合演变来的，例如：古代藏语的 kho ɦi——>今安多方言 khu"他的"。正是因为/i/和/u/在古代都曾经有过韵尾，所以在现代安多方言中/i/和/u/不能同任何韵尾组合，只有/a/e/o/ə/这 4 个元音可以同韵尾—p、—t、—k、—m、—n、—ŋ、—r 组合。

藏文产生后，促进了藏族文化的快速发展。伴随着藏族人民与周边各民族间的文化接触和交流的发展，大量的外族词汇被引进到藏语言中，这些词好像一面镜子反映出藏民族与其他民族间的文化交流。仅以佛教词汇为例，伴随着佛教传入藏区以及藏文的创制发展成熟，大量的梵文词进入到藏语言词汇系统，有些词至今仍然被人们经常使用，比如：tir^{55}"芝麻"、k̂ɛ^{55}pa^{54}"劫"等。历史上，藏族同蒙古族、满族、汉族等都有过密切的接触，因此在藏文文献里就有大量的词汇是从这些语言中引进的。

（二）藏文对宗教文化的影响

藏文的产生与藏族古代社会的发展有着密切联系。公元 7 世纪，强大的吐蕃王朝统治着青藏高原。吐蕃王朝的统一和强盛，推动了藏文的创制。藏文在早期创制时期一项最重要的使命就是翻译宗教经典。吐蕃王室一直崇奉佛教，王室就利用手中的王权设立专门的译经场所、聘请译师将大量的佛教经典翻译成藏文。成书于公元 824 年的《丹噶目录》，收入译经六七百种，其中从汉文翻译为藏文的佛教经书就有 31 种之多。14 世纪编纂而成的藏文大藏经收书 4500 多种，分为《甘珠尔》和《丹珠尔》两大部分。《甘珠尔》意为佛语部，包括显密经律，分为 7 类；《丹珠尔》意为论部，包括经律的阐明和注疏、密教仪轨和五明杂著等，分为 4 类。这项由王室组织的持续数百年的大规模翻译事业，对藏文书面语的形成和发展起着积极的推动作用。事实上，藏文历史上几次大型的"文字厘定"都是出自译经师之手。其中影响最为深远的一次文字厘定是发生在公元 9 世纪初。当时由吐蕃王赤热巴巾亲自领导，在大译经师噶瓦白泽（ska ba dpal bstsegs）、觉若鲁意坚参（tçoro kluñi rgjal mtshan）、和相意喜得（çang jeçes sde）的主持下，对藏文拼写混乱、翻译译语分歧和古今差异等问题进行了厘定。大家达成共识要求译经师们在翻译佛教经典时藏文的书写要规范、翻译译语要统一。为了统一译名，当时的王室还专门组织人员编辑了藏梵对照的《翻译名义大集》。可见，在藏文的修订发展过程中，译经师起着积极的作用。

众所周知，在远古时代，藏族的先民就笃信苯教，自公元 7 世纪起，佛教传入藏族地区，后来佛教吸取了苯教的一些东西，很快渗透到王室阶层并适应了王室贵族统治臣民的需要，在统治阶层的倡导下佛教在民众中的影响日渐增大，成为藏区的主流宗教，是广大藏族人民的精神支柱。

在某种程度上可以说，佛教在藏区的发展离不开藏文的创制和发展，而在翻译佛教经典的过程中藏文文字体系日益成熟。佛教的兴旺又促进了藏文的推广普及，因为藏文的教学、使用、传播等主要由寺庙内宗教人员来执行。

（三）对藏文化稳定性和文化心理的影响

尽管藏语各个方言之间的读音差别很大，但文字作为人们交流的硬通货，不同地域的方言语音差异并不影响远隔千里的藏民们形成统一的文化。

民族的文化心理是由其文化环境决定的。文字作为民族文化的载体，其相关文化产品对该民族文化特征和特定民族心理的形成起着极其重要的作用。自从有了文字，藏族在史学、哲学和文学等方面的作品大量问世。长期流传于民间的英雄史诗《格萨尔王传》也开始有了手抄本和木刻本。大量文字作品的出现，对普及推广和丰富发展藏文起到了推动作用，也对藏民族传统文化的弘扬和发展以及藏民族文化心理的形成起到了关键作用。藏文文献和著述大多与佛教有关，佛教对藏族社会的政治、经济、文化、思想、风俗习惯、伦理道德、精神风貌等多方面产生了深远的影响。仅以藏区的生活禁忌为例，在藏区人们的生活禁忌大多与宗教信仰有关，比如，禁止杀生、禁止反转经筒、忌讳用脚踩踏、坐经书或其他有藏文字的东西、女人不能进入寺庙和经堂、过年过节出远门时忌讳讲不吉利的话……这诸多禁忌无疑是长期受佛教文化影响的结果，这些禁忌成了藏区人们日常行为的准则。

四、结　语

藏文的创制、发展和成熟，在藏文化历史上是具有划时代意义的大事情，自从有了文字，藏民族的各项文化事业飞速发展，不仅史学、文学、宗教、哲学等科得到了发展，医药、天文、历法等诸多领域也都有了长足的发展。藏文作为藏文化系统中的最重要的吸引子，对藏语言的发展、藏民族文化的稳定以及藏民族文化心理的形成发挥了重要的作用。

安多藏语方言内语音差异的浑沌性解释

杨 琳

概 述

藏语是藏民族的主要语言，也是一种多方言的语言。藏语的使用区域主要是在我国西藏、青海、四川、甘肃和云南各省区的藏区。一些与我国接壤国家的部分地区也使用藏语。由于藏族形成和发展的复杂历史背景和独特的地理环境，90％的藏族人使用的藏语同汉语一样，有较大的方言差别。正像藏族谚语所说的"一个喇嘛一套经，一个地方一种话"（blama rere tɕhos-lugs re, luʃpa rere skad-lugs re），主要是以语音的差异以及历史渊源来确定的。"在十二三世纪时，著名藏族政治家和学者萨迦班智达·贡噶坚赞在《乐论》中曾对藏人的发音特征做了一番生动的描写：前藏人声音洪亮而婉转，后藏人如马嘶鸣而豁亮，阿里人声音尖锐而短促，康巴人声音威武而粗犷。"[①] 拉萨、山南地区称为"前藏"；日喀则地区则称为"后藏"；整个藏北高原称为"阿里"；"康巴"藏区具体来说，就是川西的甘孜、阿坝两个藏族自治州、西藏的昌都地区和云南的迪庆地区。藏族对自己语音差异的认识也可从他们的自称上表现出来，"藏"是汉称，使用藏语的藏族人自称"博"，古音读作 * bod，现代藏语的读音因地而

---

① 马学良：《汉藏语概论》，民族出版社，2003 年。

异，卫藏地区读作［pøʔ¹³²］，康方言区读作［pøʔ³¹］，安多地区则读作［wot］或［wol］。研究表明，藏语方言语音的结构特点以及方言在语音上的实际差异，与藏民族的历史扩散及现代地理分布有着密切的联系。

由于藏区的分布地区广，居住又分散，方言分歧较大，有的甚至达到无法通话的程度。因此，方言的划分一般是以传统的国内地域概念——三大藏区（卫藏、康、安多）来进行方言分类的，即卫藏方言、康方言和安多方言。"新中国成立后，对藏语进行了全面普查，经过研究，依然按照藏族的传统，将藏语分为三个方言，只是进行了细化和科学化，包括确定了方言的分布地域和进一步划分了方言下一层级的土语。如卫藏方言分布在西藏自治区的大部分地方；康方言分布在西藏自治区的昌都地区、四川省甘孜藏族自治州、云南省迪庆藏族自治州、青海省玉树藏族自治州和甘肃省甘南藏族自治州的部分地方；安多方言分布在甘肃省、青海省各藏族自治州、化隆回族自治县、循化撒拉族自治县、乐都县的部分地方以及四川省阿坝藏族羌族自治州的部分地方。"①

藏语三个方言在语音、语法、词汇上都有一定差别，但以语音差别为主，其次是词汇和语法。土语之间的差别主要是语音，其次是词汇，语法差别较小。三个方言和方言内部土语之间的词汇差异概括来说，卫藏、康与安多方言的非同源词约30%左右，卫藏与康方言的非同源词约20%左右。方言内部土语之间的非同源词一般是10%左右，差别大的也能达到20%，个别情况像夏尔巴土语、巴松土语都超过20%。语音差别主要表现在浊辅音和复辅音声母、单元音韵母、辅音韵尾和声调的差异上；语法差别则主要是动词的屈折形态和助词的差异。从"能懂度"考察，卫藏和安多两大方言差别较大，基本上不能通话。康方言介

---

① 瞿霭堂：《藏族的语言和文字》，中国藏学出版社，1996年。

于两者之间。从使用人口来说，康方言使用人口最多，其次是卫藏方言，再次是安多方言。

一、安多方言语音特点

瞿霭堂先生曾把安多方言的语音特点，归纳为十二个主要的特点：

一、声母复杂，一般有八九十个，安多方言声母复杂主要表现在复辅音声母上，一般有五六十个，多的地方有一百多个；

二、有浊塞音、浊塞擦音和浊擦音声母，但不能独立作声母；

三、历史上全部舌根音基本辅音和后置辅音 j 构成的复辅音声母以及部分与后置辅音 r 构成的复辅音声母，变读为舌面前或舌面中塞擦音；

四、有清化鼻音声母，但不能单独作声母而要与前置辅音构成辅音声母；

五、韵母的繁简程度在三个方言中居中间地位，安多方言一般有三十多个；

六、有央元音韵母 ə；

七、一般没有元唇前元音 y 和 ø；

八、没有复元音韵母；

九、没有鼻化元音韵母；

十、辅音韵尾在三个方言中最多，一般有七个：—p、—l、—k、—r、—m、—n、—ŋ；

十一、i、u 元音一般不与辅音韵尾结合；

十二、声调没有音位价值。

现代藏语三个方言中，安多方言有较为繁多的复辅音声母，

安多藏语方言内语音差异的浑沌性解释

而卫藏方言除一部分地方有带前鼻音成分的复辅音声母外，多数地方复辅音声母已经消失。所以，复辅音声母是划分方言在语音上的一个重要标志。藏语调类的分合、新音位的产生、浊音的清化、元音的复化等现象，都和复辅音声母及其发展变化有关。

由于历史、经济类型以及宗教等方面的影响，安多方言又可划分为三个次方言，即牧区藏话、半农半牧区藏话和农区藏话。根据实际存在的语音现象，又由于多种因素造成了很多的"土语群"和"方言孤岛"。本文所要探讨的舟曲话和夏河拉卜楞话正是如此，二者语音差异明显，各有特点。

有学者近年来也在研究舟曲话与甘南藏区其他藏语方言的不同之处，并将舟曲话列为安多方言内部的一个"土语群"和"方言孤岛"，认为它是处于安多方言受康方言影响的最外围的土语。也有研究者认为，应该把舟曲话收入康方言。由于笔者的父母正是舟曲人和夏河人，经过多次的语料采集、研究思考和实际调查，笔者认为，瞿先生所列出的安多方言十二个语音特点，概括了安多牧区和部分半农半牧区的藏话的一般语音特征。如果用"中心"和"外围"来分，夏河拉卜楞藏话正处在安多方言区的中心地带，而舟曲藏话却正处于边缘区。下面我们就具体看看两者在语音上的一些差异。

夏河拉卜楞话	舟曲话	汉语意思
ɦgo	guɛ^{24}	门
hsəm	sũ^{21}	三
nthoŋ	thu^{121}	喝
kipa	sə^{342}	线、毛线
ndzo	nzdiɛ^{53}	走
khantan	tiɛ^{12}	椅垫、毡毯
ptsa	Tshui^{12}	找

续表

夏河拉卜楞话	舟曲话	汉语意思
nanag	najiə⁵³	去年
htsa	li²¹	教
ɕə	ɕiə⁵³	面粉
ga	kua³⁴²	什么、哪里
ẓokua	ẓupa³⁴²	帮工
ɣman	miɛ²¹	药
ɣdo	ndɛ⁵³	石头
ɣtɕa	tɕiɛ³⁴²	汉人
tsei	tʂuei	骡子
hnanəŋ	nĩ⁵³	心
nou	ny¹²	银子
tɕho	tɕhy²¹	你
tshi	tshui¹²¹	熟
khaŋ	khA¹²¹	雪
sorwa	sa¹²	镰刀
mar	ma²¹	酥油
tɕhaŋ	tɕhə³⁴²	酒
Htɕe	ɕiɛ⁵³	头发
htɕ	ndia²¹	舌头
hgə	gø⁵³	九
naho	nankə³⁴²	黑色

根据以上语音材料，具体分析如下：

1. 辅音

（1）夏河拉卜楞话中多种形式的复辅音声母组合在二十六种左右。复辅音声母有两类，一类是鼻音作为前置音的浊音阻塞音类型；另一类是擦音作为前置音的类型。舟曲藏话中没有复辅音，三十四个辅音都是单辅音。

（2）在夏河拉卜楞话中，浊塞音和浊塞擦音前有一个轻微的浊送气音ɦ，只与前置辅音一起构成复辅音声母，如ɦdo（石头），ɦgo（门），ɦdza（月），这有别于其他方言。

（3）后置辅音韵尾在夏河话中有－p、－l、－m、－k、－n、－r、－ŋ七个，但在舟曲话中，已绝少出现，最有可能出现的也只是一个喉塞音韵尾［ʔ］，后置辅音韵尾已经在慢慢减少。

2. 元音

（1）夏河拉卜楞话只有六个单元音，i、e、a、o、u、ə，舟曲话中有八个，i、e、A、o、u、ə，多出了两个圆唇元音y和ø，而夏河话中没有。

（2）双元音韵母增加是舟曲话与夏河话区别的一个重要特征，舟曲话也只有二合复元音。

（3）鼻化韵母在舟曲话中出现，而夏河话中却没有这种情况。

3. 声调

瞿霭堂先生在总结安多方言的特点时提到，安多方言声调不具备音位价值，正是因为这一点，安多方言才与康方言和卫藏方言有了较为明显的区别。马学良先生在《汉藏语概论》中将藏语方言分为有声调和无声调，认为"语音上的差异虽然表现在许多方面，但影响较大的有以下三项特征：有无声调、有无清浊声母对立、辅音韵尾的多寡。"

从现有的资料来看，夏河拉卜楞话中所谓的声调只是一种习惯性的音高现象，并不具备区别词汇意义的价值，区分词汇意义是通过不同的声母来进行的。个别情况下伴随声音的高低习惯调也可以区分词汇意义，如fiŋa（高调，五）、fiŋa（低调，我）。而在舟曲话中，声调占有很重要的位置，它不仅具有音位价值，更重要的是影响着韵母的变化，使得韵母复杂化。

黄布凡先生将舟曲话的声调做了以下几种不同的归纳：[①]

"舟曲话有 5 个调位，6 个调值。121、53(42)、342、12(—22)、21。

ka 121（柱子）、ka 53（镢头）、

ky 342（挖）、ky 53（冬天）、ky21¹（韭菜）

thu 53（稠密）、thu12²（喝）。"

"nə¹² pu342²ki.（他是个藏族）"

"khə ga wol re.（他是个藏族）"

"ŋa 42¹ tɕhy342 le² tɕi 121 ki.（我打水去）"

"ŋa tɕhi lan kə ndʐo tɕi.（我打水去）

《甘南藏族自治州志》也有相关的描述：[②]

"舟曲话有 55（高平调）、24（中升调）、53（高降调）3 个声调。三个声调的对立情况是：24 调和 55 调对立，24 调和 53 调对立，53 调和 55 调对立。"如：guɛ²⁴门、guɛ⁵³头、tɕhy⁵⁵水、tɕhy⁵³吃、ni⁵⁵人、ni²⁴二。还有学者研究认为有四种调型八个调值的情况。

藏语安多方言语音上的重要特征概括起来就是声母分清浊、声调无区别词义的作用、复辅音较多。复杂的元音组合和具有音位价值的声调在语言的使用过程中产生的变调，客观地造成了安多中心方言与外围方言很难沟通的情况。

二、语音差异的浑沌特性

浑沌学认为客观世界是一个不断从环境中输入信息与能量的

[①] 黄布凡：《藏语方言声调的发生和分化条件》，载《民族语文》1994 年第 8 期。

[②] 《甘南藏族自治州志》，三联出版社，1996 年。

开放性系统，客观世界在与环境接触和交流过程中始终处于各种变异之中，各种变异相互伸缩与折叠，形成复杂的非线性信息系统。语言作为一种重要的文化信息载体和一种重要的社会文化现象，其形成过程和地理环境、历史形成之间的关系，历来为很多语言学、语言地理学家和文化地理学家所重视，语言及其分布也受历史过程、人地关系和区域联系等因素的综合作用。

一、地理因素

舟曲，是藏语的音译，是"白龙江"的意思，因滚滚的白龙江水在这里流淌而得名。这是古代羌人活动的地区之一，宋代始称"西固"，即藏语"金矿之门——'赛告'"的谐音。地处甘肃南部白龙江中上游流域。东邻武都，西连迭部，南面与文县及四川九寨沟县接壤，北面与宕昌县相连。这些地方绝大多数是纯农业区，间有少量的林业经济。白龙江从迭部县东入境，纵贯全县，舟曲亦因此而得名。全县藏族主要分布在大年、铁坝、拱坝、插岗、武坪、博峪、八楞、三角坪等乡，南峪、丰迭、憨板、立节、曲瓦等乡也有部分藏族居住。舟曲地方历史较为悠久。据发现的新石器时代晚期的文化遗址证明，早在五千年前这里就有人类繁衍生息。据史料记载，远在战国、秦、汉时，这里就有羌族、氐族活动。自汉代以后，这里各族人民之间交往逐渐频繁，特别是唐代以后，吐蕃势力远达此地，随军东迁之蕃民逐渐发展，形成今天汉藏杂居局面的雏形。

舟曲县地处西秦岭山地，崛山山系呈东南——西北向贯穿全境。境内峰峦重叠，山高谷深。白龙江沿岸开阔地少，地势西北高，东南低。谷地海拔在一千二百米左右，南北两侧的山地高峰可达四千米以上，山高谷深，交通极为不便，自然条件非常艰苦。相对封闭的地理环境和独特的经济活动类型，使得这里的语言和风俗很大程度上保留了原有的特色。由于这些客观因素，舟曲藏族的物质文化及精神文化与其他藏区的藏族相比，形成了自己独特的风格，以致学术界对他们的族属都产生了异议。

二、历史因素

白龙江流域历来被认为是"民族走廊"、"藏卫通道"，长期南来北往，形成"藏彝走廊"、茶马古道。舟曲地处川北边缘，是"得陇望蜀"和"北伐中原"之要塞。文县白马羌、松潘、若尔盖、凉山等地藏、羌、苗等族的生活习俗对舟曲藏族产生了很大影响。语言反映民族文化，方言又能反映地域文化。方言是历史上形成的，现存方言的许多特征只有联系地方史实才能正确理解。今天，我们视野中的安多藏区，并非自古就是"藏区"，依据历史进程，这里先后有羌、匈奴、鲜卑、吐蕃、蒙古、东乡、保安、撒拉、满、汉等民族，较西藏地区藏族的构成要复杂得多。

甘肃藏区的藏族有三个以上的主要来源：第一是由西藏迁入的吐蕃部落。经考证，吐蕃后裔在甘肃有数支，他们是甘肃藏族的主要组成部分之一，其中最为著名的有两支，一支是现今居住在卓尼县原杨土司所辖的卓尼藏族部落，另一支是聚居在今甘肃夏河县的吐蕃名门"喀加六部"。据史料记载，甘肃卓尼藏族的始祖是"吐蕃第一代藏王聂赤赞普家族后裔，族姓'噶'氏，传至公元八世纪，家族中的噶伊西达吉被派遣到今四川若尔盖一带征收税款，从此，就定居在若尔盖地方，并生有五子，遂向宜农宜牧的地方发展，而迁来卓尼"。① 明正德年间，其后裔旺秀土司入京觐见皇帝，被赐姓杨，改名洪。杨土司所辖藏族部落分布较广，除卓尼、迭部外还有一些分布在舟曲等县境内。杨土司共

---

① 刘夏蓓：《区域文化的人类学解析—以西北安多地区为例》，载《思想战线》2005年第5期。

传十九代，执掌该地五百余年，该部落至今仍然保持着卫藏方言，是安多地区的著名部落。"喀加六部"居住在今甘肃夏河县，其始祖是吐蕃四大氏族中"东"氏族姓的后裔，是著名的吐蕃名门。公元八世纪，这支部落为戍守边关自青海巴燕迁徙至此，留居下来，夏河为其辖地，当时不分僧俗军民。后归属拉卜楞寺，为该寺供养部落之一。

第二，从邻近地区迁徙、逃荒、流亡而来。由于安多古时为中央政权与少数民族政权的交界地，后又为三省交界地，这种特殊的地理位置使其成为迁徙者的家园。不断迁入的各民族成为安多各族的新鲜血液，从民族的基因构成上形成了互动与多元的特点。

第三，土著藏族。安多的土著藏族主要指由党、羌诸部和吐谷浑屯戍军后裔及松赞干布的"马兵"等融合而的藏族，这些藏族部落均使用安多方言，许多人也会汉语。

大规模的移民通常是地域方言形成的重要原因。因而，移民的历史往往成为方言形成最为恰当的解释。灾荒、战乱、驻防、屯垦、新区开发、流放等等都是造成移民的动因。关于舟曲藏族的来源，在《安多政教史》里也有一段记载："吐蕃王赤松地尊时期，为了扩大领地，由西藏派往成都这一带的士兵由于路途遥远，病、老、残、弱的士兵不能返回西藏，见白龙江流域一带气候适宜、风景宜人，就定居在这里了。"

"在公元七、八世纪，随着吐蕃军队向唐境的扩张，每出兵富家豪室都带奴仆自随，到王朝分裂，边将互相火并时，奴隶们乘机起义，脱离主人，自相纠合成部落，散居松、岷、叠、宕等州。同时，在这期间蕃地发生了本教和佛教的激烈斗争……本教终告失败。于是官方将大批本教徒及其祭师流放到边关，成为随军东迁奴隶的一部分。"[①]

随军东迁的蕃民散居于"甘、瓜、沙、河、渭、岷、廓、迭、宕"等地,因此这部分的蕃民的语言也随着历史的发展、演变,形成了有别于安多其他方言牧区藏语,仍然保持着卫藏方言,舟曲藏语里有很多古藏语如:ə^{55} nuoʔ(有吗?)、tɕiɛ^{342} ki puʔ^{53} kiʔ(汉族还是藏族?)等。从地名来说,舟曲藏区有"噶玛鲁"的地方,意思是"没有听到返回的命令"(当时由于没有交通工具和通讯设备,所以没有听到返回的命令)。舟曲藏语不仅在语言上与其他方言迥异,在宗教信仰、服饰以及禁忌等许多方面都有奇风异俗。

三、结　语

从以上的分析中,我们可以看到安多方言内一些复杂的语音现象。语言作为一个开放性系统,本身不可能在封闭的真空中生存与发展,一方面它的结构本身会有一定的历时衍变,另一方面也会由于环境的变化,在同其他语言的接触与交流过程中产生不同的变异形式。藏语是一个自成体系发展成熟的语言,形成了它母语内部核心的"初值"。语言的"初值"在受到其他语言文化的影响时,会有一定的排他性和保守性。夏河拉卜楞话,是介于农区话与牧区话之间的一种次方言。不仅有全套浊音阻塞音,而且还产生了古藏语没有的送气擦音,在藏语语音史上具有典型性,相对其他方言,它能够作为语音史上一个发展阶段的代表。在方言内部,夏河话有利于观察从牧区话到农区话的发展过渡状态。

---

① 闵文义:《东迁蕃民与舟曲藏族》,载《西北民族学院学报》1984年第2期。

历史比较语言学有这样一个假说：同属一个大社团的原始人群本来同操一种语音，后来由于种种原因，这些原始人群四散移居，分成几个不同的社团，这就引起了语言的分化。四散移居的过程一再在次一级的社团中出现，语言也就再一次地分化。分化的程序是：语系——语族——语支——语言——方言——土语。当然，古代居民的迁徙和语言分化的关系，实际上还要复杂和丰富得多。尤其是在我国，古代居民的迁徙不仅仅引起单一语言分化为多种语言或方言，而且还会引起不同语言或不同方言的融合，语言底层的残留、方言孤岛的形成、语言或方言替换的实现等等更复杂的现象。

萨丕尔在《语言论》中提到"每一个词，每个语法成分，每一种说法，每一种声音和重音，都是一个慢慢变化着的结构，由看不见的不以人意为转移的沿流模铸着，这正是语言的生命。"[①] 如果说安多藏区甘南是整个藏区的边缘地带，那么舟曲又是边缘的"边缘"，这种边缘状态有可能带来的是与其相邻地带的语言与文化上的诸多融合，但由于舟曲藏族地区山大沟深，崎岖九折，交通阻塞，交往不便，加之相对封闭的地理环境和亚热带型的气候，使其经济活动类型和社会的、宗教的等等诸多因素具有明显的独特性的，虽然与吐蕃本土经历了千年以上的疏离状态，但语言至今保持着卫藏方言较多的语音原貌。

---

① 萨丕尔：《语言论—言语研究导论》，第138页，商务印书馆，1985年。

从浑沌学看布依语差比句结构

包贵萍

比较是世界各语言普遍存在的概念。从语义的角度划分，可分为平比、差比和极比。其中，差比是比较结构中最突出的类型。Leon Stassen（1985）从类型学角度给比较句下的定义为："比较是指为两个对象指定规模或级别的心理活动，如果这两个对象在规模和级别上有所差别，那么我们称之为不平等性的比较，在语言学上编码为比较结构。"这个定义实际上针对的是差比句。差比句关注的主要有三个因素：比较基准（求比项和参照项）、比较结果（结论项）和比较标记。

布依语是我国布依族使用的语言。布依族主要分布在贵州省黔南布依族苗族自治州、黔西南布依族苗族自治州、安顺市和贵阳市部分区县，在四川省和云南省也有部分布依族居住。按语言谱系分类，布依语属于汉藏语系壮侗语族壮傣语支。

一、布依语差比结构的浑沌性

布依语差比结构的浑沌性主要表现在两个方面：一是布依语的差比句有多种表达方式。这主要是受语言接触的影响，布依语在和汉语不断接触的过程中，吸收了很多汉语的词汇和语法结构，其中就包括汉语的部分差比结构。但布依语并未完全接纳汉语的差比结构，而是保留了本民族语言的固有结构。如下例：

布依语：tɕoŋ³⁵ puɯə³³ ni³¹ ɕau³³ di²⁴ kva³⁵ tɕoŋ³⁵ te²⁴
　　　　（件）衣服　这　漂亮　过　件　那
　　　　tɕoŋ³⁵ puɯə³³ ni³¹ ɕau³³ di²⁴ to²⁴ tɕoŋ³⁵ te²⁴
　　　　（件）衣服　这　漂亮　多　件　那
　　　　tɕoŋ³⁵ puɯə³³ ni³¹ pi⁵³ tɕoŋ³⁵ te²⁴ ɕau³³ di²⁴
　　　　（件）衣服　这　比　件　那　漂亮
汉语译文：这件衣服比那件衣服漂亮。

二是布依语的差比结构有一定的层次性，而且这些层次不是能按传统语言学的方法进行简单划分的。比如按照传统类型学的划分方法，很可能就根据上面的材料，将布依语的差比结构划分为固定格比较（fixed-case comparatives）和派生格比较（derived-case comparatives）两类，但实际上这样的划分是不完整的。布依语的差比结构从肯定和否定的角度出发，也可以划分为不同的层次。

（一）对布依语差比句肯定结构的梳理

如果对布依语差比句的肯定结构进行梳理，从传统的分类角度，可以将其分为两类：

一类是将比较标记放在谓词之后，表示一种"超越"、"胜过"，即：

　　　tɕoŋ³⁵ puɯə³³ ni³¹ ɕau³³ di²⁴ kva³⁵ tɕoŋ³⁵ te²⁴
　　　（件）衣服　这　漂亮　过　件　那
　　　tɕoŋ³⁵ puɯə³³ ni³¹ ɕau³³ di²⁴ to²⁴ tɕoŋ³⁵ te²⁴
　　　（件）衣服　这　漂亮　多　件　那

按传统的句子成分分析方法可以进行如下分析：

　　　<u>tɕoŋ³⁵ puɯə³³ ni³¹　ɕau³³ di²⁴　kva³⁵ tɕoŋ³⁵ te²⁴</u>
　　　（件）衣服　这　　漂亮　　过　件　那
　　　　主语　　　　谓语　　结论项
　　　（求比项）　（结论项）（比较标记＋参照项）

tɕoŋ³⁵ pɯə³³ ni³¹　ɕau³³ di²⁴　to²⁴　tɕoŋ³⁵ te²⁴
（件）衣服这　　漂亮　　多　件　那
　　主语　　　　谓语　　补语
　（求比项）　　（结论项）（比较标记＋参照项）

另一类是将比较标记放入求比项和参照项之间，突出比较主体之间的关系，即：

tɕoŋ³⁵ pɯə³³ ni³¹　pi⁵³　tɕoŋ³⁵ te²⁴　ɕau³³ di²⁴
（件）衣服这　　比　件　那　　漂亮
　　主语　　　　　状语　　　　谓语
　（求比项）　　（比较标记＋参照项）（结论项）

归纳以上分类，可得到如下表格：

表一：布依语差比句肯定结构成分分析总结表

语言＼成分	求比项	结论项	比较标记	参照项	结论项
布依语 kva³⁵字句和 to²⁴字句	主语	谓语		补语	
布依语 pi⁵³字句	主语		状语		谓语

（二）对布依语差比句否定结构的梳理

如果再对布依语差比句的否定结构进行考察，会发现布依语有着更为复杂的结构层次。例如：

布 依 语：ɕiau⁵³li⁵³　ɕau³³ di²⁴　seu⁵³　ɕiau⁵³ waŋ³⁵
　　　　　小李　　漂亮　　　少　　　小王

ɕiau⁵³li⁵³　ɕau³³ di²⁴　mi¹¹　lau³⁵（mi¹¹　ɕau³³ di²⁴
小李　　漂亮　　不　　胜　　不　　漂亮

lau³⁵）ɕiau⁵³ waŋ³⁵
胜）　小王

ɕiau⁵³li⁵³　ɕau³³ di²⁴　mi¹¹　lam⁵⁵（mi¹¹　ɕau³³ di²⁴
小李　　漂亮　　不　　像　　不　　漂亮

从浑沌学看布依语差比句结构

lum⁵³）ɕiau⁵³waŋ³⁵
像）　小王

ɕiau⁵³li⁵³　mi¹¹pi⁵³　ɕiau⁵³waŋ³⁵　ɕau³³di²⁴
小李　　不比　　小王　　　漂亮

ɕiau⁵³li⁵³　mi¹¹li¹¹　ɕiau²¹⁴waŋ³⁵　ɕau³³di²⁴
小李　　没有　　小王　　　漂亮

汉语译文：小李没有小王漂亮。/小李不如小王漂亮。

按照上面的例子，布依语否定形式的差比句结构可以分为三类，一类是 mi¹¹lai³⁵、mi¹¹lum⁵³ 等"否定词＋固有词"否定比较标记构成的句子，并且否定词的位置比较自由。沿用上面的分析方法，可得到：

ɕiau⁵³li⁵³　ɕau³³di²⁴　　　　　mi¹¹lau³⁵ɕau²¹⁴waŋ³⁵
小李　　漂亮　　　　　　　　不　胜　小王
主语　　谓语　　　　　　　　补语
（求比项）（结论项）　　　　（否定词＋比较标记＋参照项）

ɕiau⁵³li⁵³　mi¹¹lau³⁵　ɕau³³di²⁴　lau³⁵ɕiau⁵³waŋ³⁵
小李　　不　　　　漂亮　　胜　小王
主语　　状语　　　谓语　　补语
（求比项）（否定词）（结论项）（比较标记＋参照项）

一类是借入汉语"mi¹¹pi⁵³（不比）"、"mi¹¹li¹¹（没有）"等句式结构，这类差比句是从汉语中借入的，否定比较标记也保留了汉语的特征，不能像第一类结构那样随意分开。分析如下：

ɕiau⁵³li⁵³　　mi¹¹pi⁵³ɕiau⁵³waŋ³⁵　　　　ɕau³³di²⁴
小李　　　　不比　小王　　　　　　　漂亮
主语　　　　状语　　　　　　　　　　谓语
（求比项）（否定词＋比较标记＋参照项）（结论项）

一类是不带"mi¹¹"这样的否定词，而直接用了比较词"sen⁵³（少）"或"noi³⁵to²⁴（少）"来表示否定意义的差比句，这是一种与"to²⁴（多）字句"相对应的差比句。其结构分析也与"to^{24}字句"相同，如下：

ɕiau^{53} li^{53}　ɕau^{33} di^{24}　seu^{53} ɕiau^{53} waŋ^{35}
小李　　　漂亮　　　少　小王
主语　　　谓语　　　状语
（求比项）（结论项）（否定词＋比较标记＋参照项）

通过对布依语差比句的否定结构进行考察，可以发现其结构层次可以一分为三，如下表所示：

表二：布依语差比句否定结构成分分析总结表

成分 语言	求比项	否定词	结论项	否定词	比较标记	参照项	结论项
布依语 "mi^{11}lau^{35}" 类句式	主语	状语	谓语		补语		
	主语		谓语	补语			
布依语 "seu^{53}" 类句式	主语		谓语		补语		
布依语 "mi^{11}pi^{53}" 类句式	主语				状语		谓语

从传统类型学角度对布依语进行考察，显然不足以将布依语的差比结构说清楚。相比其他语言，布依语的差比句结构表现出一种浑沌态，但浑沌并不意味着混乱，布依语差比结构表面的无序只是相对于简单的有序而言的，从浑沌学角度对其进行解释，很多问题都可以迎刃而解。

二、布依语差比结构的浑沌学解释

（一）语言系统的确定性和随机性

语言是一个不断演化的系统。语言系统的演化是确定性和随机性合成的一种运动机制，语言的发展过程中会有无数随机性的因素作用于语言并影响到语言的发展方向。就布依语差比结构的情况来说，语言接触是众多随机性因素中最重要的一点。与同语支的其他语言相比，比如泰语，布依语表现出了不同的演化轨迹。泰语的差比句肯定结构只有与布依语固有结构类似的"kvaː[11]（超过）"一种，否定形式由否定词"mai[51]（不）"加比较标记"kvaː[11]（超过）"构成，没有布依语差比句的多种表达方式。究其原因，主要是因为布依语作为国内的少数民族语言，使用的人数、范围都极其有限，受到汉语的严重冲击，从汉语中借入了大量的词汇和语法结构，同时，又保留了本民族固有的一些词汇和语法结构。泰语作为泰国的官方语言，在泰国处于比较强势的地位，虽然也会受到其他语言的影响，但有足够实力保证其纯正性。如果要对布依语和其他亲属语言的差比结构进行考察，只能选定某个阶段作为出发点，即浑沌学所说的"初始条件"或"初值"，只从语言谱系理论的角度去考察布依语和同语支其他语言的关系，就会对布依语差比结构的多样性束手无策。语言不是按因果关系运作的确定性的延续体，而是存在无数内在随机性和外来干扰的浑沌系统。

（二）语言规则的有序和无序

语言系统的确定性和随机性为布依语差比结构的系统复杂性

提供了解释。然而，从布依语差比结构内部规则来看，仍然存在众多的非线性和复杂性。

上文对布依语差比句肯定结构的分析，将其划分为两个层次。然而，通过对布依语差比句否定形式的考察，却发现仅划分两个层次是不够的。问题出在哪里呢？就在比较标记上。布依语的比较标记总共有以下几种：

表三：布依语差比句比较标记总结表

肯定意义的比较标记	否定意义的比较标记
kva^{11}（过）	mi^{11}kva^{35}（不超过）
	mi^{11}lau^{35}（不胜）
	mi^{11}lum^{53}（不像）
to^{24}（多）	seu^{53}、noi^{35}to^{24}（少）
pi^{53}（比）	mi^{11}pi^{53}（不比）
	mi^{11}li^{11}（没有）

布依语的肯定比较标记和否定肯定标记不是对等的。布依语的 kva^{35}、to^{24}、seu^{53} 在意义上可以分别对应汉语中的"过"、"多"和"少"，用 to^{24} 作比词的比较结构不能直接嵌入否定词 mi^{11}，如果表示否定意义，就直接用 seu^{53}（少）或 noi^{35}to^{24}（少多）来表示。kva^{35} 作比词的比较句可直接嵌入 mi^{11}，但用得比较少，通常情况下用 mi^{11}lau^{35}（不胜）来代替。布依语的"kva^{35}"和"to^{24}"在出现的时间上应该有先后之分，周国炎《布依语比较句的结构类型》一文对 kva^{35} 和 to^{24} 这两个比较词进行了考证，通过对从贵州省贞丰县兴北镇一带收集的布摩经进行比较词的统计分析，kva^{35} 总共出现 74 次，而 to^{24} 只出现 5 次，只有 1 次出现在差比句中。可以看出，布依语肯定形式差比句在时间上的先后关系是："kva^{35} 字句"早于"to^{24} 字句"，同时二者又都比"pi^{53} 字句"早。表面上，布依语的比较标记是无序的，不管是从

其多样性还是肯定与否定的不平衡性来看，布依语比较标记的无序直接导致了其差比句的层次划分上的无序，但通过对布依语差比句比较标记的历史考察，可以为其层次划分上的无序找到一种新的浑沌序，无序只是相对于简单的有序而言的。

（三）布依语差比句式的层次自相似性。

浑沌学中有一种"分形"理论。分形是 fractal 的译名，这个词是芒得勃罗根据拉丁词 fractus 的词首与英文的 fractional 的词尾合成的一个新词，用以描述不规则的、破碎的、琐屑的几何特征。分形的主要几何特征是关于它的结构不规则性和复杂性，主要特征量是关于这种不规则性和复杂性程度的度量，由此引出了分数维度（简称分维）的概念。（苗东升、刘华杰，1991）

将分形和分维的概念引入语言学，可以打破将语言只看作是一个线性系统的传统观点，也可以用来描写语言中许多不规则现象的规律性。"分形"最重要的特征是具有自相似性。前面提到，可以将布依语的差比结构划分不同层次，但这些层次并不是完全孤立的，而是相互联系的。这种层次自似性主要体现在两个方面。

1. 布依语对汉语"比字句"的改装

布依语的差比句借入了汉语的"比字句"，但是，这种借入并不是完全的，在一些特殊的差比句式上仍保留布依语固有结构的特征。比如在表示"…比…还…"意义的句式中，布依语的处理方式不是将汉语中的"还"一并借入，而是加入布依语中的副词"teːm^{24}（又）"，位置也和固有结构相同。例：

布依语：te^{24}　saːŋ^{24}　kva^{35}　ku^{24}　teːm^{24}
　　　　他　　高　　过　　我　　又

　　　te^{24}　pi^{53}　ku^{24}　saːŋ^{24}　teːm^{24}
　　　他　比　我　高　又

汉语译文：他比我还要高。

上面例子中，布依语 kva^{35} 字句和 pi^{53} 字句都使用 te:m^{24} 这个副词，并且都放在差比句句末。从这里可以看出，布依语差比句的各层次之间并不是毫无联系的，既然它们同属于一个语言系统，就肯定具有层次自相似性。

2．"to^{24} 字句"与"kva^{35} 字句"肯定形式的融合

通过对布依语差比句否定形式以及比较标记的历史梳理，已经明确，"to^{24} 字句"和"kva^{35} 字句"属于共时系统积淀的不同历时层次。但如果只从布依语差比结构的肯定形式进行考察，很容易就将其归入一类，而忽略其不同的层次。二者在共时层面上基本没有差别，这也是语言内部系统之间不断糅合渗透的结果。既然已经进入一个语言系统，其差异性就会被慢慢缩小，逐渐统一，这也是层次自似性的一种表现。

三、小　　结

通过上文对布依语差比结构的浑沌特性的分析和解释，可以看到，浑沌学理论对语言结构层次的分析以及语言接触等都有一定的启示作用。语言系统既有其线性、有序的一面，也有其非线性、无序的一面。不能只关注语言系统的线性特征，寻找其规律的一面。也要考虑其不规则的一面，综合各方面随机性因素，为其无序和不确定提供合理解释。

布依语差比结构的多样化可以看做是语言接触某个阶段的产物，从浑沌学的角度出发，语言接触的过程其实就是一个平衡与平衡破缺的动态运动过程。布依语分时期地从汉语中借入比较标记和语法结构，打破了布依语原本的语法平衡，为建立新的平衡，布依语内部的差比结构之间又互相揉合渗透，使其语法结构

不断趋于统一，达到一种新的平衡。语言是一个动态发展的系统，虽然不能推测其具体的发展方向，布依语这种多样态的差比结构肯定还会被打破。

英雄故事与英雄史诗的自相似性
——以达斡尔族民间文学为例

吴 刚

自相似性是客观世界中普遍存在的一种事物特征,即部分呈现出与整体相同或相近的结构特征。在民间文学中,英雄故事与英雄史诗之间的关系,可以试从"自相似性"的角度去探讨。

我国英雄史诗主要在北方游牧狩猎文化圈,从东北文化区、蒙古高原文化区到西北文化区,形成了东起黑龙江、西至天山、南抵青藏高原西北部的英雄史诗带。著名的三大英雄史诗中的《江格尔》、《玛纳斯》即产生在此文化圈,《格萨尔》也和此文化圈有一定的联系。在这个文化圈当中,有一种与英雄史诗相似的就是英雄故事。英雄史诗主要集中在突厥语族、蒙古语族的民族中,满——通古斯语族民族虽然英雄史诗不多,但还有与英雄史诗相似的英雄故事,英雄故事流传范围比英雄史诗广泛,它在阿尔泰语系中普遍存在。如蒙古族英雄故事有《顿布道德夫》、《乌林夫》、《吐嘎拉沁夫》、《吉尔格勒岱和莫尔格勒岱》等。[①] 在达斡尔族莫日根故事即英雄故事中有十几篇与英雄史诗内容相似,主要有《昂格尔莫日根》、《库楚尼莫日根》、《洪都勒迪莫日根》。在鄂温克族英雄故事中也有与英雄史诗内容相同的,主要有《沙嘎吉嘎拉岱汗》、《聘娶多道布金可汗的女儿》、《宝吉勒岱汗》、

---

① 中国社会科学院民族文学研究所丹布尔加甫曾在新疆蒙古族地区记录了40多篇英雄故事,它们的内容与英雄史诗几乎完全相同。

《阿拉坦乃夫》。北方其他民族也有类似的英雄故事，其中有的整体上与英雄史诗相似、有的则部分相似。

那么，英雄故事与英雄史诗是不是等同？什么样的英雄故事与英雄史诗有关？（即什么样情况属于自相似性？非相似性[①]是什么情况？）什么样的英雄故事与英雄史诗无关？这个问题值得探讨。

什么样的英雄故事与英雄史诗有关？这需要看英雄故事是否呈现出了与英雄史诗相同的特征。这些特征主要有：题材多为表现部落战争；内容多为反映掠夺财产（牲畜）与美女、结构多为英雄诞生——英雄征战——英雄死亡——英雄复活——英雄再次征战——英雄凯旋；人物中的部落首领即故事的主人公英雄都被称为莫日根；英雄胯下所骑都为骏马；反面人物一般都称为莽盖[②]，有与莽盖激烈斗争的情节；有着萨满教的内容以及动物会说话的情节；艺术手法多为夸张、比喻、铺陈等手法。我们以达斡尔族民间文学作品《阿勒坦嘎乐布尔特》和《绰凯莫日根》为例，分析一下它们是否属于英雄史诗。

达斡尔族英雄史诗的中心题材反映的也是部落战争。在这两篇史诗中，阿勒坦嘎乐布尔特和绰凯莫日根是英雄时代的部落首领，《阿勒坦嘎乐布尔特》和《绰凯莫日根》都有征服对手的故

[①] 在自相似结构中，部分原则上不可能包含整体的全部信息，表现出一定的非相似性。苗东升，刘华杰：《浑沌学纵横论》，第209页，中国人民大学出版社，1993年。

[②] 对于"莽盖"这个多头恶魔形象，在阿尔泰语系诸民族口头文学中普遍存在。只是称呼不同，蒙古族在蒙古文献中叫"蟒古思"（Manggus），现代口语叫"蟒嘎斯"（Manggas），布里亚特方言叫"蟒嘎德海"（Manggadhai）；达斡尔族叫"蟒盖"（Manggai）；鄂温克族、鄂伦春族、赫哲族叫"蟒狔"（Mangni），有时也叫"蟒盖"（Manggai）；在维吾尔族叫"蟒古兹"（Mangguz）。这些恶魔名称，在各民族中，尽管发音稍有不同，但"蟒"（（Mang）的词根相同，这说明阿尔泰语系诸民族精神世界中，普遍有与恶魔斗争的意识。

事情节,只不过,这对手变成了有神魔色彩的莽盖,其实,无论是阿勒坦嘎乐布尔特与公野猪、西海大蟒蛇作战,还是绰凯莫日根和耶勒登给尔莽盖和狮子作战,在现实中,都是在与另一部落、部族的首领作战。作战的结果,或被征服、或被消灭,这是歌颂正义战胜邪恶,人民由分散到统一的结果,形成了新的部族,这就表现出了民族意识的觉醒,为形成民族奠定了基础。

"莫日根"在达斡尔语中为"神箭手",即英雄、部落首领。如,阿勒坦嘎乐布尔特杀公野猪,打蟒蛇,绰凯莫日根降伏耶勒登给尔莽盖和狮子,都是单人独骑,深入敌方,勇敢杀敌。达斡尔族英雄史诗中塑造的莫日根,每个人都有自己的战马。如阿勒坦嘎乐布尔特的坐骑是黄骏马(kaltaar·mori),绰凯莫日根的坐骑是斑马(sarele·mori)。英雄的马是人格化的马,会说话,会与主人交谈、预测战情、出谋划策、对付敌人。在史诗中完全被拟人化了,如《阿勒坦嘎乐布尔特》中的金黄骏(kaltaar·mori)说:"朝着西海,高兴地把箭射出去,骑完了以后,抓住我的鬃毛,闭上两个眼睛,咱们呼啸着走去!你射的箭在上面,我停的工夫,把三个宝贝木头,拔走,高举鞭子,往我身上抽打吧!"金黄骏能与阿勒坦嘎乐布尔特对话,指点他如何取宝物。史诗对金黄骏作了细致入微地描写。

"满盖"是主要的恶魔形象。达斡尔族语叫"Manggai",在《阿勒坦嘎乐布尔特》和《绰凯莫日根》中,是长着九头的耶勒登给尔莽盖和有十二头的哈日谢勒莽盖以及公野猪、蟒蛇、狮子等恶魔。莽盖的最终结局是被莫日根制服或消灭。如阿勒坦嘎乐布尔特打死了公野猪和蟒蛇,消灭了耶勒登给尔莽盖和哈日谢勒莽盖。

达斡尔族以萨满教为宗教信仰,反映了萨满教作为人们的精神支柱。达斡尔族信仰萨满教,有着"腾格日"、"灵魂不灭"的观念,这在达斡尔族英雄史诗中多有体现。在《阿勒坦嘎乐布尔特》中，一对老夫妻"向天求子"，这说明达斡尔族早期社会就有了"腾格日"观念。而在《绰凯莫日根》中，也有两次绰凯莫日根死而复生的情节。

以上，我们从作品反映的社会生活、内容等方面分析了《阿勒坦嘎乐布尔特》和《绰凯莫日根》具有英雄史诗的特征。此外，还有作品形态问题。前面提到，这两篇既有散体也有韵体。散体形式出现在《达斡尔族资料集》中①，《阿勒坦嘎乐布尔特》以《金光闪闪的儿子》题目出现，整理介绍只写："孟志东搜集整理"。《绰凯莫日根》整理介绍写："流传地区莫力达瓦达斡尔族自治旗、讲述者敖德永、搜集整理者孟志东。"而韵体形式，《阿勒坦嘎乐布尔特》比较短，500行左右，在流传过程中，可能佚失。至于哪些歌手演唱过，不清楚。最早搜集整理《阿勒坦嘎乐布尔特》的是苏联社会科学院通讯院士、蒙古学学者尼·波配先生，他在1927年到蒙古国调查蒙古语喀尔喀方言时，曾找到几位达斡尔人调查过达斡尔语，这几位达斡尔人都操海拉尔方言。后来，他撰写了《达斡尔方言》一书，并于1930年在列宁格勒出版。②该书收入的《阿勒坦嘎乐布尔特》是韵体形式。《绰凯莫日根》比较长，2000多行。《绰凯莫日根》的演唱歌手是敖德永（当时约58岁），采录者孟志东，采录时间是1963年3月，采录地点是内蒙古自治区莫力达瓦自治旗凯阔屯。对于《阿勒坦嘎乐布尔特》，根据尼·波配先生采录整理，我们认定是韵体，后来孟志东整理成汉文散体。对于《绰凯莫日根》，根据孟志东采录，可知采录时是演唱形式，后来整理时

---

① 《达斡尔族资料集》编辑委员会、全国少数民族古籍整理研究室编：《达斡尔族资料集》（第三集），第545、501页，民族出版社，2002年。

② 赛音塔娜 托娅：《达斡尔族文学史略》，第39页，载内蒙古大学出版社，1997年。

既有韵体、也有散体。据达斡尔族民间文学整理者讲述，这是经常遇到的现象。其中奥登挂老师说过，她 60 年代搜集的"德莫日根和齐尼花哈托"故事，歌者是全部用纯达斡尔语唱的，非常动听。歌者是内蒙古电影制片厂乔泽成先生的爸爸，老人的名字叫图木热，采访以后才得知老人还是个萨满。那时也没有录音机，整理时只好根据记忆，译成了散文。又据孟志东先生介绍，他收集莫日根故事时艺人们也都是用达斡尔语唱的。可是翻译、整理时，译成汉文的韵文体本身就有一定的难度，再加上采风时没有录音设备，回来后只能根据记忆，整理、翻译成了散文。于是，这些达斡尔族的英雄史诗就以散文形式出现在读者面前了。由此可以认定《阿勒坦嘎乐布尔特》和《绰凯莫日根》就是英雄史诗。而其他具有英雄史诗特征的诸如《昂格尔莫日根》、《库楚尼莫日根》、《洪都勒迪莫日根》、《哈热勒贷莫日根》、《绰库尔迪莫日根》[①] 英雄故事也属于英雄史诗范畴，只不过整理者把其整理成散体形式了。

但并非所有的英雄故事都属于英雄史诗范畴。还有一些莫日根故事中个别要素不具有英雄史诗的特点，如《阿尔塔莫日根》[②] 主要反映莫日根与两个妻子及妹妹的故事，莫日根每天打猎回家，先把好的皮毛珍物留给妹妹，引起两个妻子的不满，俩人合力害死了莫日根的妹妹，后来妹妹复活，两个妻子被莫日根

---

① 《昂格尔莫日根》、《库楚尼莫日根》、《洪都勒迪莫日根》、《哈热勒贷莫日根》、《绰库尔迪莫日根》皆出自《达斡尔族资料集》编辑委员会 全国少数民族古籍整理研究室编：《达斡尔族资料集》（第三集），第 496 页、第 521 页、第 525 页、第 532 页、第 536 页，民族出版社，2002 年。

② 《达斡尔族资料集》编辑委员会、全国少数民族古籍整理研究室编：《达斡尔族资料集》（第三集），第 812 页，民族出版社，2002 年。

处死。《德莫日根和齐尼花哈托》[①]、《珠贵莫日根》[②]等，也都反映了家庭生活的矛盾，还如《德莫日根和简色楞萨满》[③]等没有反映部落战争，所以不属于英雄史诗范畴。此外，英雄故事中有"国家、地主、采珠、员外"等内容的就不能认定具有英雄史诗的要素了，说明这些英雄故事反映的是达斡尔族进入封建社会之后的事情。

此外，还要回答两个问题，一是为什么在达斡尔族地区没有繁复的长篇英雄史诗？我认为，与职业艺人演唱、民间传播、地理环境等方面因素的制约有关。达斡尔族不像蒙古族那样有职业艺人，这限制了英雄史诗的繁荣。达斡尔族生活的地理环境主要在森林、江河、草原三位一体的地带，不像蒙古族那样生活在草原，具备传播与繁荣英雄史诗的条件。二是为什么蒙古族当中既有英雄史诗，也有英雄故事？这并不矛盾，就如达斡尔族既有属于英雄史诗类型的英雄故事，也有不属于英雄史诗类型的英雄故事一样。另外，这也与演唱者演唱与讲述、采录者采录与整理情况有关。

总之，认定自相似性，主要靠内容来判定，只要英雄故事具备了英雄史诗的要素，就可以认为其与英雄史诗相关联，反之，则无关。

[①]《达斡尔族资料集》编辑委员会、全国少数民族古籍整理研究室编：《达斡尔族资料集》（第三集），第753页，民族出版社，2002年。

[②]《达斡尔族资料集》编辑委员会、全国少数民族古籍整理研究室编：《达斡尔族资料集》（第三集），第517页，民族出版社，2002年。

[③]《达斡尔族资料集》编辑委员会、全国少数民族古籍整理研究室编：《达斡尔族资料集》（第三集），第402页，民族出版社，2002年。

浑沌学视阈下的神话解读

李 鹏

浑沌理论在20世纪60到70年代开始兴起，最初是应用于物理学领域。随着研究的深入展开，这个理论不断与各个学科发生交融，像数学、化学、生物学、经济学等，至上世纪八十年代，浑沌学理论与语言学发生碰撞，一种新的思维框架引导出了新的分析性思维方式的产生。它不仅引导语言学界的学者从语言中找寻有规律的现象，更指导我们去寻找那些隐藏在无规则现象中的规律。正是思维方式的转变，我们开始更好地发现问题、分析问题、解决问题。譬如说，在语言学方面，由于浑沌学理论的引进，许多诸如蝴蝶效应、动态性、非线性、初始条件的敏感依赖性、自相似性、奇怪吸引子、分叉等概念陆续被引入语言现象的分析当中，像对于文字而言，拼音文字呈线性状态，而汉字则呈非线性状态，它们各自都呈现一种自相似性。当浑沌学的一只脚迈入语言学领域的同时，另一只脚也迈进了文化领域，从而使得文化与语言在浑沌的视阈内得以发生共鸣。

但笔者发现，把浑沌学的理论融于文学之中的探究却寥寥无几，更不必提把其融入神话学之中。其实，这个理论是非常适用于神话的。但在神话领域中浑沌学却未被普及，也许最重要的原因就是语言是侧重真实，文化是侧重内涵，而文学则是侧重审美，神话更侧重虚幻，从普遍理解的价值角度讲，浑沌学应用于神话的价值远没有运用于文化与语言的价值大。但从真正分析运用当中却能发现，两者应用的价值是等量齐驱的。在国内，已经有学者关注过浑沌学在文学中的运用，像吴刚写有《文学的分叉现象——谈叙事文学的发展》一文,[①] 就很好地利用浑沌学中分叉理论,使其融合到文学世界的分析之中,文学用分叉概念解读,的确令人耳目一新,从其中也确实把握到了两者本质的东西,使得文学的解读更为透彻。还有在《现代语文(文学研究版)》中,贾佩瑶写有《浑沌学视界中 20 世纪以来的中国文学》一文,[②] 是从浑沌学视角出发,对二十世纪中国文学做了客观的思考,把浑沌学融入文学的历时分析之中,也是非常不错的尝试。

目前研究的现状也仅限于此,将浑沌学纳入神话学研究领域的成果更少,其原因有三;一,"浑沌"一词在中国本土就是源于神话,因此我们更易忽略从"浑沌"本身对神话进行的研究;二,神话学作为一个学科,它仍处于文学领域之下,按照目前的分类标准,神话是归属于民间文学的,并未被真正独立出来,既然文学视野下的浑沌学研究未能得到展开,那么神话领域便更不被期待了;三,神话学是一门很有潜力的学科,其内涵博大精深,并不是用一种理论可以解决的,当下的新理论很多,像类型分析、母题研究等都是一种尝试性分析,但真正适合于神话学研究的理论却极为有限,找到一种适合于神话学解读的理论,最为重要的便是理论与这门学科本身发生共鸣,因此很少有学者尝试用浑沌学思想来解读神话,关键还在于深入研究。本文正是把神话从文学中分离出来,从浑沌学理论出发,对神话尝试进行解读。

[①] 张公瑾、丁石庆主编:《浑沌学与语言文化研究新进展》,中央民族大学出版社,2009 年。
[②] 载《现代语文(文学研究版)》,2008 年第 10 期。

一、神话中的蝴蝶效应

神话的演化发展其实不可避免地经历着浑沌运动。如果系统长期行为是敏感地依赖于初始条件，当初值的微小差别在之后长期的行为运动中被不断放大后，会导致未来状态极大的差异，这便是浑沌学中的蝴蝶效应，它也使得神话演化发展的行为变得不可预测。

神话所在现实世界发生一个微小的变化，那么整个神话体系在之后的运作中便会产生巨变。中国本土原是有极其完备的冥府神话，我们众所周知的夸父，他的祖父就是中国幽冥世界的主神，这在《山海经》和《楚辞·招魂》中有明确的表示，"后土生信，信生夸父"，后土便是幽都的神，但我们只能通过《山海经》的部分章节看到"幽都"的踪影，它的门口有守卫者士伯，不过其他关于幽都内部世界的描述就变得模糊不清了，甚至连幽都之神后土的相貌我们都不得而知。而如今我们所熟知的东岳大帝、阎王爷这些阴间的掌权者都是后来佛道融合于具体文化之后才出现的。

其实这个并不是说中国本土冥府神话不发达，这只是由于古代社会环境发生了微小的变化。西汉末年佛教传入中原地区，这本不是件值得担心的事情，但关键就在于佛教在中原地区生根发芽，成为中原百姓信仰之所在，这种微小变化使得各个领域都受到了冲击，神话也不例外。神话中的幽冥世界也融入了佛家的思想和印度外来的神话，我们现在所熟知的阎罗、判官、小鬼等形象无不与印度传来的佛教相关。而冥府的主人也从后土变成了阎罗王，以致在后来的典籍流传中，记载本土冥府的神话渐渐流失，最终使本土固有的冥府神话荡然无存。这样看来，极小的变化在后来发展中如果不断被放大，它最终会给我们带来无法预知的结果。就像现在一样，电的产生不过才几个世纪，当时它的产生只是在一个小的范围引起了震撼，而今看来，当年蝴蝶的振翅已经引发了现在不可抑制的龙卷风。

神话中的微小粒子很多，一个变化所引起的可能是更多难以想象的发展与进步，像对太阳的理解，在东亚之中都是作为一种崇拜对象出现的，人类最初和自然相处的状态是人类畏惧、崇敬自然，那是一个和谐相处的阶段，而当人类懂得更多的东西后，随着生产力的进步，便开始与自然进行斗争，甚至于试图征服自然，这便进入了第二个阶段——斗争，那对于太阳便是如此，先是崇敬后是斗争。但太阳这种粒子却在不同地方发生波动，在一个神话传说被引进之后，另一些神话便相应产生，我们以射日神话为例。

提到射日神话，中国人闪过脑海的第一个词语恐怕就是后羿了。的确，可以说后羿已经与"射日"这个词结合到了一处，以致忽略考究真实的后羿。在汉民族神话中，羿本是天上的一位天神，他因为擅长射箭才被派到下界。他的红色神弓和白色神箭都是天上稀有的武器。在人间他除去了九个太阳，消灭了诸多怪兽，造福一方，但最后他却被迫留在人间，因为他射杀的太阳是天帝的孩子，作为惩罚他必须留下。从这个简短的叙述中不难发现，这其中的大体套路如下：太阳危害人间——英雄出场——英雄的身世和超能力——拯救世人——触怒上天而被惩罚。

在少数民族民间流传的神话故事中，很多是和后羿神话相通的，它们之间肯定是有蝴蝶效应的，不然这个故事整个体系套路便会改变，像射日神话故事会变成"巨人用大树把太阳放倒"、"神鸟把太阳叨走"，但事实并未如此，除了神话中的主人公姓名、太阳的数量、地点等因素发生变化之外，整体结构大体相似。所发生的蝴蝶效应就在于太阳这个粒子流入了不同的地区，人们对于主人公生活的深加工不同，对于结局的欢喜程度不同，这才导致了一场不可抑制的龙卷风的产生。可以肯定，中国每个民族都有自己的射日神话传说，但每个民族的射日神话都不全然相同，唯一可以解释这一现象的就是，这颗粒子在它最原始的初始条件下成长，在长期的运动中不断被放大加工，以至于发展成为庞大的射日体系。因此，把蝴蝶效应与具体的神话结合理解便可以更深刻地体会出其中的深刻内涵。

二、神话的分叉

神话做浑沌运动的另一个表现便是分叉现象，所谓分叉就是原来稳定的状态在一个关节点上突然发生定性性质的改变，进而产生新的不稳定定态，既然分叉是在关节点上产生突变，那么这个分叉的关节点就是探究的关键。神话中分叉给其发展带来了无限生机。

神话的分叉点与历史的维度是不可分割的。中国有五千年的文明史，但有文字记载的历史却只有三千年，而前两千年毋庸置疑我们是在神话中度过的，神话不能完全当历史，如果把神话当做历史处理，便又陷入了误区，神话不能说是完全的真实，但也确实从另一个侧面还原了一定的历史真实。从文字产生之前，神话就以口耳相传的形式得以流传，它反映了原始先民对当时自然和生存状况的心态。

在原始母系社会时期，中国创世神盘古并未诞生，出现的只是造万物的始祖母神，这在具体神话之中是能见到的。像汉族的女娲神话描述的是造人的始祖母，很明显是女性当权的产物，还有像满族的阿布凯赫赫创造天地人，也是始祖母，在满族的这个神话结尾描述了阿布凯赫赫执掌三个小劫后便让位给男性天神阿布凯恩都哩，而后者一直掌权到现在，这反映出了一个过渡的现象，母权社会向父权社会过渡。在母系社会的神话之中最常见的还有天体神话的太阳系列，太阳的出现多半是女性形象，这也能见到母系氏族的影子。

笔者把神话的分叉分为四个，这样划分可以更明显地从历时角度深入研究。

第一个分叉便是母系社会与父系社会过渡之间，大体是父系氏族公社时期到夏代结束。社会掌权者的变动自然引起所有事物的变动，这便是一种蝴蝶效应。进入父权社会后，神话中的天神位置渐渐被男性所替代。妖魔鬼怪也是以男性的面容登场。在这一时期，神话多以始祖神话、英雄神话居多。像大禹治水的故事，虽然没有明确的夏代文字考证他的存在，却有很多关于大禹治水的神话被人们口耳相传下来，而且在神话之中大禹还变成了熊的模样，他的夫人更是狐狸的样子，现在在浙江仍有大禹庙，而在那里便记录有大禹及其夫人的神话故事，而在商代及其之后朝代的文献记载中都有大禹治水的故事，就连求真的司马迁也把大禹的神话写进了《史记》之中，"后舜用禹治水，禹开九州，通九道，陂九泽，度九山。疏通河道，因势利导，十三年终克水患"司马迁所探究的是貌似历史的传说，他说大禹是采取疏通河道的方式治河，不过民间的大禹治水神话却并非如此，神话的不同版本在不同时期发生了相应的变化，如果说神话反映了一定的真实性，那大禹治水的神话对后世文献记载的真实性无疑是个辅证。

第二个分叉是文字出现之后，大概时间是商代之后到三国时期，这是神话的起步发展时期。像商民族的始祖神话是"天命玄鸟，降而生商"，周代的始祖神话是踩天帝脚印而生后稷。这样始祖神话为一个朝代的更替埋下了伏笔，正因为天命神授的缘故才使得一个王朝成为正统，像商代在中原地区是正统，而周国从西边起兵，如何打破商是天命玄鸟的神话，一来是依靠自己真正的实力改变历史，二来便是为自己打造另一个神话，像周国始祖是后稷，他与商祖不同，商祖是与天有关，而周祖是与地紧密相关。周人是在打造自己的文化，创造自己的礼法。在西周代商掌管中原后，他们也的确把一套治世理念运用到中原，也就是我们现在所熟知的周礼。而通过周始祖的神话，我们也能看见一种进步，那就是从对自然的崇拜转变到对人自身的崇拜。

第三个分叉是在三国之后，大概是从三国后期到明清时期，这是神话的兴盛时期。在先秦的典籍中没有明显创世神话的记载，上古时代的创始神话在三国时代才比较鲜明的出现。这个阶段汉族神话中盘古一跃成为开天辟地的头一人。同时北方少数民族神话渐渐得到了发展，不过北方很多民族还处于奴隶社会，甚至有些是原始社会，这在一定程度上为少数民族神话的发展奠定了社会族群基础，因为神话是以氏族时代原始思想为基础的，从而表现群体的神圣信仰，这样他们的神话便相当发达，在这些少数民族神话之中反映的是他们民族的思想与行为准则。因此在中原地区神话已经慢慢步入志怪领域的时候，北方民族还停留在原始创世、人类起源、天体、洪水等神话的层面。另外就是中原地区的神话已经渐渐与佛道结合，神话之中已经明显体现出一种体系性、结构完整性。比如在天庭是以玉皇大帝为首的道派和以如来佛祖为首的佛派共同执掌的，这便反映了当时佛道并存的现状。而辽金元清这样的国家是少数民族建立的政权，他们已经过渡到封建社会，在他们的一些神话中也能体现出来，像满族神话中有尼山萨满故事，在现在所知道的版本中，开篇所反映的是奴隶社会的影子，之后出现的"皇帝"一词便又可见到封建社会的影子。

第四个分叉便是民国至今。在这个时代，神话进入了收集整理的阶段，一来由于时代的发展，神话已经不足以为统治者所服务，它只能为研究一个社会的历史所服务，因此在这个时代，神话已经没有任何更新可言。如果把现在的仙侠志怪小说分类的话，它已经不能算是神话，因为它已经变成了作家文学，真正的神话是产生于原始社会，是民间集体智慧的结晶。另一方面，新中国成立之后，对于神话的整理搜集工作曾有条不紊地进行，尤其是很多少数民族的神话，更是成为研究一个民族历史的重要依据，但这些神话都是流传下来的，它们之中有的时间已经不可考证，留下的只能是更多的思考。

分叉又有些像河流，它流到了一个地段，这个地段的渠道被改变了，那么它的一个支流就停留在此处，而另一个支流则继续向着出海口前进。经过重重分叉流动，终于走到了近代。而经过不断的分叉，神话得到了很好的发展。同样在分叉中我们也能看出，神话是不能被拘束住的，它会按照自己的方向前进，它掌握在百姓自己的手中，很多民族并没有语言、文字，但是他们很好地保存了自己的神话传说，不仅保留了一种独特的历史形式，同时也留下了一种鲜明的特色。当然世界的本质就是运动变化，因此神话的分叉和突变现象也同时是世界多样性、多变性的表现。

三、神话中的奇怪吸引子

浑沌学之中有个重要的特征便是奇怪吸引子，也有的书上提"奇异吸引子"，在神话之中也同样存在着这种浑沌运动。在浑沌学之中奇怪吸引子是相对于普通吸引子而言的，奇怪吸引子对初值极端敏感，并且系统运动到这个吸引子的集合之中便不可能再离开了，同时在这个集合内部，运动又是极不稳定的，但沿着这不稳定的轨迹运转却又始终逃不出奇怪吸引子的束缚，所以它们共同呈现在相空间之中，并表现出高级的有序。

神话中主题的发展呈现了非线性的态势，这便是奇怪吸引子主导的一种发展。像人类起源的主题，在这个名目之下出现的神话很多，西方上帝七日造万物，第六日造亚当，后又造夏娃，我国各民族则均有着自己独特的人类起源，最著名的便是汉族女娲抟土造人，不过"抟土造人"也算是一个普遍性的母题了，希腊罗马神话之中也有这样的母题。以中国的人类起源神话为例，女娲造万物的神话较早，据说女娲是个极具神通的女神，她抟土造人，后来又用一根枯藤搅浑泥潭，把泥浆向地面洒去，泥点落处便形成了人。经过传承，在另一些地区故事的形式发生了变化，女娲变成了人头蛇身的大爬虫，她为了摘果子、吃鱼虾便把前腿变成双手，后来她觉得寂寞便按照自己的样子抟土造人，泥巴人经过照晒成了活人。另外一些地方把女娲抟土造人的故事加入了自己的认识，不过无论这些故事按照怎样的非线性进程发展，它们总是围绕着抟土造人这一中心出发，无论女娲的出身、身形如何，她"抟土造人"便是一个奇怪吸引子。

神话中大的奇怪吸引子是可以推测而出的。神话主题中创世神话是一切的开端，世界产生之后，便是天体、洪水、人类起源神话。人类出现后，便有了始祖、英雄、爱情、永生、文化风俗等等类型的神话，可以讲这些主题是并列的，但却是一个历时层面的问题。同样，在大的奇怪吸引子下面又有着小的奇怪吸引子，像英雄神话之中，有巨人神话、射日英雄、史诗英雄、圣帝贤王等等小的奇怪吸引子，它们又可视为一组相互关联的、非具体性的类别。

再以射日神话为例，太阳是颗粒子，它所引发的蝴蝶效应我们在前面已经提及，但同时它又是一颗奇异吸引子，像在射日中太阳的数量问题，就很值得探究，中国很多少数民族对于这个问题都有不同的看法，纵观所有民族的射日神话，太阳的数量大于二的才能发生射日行为，但是太阳的数目却不是恒定的。满族、羌族、哈尼族、珞巴族射日神话中都出现了九个太阳，汉族、瑶族的射日神话太阳有十个，蒙古族、壮族、布依族、苗族的射日神话中都出现了十二个太阳。数字信息传达出的是远古先民的一种思想，中国古代记载有"数始于一，终于十"，通过研究会发现"十"在巫术文化中有特定的意味，《周易》中就记载有"九"是象征天的奇数，而"十"则是象征地的偶数，是"地数之极"，那么"十"便有了圆满的意思。同时我们能发现佛教中有"十方"的说法，古代又有"十天干"的说法，人间生产也说"十月怀胎"。当然先民把太阳的数量定为"十"，或者是"十二"，这其中一定是有另一番深意的，只是这里只能通过神话进行揣测。

那么在太阳身上的吸引子不仅仅限于数量，在它的留存问题上也有不同的观点。英雄射日之前或之后，或者是自己，或者是一位智者，都会提醒自己一定要为人间留下一个太阳，这当然也与现在天空之中有一个太阳的真实情况吻合。而有的少数民族射日神话则是留下两个太阳，像布依族就是这样的典型，他们把所剩的两个太阳分别当作了太阳和月亮。

射日神话之中的太阳是一个绝对吸引子，而英雄也是一个绝对吸引子，两者缺一不可。英雄在神话世界中可谓一个独特的吸引子，围绕英雄展开的神话更是多，在很多的射日神话故事中，在射日行为之前，有的会交代英雄的勇力和一些事迹，像蒙古族的乌恩射日中，射日之前便交代了乌恩的勇武和一些奇遇。当然在射日行为之后，故事也是在延展的，像侯野射日中，射日行为结束后，故事并没有到此终结，剩下的一个太阳躲了起来，天空又陷入了黑暗之中，因此人们便请大公鸡来请太阳出来，这便又构成了一个故事，不过这个神话便是以太阳为吸引子了，而"公鸡请太阳"又成了射日神话吸引子下的又一小型吸引子，它是作为一个系列出现的，这倒同宇宙中太阳、地球、月亮的关系相似，"公鸡请太阳"围绕"射日"主题运转，而"公鸡"则围绕"请太阳"的主题运作。

这样看来，通过吸引子来研究神话是可行的，也是有价值的，它能够把一类聚焦在同一个粒子之下，而通过这个粒子也能散射出不同的类型，在这个过程之中，我们便能掌握一类神话的脉络。

当然是众多的奇怪吸引子促成了中国神话的多样性，每个奇怪吸引子下所围绕的集合是很庞大的，那么挑出这些奇怪吸引子便能很好地做神话的母题研究，同时也能从这些奇怪吸引子出发，进行更好地搜集研究。

四、余　论

纵观中国的神话历史，从其产生到发展至今已经有五千年的历史，可以说中华文明与中国神话是绝对脱离不了关系的。中国神话的发展史用现代的视角来看，的确是一部浑沌运动发展史。神话学科中几乎没有运用过浑沌学理论来分析过相应的问题，但不可否认在神话之中却充满了浑沌学的种种思想。神话在原始社会形成之初便已经有了自己的发展态势和框架，这就是有奇异的神性、通俗化的表述以及特定的吸引子，这使得神话在历史的进程中按照最初的基本格局发展，这么看来神话最初形成的初值是相同的，只是在后来的发展中受到了影响，不过这种影响并没有脱离奇怪吸引子，而是围绕着它不稳定却大体有序地发展。

在神话的发展过程之中，其内部便呈现出各方面因素的干扰，这包括了时代、地域、心理、经济等诸多方面内因和外因的作用，同时在这个过程之中也呈现出一种稳定与不稳定、有序与无序、确定性与随机性、自相似性与非自相似性的统一。

神话发展到特定阶段，随着历史变更和其内涵变化的需要，便慢慢出现分叉现象、新的神话类型或者新的神话体系，像汉民族神话进入始祖神话的同时，北方少数民族神话才刚刚进入创世、英雄神话，两者只是发展进程不同。神话的分叉若从历时层面剖析，每个民族大体的神话发展表现出的是有序，而从共时层面解构，则呈现一种无序，把握浑沌思想，便能掌握这种无序和有序。

神话中看似无序、不稳定的一面，实际却蕴藏着更为高级的有序和稳定，神话如果按照地域、历史、类别来划分的确杂乱无章，而且同一神话在不同地域又有很大的差别，这便需要引进浑沌思想。20世纪的浑沌学的确是一种很有价值的理论思想，它给了我们提供了一个看待神话的独特思维视角，并为我们进一步研究中国神话提供了更多思考的空间。

仪礼观念之于朝鲜半岛的"蝴蝶效应"

师存勋

公元前五至三世纪，朝鲜半岛即已由原始社会向奴隶社会过渡，建立了国家政权。其后又经三国时期、统一新罗时期、后三国时期、高丽时期、朝鲜王朝时期、日据时期并最终步入现代社会。朝鲜半岛受中国文化影响极深，尤其是受儒家思想影响深刻，而再细究之，仪礼思想对朝鲜半岛的影响久远而又深刻。考朝鲜半岛历史发展轨道，我们会发现，两千年前作为儒家思想的一部分传入朝鲜半岛之时，仪礼思想这一初始条件，并没有表现出太多消极因素，人伦教化等积极因素反倒不少。可随着朝鲜半岛历史系统在两千年长河中的发展演进，仪礼思想的作用不断被放大，并与华夷之辨等观念紧密结合。而当仪礼思想在越来越远的历史轨道上被扩放到足够大时，其无数倍于初值的重大作用力带给朝鲜半岛的却不仅仅是人人称道的所谓"君子之风"，换角度视之，则为灾难。若将视野放至一百年前的朝鲜半岛，我们会发现，此时的朝鲜王朝正处于亡国的风雨缥缈之中，1910年3月10日，《日韩合并条约》签订，朝鲜半岛进入惨不忍睹的日据时代。本文不揣浅陋，以浑沌学"蝴蝶效应"理论为基础，粗掠朝鲜半岛奉行两千年之久的仪礼思想，进而试究朝鲜亡国史。

溯朝鲜半岛历史发展系统而上，驻足仪礼思想传入朝鲜之初始亦即前三国时代，我们发现，仪礼思想作为朝鲜半岛历史发展系统之一初始条件，此时即已随《论语》等儒家经典传入朝鲜半岛。关于仪礼，《论语·宪问篇第十四》曰："管仲相桓公，霸诸侯，一匡天下，民到于今受其赐。微管仲，吾其被发左衽矣。岂若匹夫匹妇之为谅也，自经于沟渎而莫之知也。"《春秋·左传正义》云："有服章之美谓之华，有礼仪之大故称夏。"《周易·系辞下》曰："黄帝、尧、舜垂衣裳而天下治。"中华世界重衣冠礼仪，周公制礼而治天下，被尊为圣人，衣冠、礼仪则用以代指文明。仪礼及整个儒家思想传入朝鲜半岛，对于半岛的发展产生了极大推动作用，其积极影响不可谓不深，时至今日，我们仍能从流行不衰的"韩流"中感受到仪礼文化深层的魅力。当朝鲜半岛历史系统发展到高丽时期，在反抗中国东北契丹、女真、蒙古等少数民族政权入侵时，仪礼思想作为文明的象征，某种程度上起到了激发民族自信与卫国斗志之效，如《东国李相国全集·卷十七》中高丽时期的李奎报《题华夷图长短句》曰："有人曰国无则非，胡戎虽大犹如芥。君不见华人谓我小中华，此语真堪采。"面对"胡戎"等外敌，李奎报反倒以捍卫"中华"文明为己任。可以说，朝鲜半岛历史发展系统，从仪礼思想这一初值条件所处点发展延伸到高丽时代，已呈现出了显著的差异。

当朝鲜半岛历史系统发展到朝鲜王朝时代，宋明理学也得以扩张其影响力，而仪礼思想的效力亦被放大。明清易代，满人入主中原，但朝鲜人却并不认同清朝。道光时期一名朝鲜赴清使者在其《燕行日录》中如是描写北京街市："耳闻目睹，不能暇接，而华夏文明之地，今焉作腥臭之薮，令人有《匪风》、《下泉》之思也。"[①]另一光绪朝鲜赴清使者林翰洙在其《玉河馆搜录钞》中曾写道："当其剃头改服之初，汉人限死不遵，或逃禅或浮海入我东，故至今汉人见我东人，爱欣摩挲者，为其大明衣冠

[①] ［韩］佚名氏：《燕行日录》，《燕行录全集》卷六十九，第348页，首尔：东国大学校出版部，2001年。

也①。"再如关于清朝叩拜礼,赴清使朴齐寅曰:"叩头即拜谒之礼也,而但屈一膝,头叩而已,盖其拜法本自如是,初不识拜手稽首折腰屈膝之制,其岂周孔制礼节旋仪文?如是也,其必满人拜套,只用一膝也。"② 再如关于中国丧葬制度,朝鲜赴清使臣成祐曾曰:"问其居丧之礼,则亲死之日以簟席结牌楼于门,置乐工于其中,晨昏哭泣,以管絃乐以娱尸。前儒之深斥,而今乃如是,俗之颓废,甚可痛也。"③ 由于内心强烈抵制清朝,于是朝鲜人便将抵制情绪推而广之,对于中国方方面面之变化及新鲜事物皆予以排斥。如李朝文人赵寅永曾在其《云石遗稿·卷九》之《送内兄洪痴叟学士起爕行台之燕序》中说:"经学文章,关世运者也。近日东来之书,典雅之作盖绝罕,而藻华粉饰,诗为甚焉。其经术者,划裂笺注,号为考订,而理与义反晦,世衰文弊,至是极矣。奇巧淫技,先王所禁,而奢靡玩好,无用之物,日鹜燕市,或波及于海外,若其邦币商货,渐至薄劣,较之近古,万万不逮,此正叔向所谓故室美而新室恶也。夫何待入国而后,其较可知也耶?"

随着东西方交往的日益深入,东方世界不可避免地与西方发生联系。朝鲜正宗十八年(清乾隆五十九年,1894年),朝鲜赴清冬至兼谢恩正使黄仁点、副使李在学驰启朝鲜国王曰:"近年来,海外诸国,无不入贡。上年夏间,极南八国又来贡,而其中咭唎国所贡测候诸器及冷暖车铜铁器合十余种,极其奇巧,西洋国人之所不能及。而咭唎国俗称红毛国,在广东南,水路屡千里

---

① [韩]林翰洙:《燕行录》,《燕行录全集》卷七十八,第219页,首尔:东国大学校出版部,2001年。
② [韩]朴齐寅:《燕行日记》,《燕行录全集》卷九十二,第159页,首尔:东国大学校出版部,2001年。
③ [韩]成祐曾:《茗山燕诗录·地》,《燕行录全集》卷六十九,第247页,首尔:东国大学校出版部,2001年。

之外，数十年来不通中国，昨年始入贡。而其人状貌黄毛卷发，丑恶狞悍，朝见之时，不知礼数。"① 咭唎国即英国，乾隆五十八年英国使者马戛尔尼觐见乾隆皇帝，欲与中国通商，但因礼仪等问题被拒绝。朝鲜王朝向以"夷"视清朝，在对待比清朝更具"夷"特征的"洋夷"英国使者这一点上，朝鲜所具有的中华自大意识自然就更强烈。仪礼思想这一初值，在朝鲜历史发展系统中显然已被放大，其轨道无疑亦发生严重偏差。

马戛尔尼使华是东西方关系中一件大事，其因仪礼问题遭拒被公认为是中英鸦片战争爆发原因之一，而这一战争在朝鲜的宗主国爆发并以清朝签订不平等《南京条约》告负时，朝鲜则并未从中吸取教训以举未雨绸缪之措，反加强对于所谓"洋夷"的提防，并拒绝美法等国通商要求，由此引发 1866 年"丙寅洋扰"和 1871 年"辛未洋扰"。1868 年，在朝鲜人眼里印象本来不佳、被以"岛夷"蔑之之日本实行明治维新，朝鲜遂以其西洋化而更视之为"洋夷"。1869 年初，朝鲜倭学训导安东晙接到日本书契曰："爰我皇上登极，更张纲纪，亲裁万机，欲大修邻好，而贵国之于我国也，交谊已尚矣，易益笃恳款，以归万世不渝，是我皇上之诚意也。乃差正官平和节，都船主藤尚式，以寻旧悃，菲薄土宜，略效远敬，惟希照亮，肃此不备。"② 但朝鲜却以该书契"皇上"等字眼有违明治维新之前旧例为由而予以拒绝。后经多年交涉疏通，朝鲜仍未答应日本交好请求。1875 年，日本武力入侵朝鲜，次年，《朝日修好条约》签订。1882 年《朝美修好通商条约》又签，此后英、法等列强接踵而来，朝鲜的国门被打

---

① [韩]《李朝实录·正宗十八年三月丁酉》，第 86 页，东京：学习院东洋文化研究所，1966 年。

② [日] 宗义达：《致朝鲜国曹礼参判书契·庆应四年戊辰九月》，转引自日本伊原泽周著《近代朝鲜的开港——以中美日三国关系为中心》，北京：社会科学文献出版社，2008 年，第 67 页。

开。其后，朝鲜虽力图改变颓势，然难以阻止国家滑向不归之路，1910年，《日韩合并条约》签订，朝鲜亡国。浑沌学理论所认为，从长期行为看，朝鲜仪礼思想这一初值自中国输入后，在朝鲜历史发展系统中不断被放大，进而导致轨道发生巨大偏差，以至最终在相空间中的距离要多远就有多远，此可谓朝鲜历史发展系统长期行为对仪礼思想初值的敏感依赖性所致。

美国麻省理工学院气象学家洛仑兹（EdwardLorenz）通过研究大气预报问题，提出一个形象的比喻：巴西的一只蝴蝶扑腾几下翅膀，可能会改变三个月后美国得克萨斯州的气候。浑沌学文献戏称为"蝴蝶效应"。对初值的敏感依赖性已成为科学共同体阐述浑沌机制的重要原理，包括朝鲜历史发展系统的社会科学诸方面概莫能外。朝鲜两千年前仪礼思想的输入与两千年后国家的灭亡，不能不说没有关系，此可谓蝴蝶效应之一明证。

从浑沌学角度看韩剧对中韩交流史的影响

薛育从

一、从韩剧到"韩流"

1993年，中国引进了第一部韩国电视剧，名为《嫉妒》，但播出之后，反响不大，而1997年由中央电视台第八套播出的韩剧《爱情是什么》在国内观众中引起巨大轰动，在当时播出的外国电视剧中，创下最高收视率4.3%，韩剧热从此开始。之后中央电视台先后引进了《初恋》、《澡堂老板家的男人们》、《真情》、《奔》、《孪生兄妹》（又名《妈妈姐姐》）、《四姐妹》、《看了又看》，分别在《海外剧场》和《佳艺剧场》等栏目中播出，收视率远远高于同一时段、同一栏目中播出的绝大部分西方电视剧，其中《初恋》和《澡堂老板家的男人们》还被安排在一套的《午后长片》栏目重播，收视率更是远远高于首播。2004年，长达158集的《看了又看》首播之后，从这一年的"十一"黄金周开始，中央电视台一套的午夜剧场每天又重播此剧。韩剧《澡堂老板家的男人们》也在央视八套开始重播。这相对于平均长度一般为20集的国产剧来说，能在中央电视台播出的已经很少，更何况是重播，"韩流"至此成"流"了。与此同时，北京电视台、凤凰电视台等地方电视台又陆续播出了《天桥风云》、《星梦奇缘》、《爱上女主播》、《蓝色生死恋》等连续剧，都引起了观众的强烈兴趣。值得一提的是2002年，以悲情为主调的《蓝色生死恋》在我国 21 个电视频道播出后迅速风靡全国，观众不分老幼。根据《中国电视剧市场报告》显示，在 2002 年中国内地播放的海外电视剧中，韩国电视剧数量最多，共达到 67 部。同年，韩国电影《我的野蛮女友》在中国上映，并创造了票房奇迹。据发行方统计，该片当年的票房收入达上千万元。韩国电视剧在中国内地放映的数量，2002 至 2004 年分别是：67 部、155 部、104 部。① 在一段时间内，由于多家电视台同时上映韩剧，只要打开电视机，《看了又看》、《人鱼小姐》、《明成皇后》、《黄手帕》、《女人天下》、《商道》等等都充斥于荧屏。而 2005 年中国湖南电视台播出《大长今》后，随着剧情的高潮迭起，收视率也逐步上升。长沙、成都、贵阳、海口、兰州、拉萨、南昌、乌鲁木齐、西宁九城市的收视率，超过 5%，24 个城市的收视份额突破了 10%，而平均收视率达到 3.5%，居全国同时段电视节目收视率第一位，创下了外国电视剧在中国内地最高的收视纪录，"韩流"在中国达到了顶峰。

"韩流"是指韩国的大众文化商品在中国、日本等东亚地区被部分阶层所接受并成为一股流行的现象。"韩流"文化出口主打产品为电视剧、电影、流行音乐、游戏等，而随着韩剧的热播、韩国音乐的流行，它又带动了韩国服装和饮食业的出口，拉动了韩国旅游热、整容业、家电、汽车、手机、电脑等产品的热销。特别是《大长今》的播出以及由此引发的韩国饮食热、服饰热、旅游热等，都表明"韩流"不再是作为一个文化符号停留在影视剧的层面上，而是从各个层面渗透到大众的生活中。

"韩流"一词是最早是在 1999 年 11 月由中国《北京青年报》使用的，谐音同"寒流"，暗指另一文化正在渗入另一地方的本

---

① 中国社会科学院亚太所，马军伟：《中韩文化交流快速发展但极不平衡》，载《中国社会科学院院报》2006 年第 9 期。

土文化之中，而这个时候我们所知道的"韩流"是指韩国流行音乐和几部热播的韩国电视剧。随着"韩流"的发展，它的内容越来越丰富，在中国以各种各样的形态出现。渐渐地"韩流"这一流行语，所代表的不仅限于韩国的流行音乐和电视剧，它形态多样，所指的范围包括电影、文学、游戏、韩式服饰、韩国饮食等等。在汉语里，诞生了一系列"韩流关键词"，如：

哈韩一族：狂热追求韩国娱乐文化，连穿着打扮、思想行为都效仿的人。

汉拿山：韩国济州岛上的名山，在中国有韩餐馆取名为"汉拿山"。

韩国料理：韩国饮食的统称，尤以"烤肉"、"大酱汤"、"石锅拌饭"、"冷面"等著名。

泡菜：韩国特色饮食，一种腌制的酱菜。"泡菜"一词最具韩民族特征，多用它指称韩国，引申词还有"泡菜经济"等。

望京：从上个世纪末以来，韩国人几乎把北京望京地区变成了"韩国城"。据介绍，在2008年最高峰时望京韩国人的数量曾达到10万人。

整形美容：韩国明星整形美容不是秘密，一项调查显示，30％的韩国人接受了整容，九成以上的韩国人有整容意向。中国受韩国的影响才有了整容产业。

韩版：最初来源于服装。由于服装行业的普及性，大家开始把"韩版"扩充到其他各个地方，韩国电视剧，韩国电影，韩国着装，韩国发型。对身边哈韩一族，遇到他们的谈吐或者表情，也可以一个词打发——"韩版"。

烧烤：韩剧中，美丽优雅的女主角心情不好就会突然拐进路边的烧烤店，卷起袖子，丢掉优雅，对着面前的烧烤大快朵颐，而且还要喝清酒，喝到醉醺醺时可能就会碰到正巧经过的类似发小的角色出现，听她诉苦并带她回家。伴随韩剧的流行，提起韩国料理，人们马上想到的可能是它的烧烤。

欧巴："巴"字是重重的第四声，是韩剧中女方对男朋友的称呼，是"哥哥"的意思，一般适用于青梅竹马的恋情，不过也不严格限定。也有称男朋友为"大叔"的，以《朗朗和检察官》典型，讲的是一个小女孩嫁给了大她8岁的检察官的故事。"大叔"的称谓也不乏模仿者，国内有对应词为"大叔控"。不过，最近的韩剧中，女方开始倾向于称呼男朋友为"兄"。

花美男、花样中年：源于韩剧《花样美男》，"花美男"用来形容面容俊俏、皮肤姣好、外形好的男生，最近，在韩国影视界继"花美男"之后，"花样中年"的称谓也开始出现，这些男星已过而立之年，但骄人的肤质和超凡的时尚感毫不逊色于二十多岁的年轻人，以张东健、车承元、尹相铉为等代表。

从语言层面我们可以窥见韩国文化在衣食住行思等各方面给中国社会带来的影响。从韩剧到"韩流"，从一部电视剧到整个文化的各个侧面，由文化的进入再到经济贸易大范围展开，我们看到了一个国家以电视剧这一小窗口，打开了与他国经济文化交流的大门，最终达到了促进本国经济发展、塑造本国文化形象、传播本国文化理念的效果。

二、"韩流"遭遇"寒流"

2006年开始，关于"韩流退潮"的讨论开始白热化。几年过去，"韩流"是否真的已退？这还是个有待商讨的问题。但"韩流"在中国的减弱确实是存在的。

第一个表现就是"韩迷反水"。曾经忠实于韩剧的人不喜欢看韩剧了。对韩剧套路的审美疲劳、美剧等其他国家电视剧的冲击，使韩剧的受众减少。到了2006年，这种趋势更加明显。这一年，央视只是重播了《看了又看》、《人鱼小姐》、《黄手帕》，在各个地方电视台，也基本是重播以前的韩剧。2006和2007年韩剧在中国荧屏上几乎没有亮点可言。

第二个表现就是2008年全球金融危机对韩国打击比较大，韩币贬值，在华韩国企业撤资、韩国人回国。从经济层面上来说，到中国投资办厂的利润没有以前多了，加上中国出台新《劳动法》，工资上涨，成本提高，很多韩国人在中国生活困难，不得已返回韩国，像山东青岛等沿海地区的韩资企业，很多都撤走并挪至东南亚的柬埔寨、缅甸等国。另一个受影响的群体是韩国留学生，因为韩币贬值了一半，学费增加，只能打道回府。这就构成了整个"韩流"的衰弱与退潮。

第三个表现是中国出现"嫌韩情绪"，韩国出现"去中国化倾向"，中韩文化争端不断。在中国，"韩流"最高潮的时候，打开电视，有一大半都是在播韩剧，说明它受中国观众的欢迎，受欢迎可以做广告，就能给商业上带来收益。但是经历了蜜月期后双方矛盾也慢慢出来了，比如高句丽问题，韩国舆论对中国抨击很激烈，同样中国网民立即加以回应，论争激烈。再加上后来的一系列文化事件，比如端午祭申遗、印刷术发明权、汉字之争等问题，后来还出现了"孔子是韩国人"之类的争议，中国网民对韩国的印象急剧下降。在韩国，随着经济发展带来的文化上的自信，为了争取文化独立采取了一系列摆脱中国文化影响的行动，如改"汉城"为"首尔"等正名运动。

三、韩剧引发的蝴蝶效应

起初，韩剧进入中国市场是一个很平常的中韩影视作品交流现象，这其中有韩国政府的文化产业策略的推动，但它能否在中国受到欢迎仍是未知的。韩剧只是给中国影视业这一初值带来了一个小改变，给中国人增加了一部可看的电视剧。随后，韩剧在中国受到了意想不到的喜爱，韩剧全面引动了韩国文化热，中韩经济贸易更是汹涌而来。这几年，"韩流"遭遇"寒流"，这并没有减缓中韩交流的脚步，双方引发了文化的争端更从负面促使双方增强了解。韩剧这一初值带给"中韩交流史"这一双向系统巨大的改变。

第一，从中国的角度看，"韩流"对中国文化造成的冲击引发了激烈讨论，从"韩流"这面镜子反观我国当下的文化，我们看到了自身的问题。这给中国当代文化如何发展提供了思路。

不管"韩流"是否真正退潮，韩剧带来的韩国文化已经渗入到我们的文化中，从语言、文学、文化观念、审美理念上都留下了自己的痕迹。这一点是无法抹杀的。"韩流"带给我们的不仅是娱乐，更多的是对自身文化现状的反思，这一反思必然给我们的文化发展带来指导。《大长今》热播的2005年是"韩流"对我们影响最全面的一年，也是我们开始深刻反思的一年。如果说以前的韩剧主要是受年轻人喜爱的话，这部电视剧的受众已经扩大到各个年龄段。如果说以前韩剧给我们的影响主要是在流行文化这一表层，这部电视剧使我们对自身文化的反思已深入到传统文化这一深层。

从韩剧热播的历程来看，它首先是触动了位于表层的流行文化，最先表现为韩星崇拜、服饰发式等时尚潮流；后来，结合接受者的反思进而追溯到传统文化层面，触动到整个文化的现状。围绕韩剧何以在中国掀起轩然大波，学者们大多指出，因为其很好地结合了传统文化和现代文化，注重心理情感描写，电视剧表现手法细腻、生活化，制作精美等。"五四运动"全盘否定了中国的传统文化，上世纪90年代以来我国又以经济建设为中心，导致当下中国人的精神极度空白，这些都是韩剧在我国得以流行的大背景。如一些中国学者的分析：

"韩国影视剧中演绎的这种在生活中无法实现的感情故事，让人如痴如醉，人们在欣赏剧情的同时，也跟随剧中人物去体验生命情感中的至善至美。"①

"卷起2005韩剧风暴的《大长今》把坚忍不拔、锲而不舍、永不言败的中国传统精神的内核及仁、义、礼、智、信的儒家思想文化的精髓演绎得炉火纯青。"②

"从风行于内地多个电视频道的韩剧中，青少年观众不难发现老祖宗的儒教伦理穿越了时空隧道在我们的东邻继承并保存尚好，在文化上认同的刹那，进而产生了心灵的震撼与反省，在善与恶的较量中，让观众得到灵魂的净化和皈依，但却毫无说教感。"③

笔者接触的一位研究中国学的韩国学者指出："像《成吉思汗》这类的历史剧，就是用电视剧的形式，强行加入了国家的思想、国家的需要，说的都是怎么实现国家的意志，国家的统一等等。要么就是没完没了的宫廷争斗、政治斗争，而不讲个人命运的、心理的故事，不是讲人与人的关系，不是说个人的问题。这些不是老百姓自己面临的现实问题，里边没有"我"的故事。韩剧反映的是韩国老百姓的生活，是韩国老百姓面临的问题，而不是中国老百姓的。中国的老百姓面临的是什么呢？一方面，他们要面临历史的、过去的思想文化；另一方面，面临改革开放后进来的西方文化。如何提供一种既具传统、又融入了西方元素、能让老百姓满足的新文化，这是国家应该考虑的问题。我感觉现在中国的年轻人在精神上迷路了。古代的、抗战的故事满足不了他们的需要，就好像你还让他们穿着古代的官服，不爱穿嘛。中国

---

① 周保欣：《韩剧热播的文化反思》，载《光明日报》2005年8月26日
② 王旸：《我们的心依旧渴望"真实"》，载《中国青年报》2005年9月25日
③ 詹小洪：《大长今折射韩国文化战略》，载《新民周刊》2005年9月28日

现在是文化的过渡期、空白期，还没有生出自己新的文化，所以，韩剧才会这么受欢迎。"

第二，从韩国角度看，韩剧带给韩国人的不仅是对外经贸的收益，更重要的是重塑并传播了韩国文化，提升了国家形象。"韩流"在中国的兴起，更给深受古代中国文化影响的韩国增加了文化交往的自信，加强了韩国自身的文化魅力。现在韩国已经成为世界五大文化产业强国之一[①]，"韩流"使历史上的文化小国成为亚洲的文化输出国。"韩流"吹到哪里，带有韩国特色的风土民情、价值观就流那里，在那里以难以估计的文化魅力和经济竞争力迅速形成热潮，并为韩国打了一幅隐形的广告。"'韩流'从本质上来说是一种'文化流'，更确切地说是一种大众文化流，文化是一个国家的象征，文化外交是一种形象政治，即一个国家在国际舞台上设计自身的象征。韩国政府通过"韩流"这种文化外交形式，韩国在很大程度上了实现了在国际社会中提升国家形象的目的。"[②] 甚至在某种程度上，韩国正在设定"亚洲美"的标准。

从经济方面看，"韩流"为韩国带来了巨大的经济效益。2003年，韩国文化产品出口总额为6.3亿美元，只占文化产业销售额的1.7%，但增长极快，据韩国贸易协会在一份关于"韩流"经济影响的报告中称，2004年，仅对中国内地、日本、泰国、中国香港和台湾地区的与"韩流"相关的商品出口，就达9.18亿美元，占韩国对上述5个经济体出口总额的7.2%。

从政治层面的外交上讲，"由韩剧、电影引发的韩流，可以说是韩国的文化外交。韩流为推动中韩两国政治关系的平稳发展，提供了广泛的社会基础。"中国人民大学国际关系学院副教

---

① 其他四大文化产业强国是美国、日本、英国和法国

② 王欢：《韩国文化外交述评——以"韩流"在中国为中心》，复旦大学硕士学位论文，2007年。

授查道炯评价说:"中韩之间的交往,不是两国的外交官交往,而是两国的百姓在交往。许多国家都在做文化外交,但韩国做得非常成功。中韩政治关系通过韩流获得了雄厚的背景基础。"

第三,从中韩交流的双向角度看,"寒流"并没有减弱双方交流的程度,中韩文化的争论有利于双方更深层次的交流。要批评对方首先要了解对方,冲突给了想要理解的动力。从韩剧到"韩流"再到"寒流",表明文化的交流总是与冲突结合在一起,冲突意味着需要更深程度的了解。

通过解析韩剧引起的韩国文化热对中国和韩国的影响,我们可以看到韩剧对中韩交流史这一系统带来的改变是方方面面的,影响了中韩交流史前进的轨迹。

另外,从"韩流"到"寒流"这中间也夹杂着很多非理性因素,比如民族情绪、媒体炒作等。中国人和韩国人应该理性对待这一问题。《中央日报》、《朝鲜日报》、《东亚日报》等报刊就此刊登评论文章,分析中国"嫌韩"风潮产生的原因和副作用等问题。文章的作者也对韩国人自身存在的问题做了一些反思,担心"嫌韩"风潮对发展经贸关系不利。有的人甚至担心会不会在中国出现抵制韩货的情况。韩国方面也在澄清一些以讹传讹的不实报道。例如,"东北亚历史财团"前理事长访问北大时,特意强调,"在韩国没有一个人讲孔子是韩国人"。后来证实,这确实不是韩国人讲的,而是境外媒体在编造,在网上一经传播,引起中国网民的声讨,这是炒作带来的不愉快。

最后,中韩两个邻国文化交流三千年了,其间有过兴衰更替,这其中并不是直线发展,是曲线的,潮起潮落。当年谁也没想到"韩流"有那么大的声浪。它现在是低潮,那将来就会有高潮,高潮和低潮之间并不是完全重复,双方会有新的更深入的交流和选择,使交流更理性化。双方只有客观、全面地了解对方,才能减少一些不必要的误会。

"第三届浑沌学与语言文化研究专题研讨会"会议纪要

李志芬

2009年12月19日,中央民族大学中国少数民族语言文学院主持召开了"第三届浑沌学与语言文化研究专题研讨会"。中国少数民族语言文学院院长文日焕教授、少数民族语言文学系主任钟进文教授、少数民族语言文学系党支部书记木乃热哈教授出席了会议。中央民族大学少数民族语言文学院和相关院系的教师、中国社会科学院、教育部语言文字研究所等单位的教师和学者及部分硕、博士研究生等60余人出席了会议,会议共收到论文20余篇。会议由周国炎教授主持,张公瑾教授做了主旨发言,随后由21位发言人做了专题论文报告,最后由丁石庆教授进行了会议总结。

本次会议紧紧围绕"浑沌学与语言文化"专题进行了热烈的讨论,论题突出集中,专业性较强,报告人从多个视角分别提出了许多具有重要价值的论题。会议内容紧凑,形式新颖。

在"理论与方法"专题报告中,张公瑾(中央民族大学少数民族语言文学院教授,博士生导师)在主旨报告《传统语言学著作中的浑沌学资源》中提出语言中存在着大量的浑沌现象,不论是索绪尔、萨丕尔或梅耶,都曾经注意到语言分布和演化中的浑沌现象,他们都把语言看成是一个整体,索绪尔认为整个要素的价值不等于各部分的价值的总和,萨丕尔在语言类型中讲到整体,认为不仅是语言语系,一个句子一个词都可看作一个整体,梅耶认为"语言本身就是一个整体"。他们都看到系统的平衡和平衡破缺推动了语言的演化，看到语音的轻微调整引起大片的全局性的结构变化。张教授讲到萨丕尔认为"蝴蝶效应"使方言变成了新的语言，甚至导致方言之间难以沟通，并认为语言符号的任意性决定了演变的随意性，而这种随意性中又包含着演化的必然性。最后，张教授指出，传统语言学著作中没有表述出来的这种浑沌学思想，印证了浑沌学理论和方法的科学价值，并有助于文化语言学在更广阔的范围内加以推广和应用，更彻底地实现一次思维框架的转换。司提反·米勒（中亚东亚语言文化研究所所长，博士）在《浑沌在模糊概念和精确科学之间》指出虽然从世界范围看，浑沌学的研究取得了长足的进展，但也存在一些问题。现今不仅浑沌学的概念比较模糊，而且浑沌学研究的各个方面也越来越分散，浑沌学中的不同概念和术语缺少公认的定义。同样的概念和术语的定义在不同学科和著作中的差别越来越大。米勒先生在报告中介绍了浑沌学研究中的概念模糊现象，认为浑沌学的理论、方法与模型必须从一群模糊概念发展成一门完整的、系统的，各个成分必须是统一的、明确的、并且有着公认定义的学科。周国炎（中央民族大学少数民族语言文学院教授，博士生导师）在题为《语言预测的浑沌学阐释》中运用浑沌学和复杂性系统的理论对语言预测的局限性进行阐释。周教授认为应用语言学理论中的潜显理论可以对语言进行预测，语言可以通过类推仿照、词语占位、改造外来词、以元素周期表的形式等途径进行预测，甚至可以依据一定条件成批地进行预测。根据浑沌学的观点，语言是一个开放的复杂系。人类社会方方面面的发展变化不断地向语言系统输入新的信息，促使了新的语言现象不断产生，作为整个语言系统的子系统的各个语言变体之间关系呈现出浑沌的状态，然而它们各自的演化受到吸引子的吸引，呈现出有序。语言的发展不仅受到其内部各子系统发展的不平衡性的制约，还受到来自语言外部的社会文化因素的制约，因此，语言的可预测性是有限的。

丁石庆（中央民族大学少数民族语言文学院教授，博士生导师）在《无序与例外之浑沌学思考：北方人口较少民族语言国情调查拾零》报告中以北方人口较少民族语言国情调查材料为基础，对一些语言特例，如人口较多民族兼用人口较少民族的双语现象；母语失却者兼用其他民族语言的现象；语言转用者的母语复归现象；人为的母语传承断裂等现象予以特别关注和总结梳理，并试图从中寻找新的研究思路。丁教授强调指出双语现象的复杂性和非线性，积极倡导采用浑沌学的研究方法看待和研究这些特殊现象。张铁山（中央民族大学少数民族语言研究所）在《蝴蝶与黑天鹅——对语言学几个问题的思考》中运用浑沌学的蝴蝶效应和现代经济学的黑天鹅效应，对语言学研究中的语言演变与沿流、语言规划与预测、文字改革与制定、名词术语的规范等问题进行探讨。王锋（中国社会科学院民族学与人类学研究所）的《试论平衡破缺与语言系统的发展》指出浑沌系统的平衡破缺，与上个世纪中叶以来对称性破缺理论的发展有密切关系。报告在对称性破缺理论的基础上，讨论语言系统的平衡破缺问题，集中讨论了三个问题：第一，平衡破缺的性质、类型及其普遍性；第二，平衡破缺是系统发展的源泉和动力；第三，平衡破缺推动系统发展的方式和途径。戴红亮（教育部语言文字研究所）在《文字改革政策的浑沌学反思----以《通用规范汉字表》规范汉字表征求意见工作为例》的报告中指出借用熵值理论，浑沌学的蝴蝶效应理论和非线性理论对《规范汉字表》征求意见工作进行了反思。《通用规范汉字表》44个字字形改变被媒体、社会各界广泛关注，从而形成了典型的蝴蝶效应，这种效应持续放大，成为字表征集工作的焦点，进而以偏概全，出现了否定整个字表的现象。最后，他指出在文字改革中，要充分进行调查、调研和考虑各种非语言文字的复杂因素，以增强语言文字改革的生命力。杨大方（中央民族大学成人教育学院副教授）在《论汉语词兼类、活用的初始条件与蝴蝶效应》的报告中指出兼类和活用是汉语中的一种常见现象，在汉语的学习、理解、分析、研究中都具有重要意义，并分析了汉语兼类和活用现象得以出现的初始条件，由于初始条件的作用，兼类与活用现象在上古汉语中就大量存在了，这种传统并没有因为汉语的发展，也没有因为外族语言的影响，更没有因为现代语言学家们的引导与规范而发生改变，相反它形成了一种蝴蝶效应。王松涛（中央民族大学语言学及应用语言学专业博士生）在《从平衡和平衡破缺理论看语言衰变与语言保护》一文中用平衡与平衡破缺理论来解释语言衰变和语言保护。他讲到，语言的完整保持到语言的衰变和消亡是一种从平衡到平衡破缺的过程，而语言保护就是从语言衰变到基本平衡，是从平衡破缺到平衡的人为努力。他又提出了语言本体保护与语言功能保护：从多个角度恢复语言保持的理想的平衡状态。会议第一单元最后是讨论阶段，王锋就文字改革引起的争论原因向戴红亮提问，戴红亮从政府成本、情绪宣泄、历史遗留这几个角度回答了这个问题，并和其他与会人员进行了探讨，气氛热烈。

曹道·巴特尔（中国社会科学院民族学与人类学研究所）在《自然地理和人文环境作为初始条件对语言变异的牵制——以蒙古语东部方言的变异为例》的报告中指出自然地理和人文环境是人类文化形成和发展变化的两个基本的初始条件。自然地理是人类文化产生的决定性环境，不同环境创造了不同的文化。人文环境是自然地理的人文化表现，是人类自我之间适应和影响的初始条件。他通过个案"蒙古语东部方言（科尔沁—喀喇沁方言）的形成和发展变异的自然地理和人文环境根源"来阐释自然地理和人文环境作为初始条件对语言变异的牵制。张卫国（中央民族大学预科学院）提交会议的论文《促进语言布局变化的基础力量》，首先指出借鉴马克思基本理论作为本文的理论依据，然后提出了"三个促进"即促进社会生产力的发展，促进与社会生产力发展相适应的制度文化与精神文化的建设，促进人民大众物质、精神生活的改善和国家综合实力的提高。最后他强调"三个促进"不仅决定着语言关系的走向，也是我们解决现实语言关系的参照系，现实的社会要求我们必须以现实的规律与标准来确定、建设语言关系。何思源（中央民族大学少数民族语言研究所）在会议上提交的论文是《从越南语颜色词看中越文化的相似性与差异》，通过分析越南语基本颜色词的出现顺序，从中看文化的接触带来的影响。并且对中越颜色词的语义进行对比发现：中越颜色词的理性意义基本相同，体现了中越两民族拥有人类共同的认知心理模式及历史上频繁密切的文化交流带来的语言文化的近似性；颜色词的构成和内涵意义有一定差异，体现出文化特殊性在两种语言的意义派生过程中所产生的影响。吴刚（中国社会科学院民族文学研究所博士后）在《英雄故事与英雄史诗的自相似性》一文把民间文学中英雄故事与英雄史诗之间的关系，从"自相似性"的角度去探讨。他分别阐释了英雄史诗和英雄故事形成的地域、民族、根源及题材和结构特征，通过两者的对比，用自相似性分析它们的不同和联系。刘朝华（中央民族大学少数民族语言文学系 2009 级博士）的论文《上层的任意性和底层的像似性》中分析了任意性和像似性的立论依据后认为，任意性和像似性处于语言的两个层级，它们并不是相互对立的。语言的上层是语言运用的动态层面，是共时系统内部符号与符号的组合关系，所以是任意的；语言的底层是语言符号产生的静态层面，是从历时系统角度观察到的语言符号形成的源头和根据，所以是像似的。他认为，语言的底层是第一性的，上层是第二性的，因此用任意性来否定像似性或用像似性来否定任意性都是不正确的。王显志（中央民族大学少数民族语言文学系 2007 级博士）以《英语性别词中的浑沌学研究》为题以浑沌学的平衡破缺理论为出发点，对英语中的性别词进行实证研究。他的研究语料根据从《牛津高阶英语词典》收集的全部251组"性别词"，研究证实平衡破缺在语言中是常态，普遍存在于形态和词义上，这种平衡破缺折射出西方的男尊女卑文化心理，英语在词汇层面存在对女性的偏见与歧视。吴平（北京第二外国语学院语言学及应用语言学研究中心）在《自相似性与词语预测》中提出随着语言研究的发展和不断深入，语言预测作为一个新的分支学科，或者是作为一项新的研究内容，已经提了出来，浑沌学的自相似性理论能够成为预测词语的理论基础。利用分形是由于具有不规则的比例自相似性和已有的构词方式进行仿造、简缩来构建新词。最后提出影响预测的两大因素是自身调节和社会文化。在上半场的讨论阶段，与会人员就吴平的预测词典、张卫国的"花园理论"、王显志的平衡破缺常态等问题进行了热烈的讨论。

井兰柱（华北科技学院外语系）在《外语学习中的"蝴蝶效应"》中提到外语学习过程是一种浑沌运动，充满了内在随机性，它表现为外语学习行为对初始条件敏感依赖而产生的种种结果。这些结果既有积极的，也有消极的，积极结果产生于外语学习行为所敏感依赖的初始条件满足了外语学习的要求；相反则产生消极结果。鉴于此，在外语学习过程中，他认为应当尽力满足外语学习对初始条件敏感依赖的要求，竭力增加有积极影响的初始条件，努力减少有消极影响的初始条件，扩大系统学习行为内在随机性的积极面，克服其消极面，获得满意的结果，最终实现外语学习质的飞跃。孟德腾（山西师范大学文学院）的论文《无序与有序：嵌入式新语块衍生机制探讨——以"做人不能太CNN"为例》提出把嵌入式新语块作为探讨对象，原因在于这类语块不仅数量庞大，能产性极强，对现代汉语本身有着重要影响；而且充分体现了有序和无序相统一的浑沌属性。文章以2008年以来流行的嵌入式新语块"做人不能太 CNN"为特定研究对象，着重探讨了该类语块衍生过程中的潜在制约条件以及开放性和封闭性的特征，并结合浑沌学相关理论进行了透视分析。王国旭（中央民族大学少数民族语言文学系 2008 级博士）在《昭通方言咒死詈语的文化演变动因》中详细阐释了云南昭通方言中的咒死詈语。他提到，詈语文化是方言文化的重要组成部分，昭通方言中詈语丰富多彩。由于独特的历史地理条件，昭通方言形成了别具一格的文化气质。文章研究搜集整理了上个世纪 80 年代至今仍活跃于当地百姓口舌唇间的大量咒死詈语，对其语义的流变和功能的转化中的非线性特征进行了分析，以期对昭通方言文化的研究做相应的补充。刘浩（中央民族大学少数民族语言文学系 2008 级硕士）提交了《从浑沌学角度看言语幽默》，文章在前人研究的基础上，用浑沌学的视角来看待言语幽默，从而探讨其形成的深层动因、形成机制及与文化的复杂关系。包贵萍（北京外国语大学语言学及应用语言学专业 2009 级硕士）提交的调查报告《从浑沌学角度看兰坪县凤翔村白语语音中的特殊现象》中指出 2008 年在调查一位来自兰坪县凤翔村的在京白族大学生时，发现了兰坪方言在语音上有许多与《白语简志》介绍的其他方言不一致的地方。她认为兰坪县凤翔村的白语方言可能正处于动态发展中，试图用浑沌学理论对这种变化进行解释。

宫海荣（北京航空航天大学）的《从自相似性浅窥达斡尔亲属称谓文化的"尊长卑幼、男尊女卑"思想》论文通过分析整理丁石庆先生的达斡尔亲属称谓义素分析表得出：达斡尔亲属文化中的"尊长卑幼、男尊女卑"思想体现在亲属称谓语言系统的不同层次：同辈的直系—兄弟姐妹的称谓系统、同辈的旁系称谓系统—堂、表兄妹称谓系统，上下非同辈的直系、旁系称谓系统—祖孙辈的称谓系统，以及姻亲的称谓系统—夫系、妻系的称谓系统。她指出，自相似性存在于亲属称谓这一语言系统中，体现在亲属称谓在其系统的不同层次对"尊长卑幼、男尊女卑"思想的折射。师存勋（中央民族大学少数民族语言文学系2008级博士）的论文《仪礼观念之于朝鲜半岛的"蝴蝶效应"》指出朝鲜仪礼思想这一初值自中国输入后，在朝鲜历史发展系统中不断被放大，进而导致轨道发生巨大偏差，以至最终在相空间中的距离要多远就有多远，这就是朝鲜历史发展系统长期行为对仪礼思想初值的敏感依赖性。

最后，丁石庆教授和张铁山教授进行了会议总结。张教授认为这次会议论题集中，内容广泛，涉及浑沌学的主要理论，并且更深入地研究了基本理论；内容包括了语言本体，还有文学、文化、外语教学等。张教授还提出了一点建议：下次会议分类做专场，还应与院系的语言学讲座结合做成一个系列，引向深入。丁石庆教授认为此次会议信息量大，发言和讨论气氛热烈，充分认识到浑沌学的学科地位和领会到了学科前辈的治学精神，是对浑沌学这门学科的宣讲、阐释和探索。同时他还积极动员明年的研讨会提前举行，并于后年举办国际性的浑沌学会议，由司提反·米勒先生推行国际合作。最后，丁教授认为会议在大家的努力下，达到了预期的目的。他希望大家牢固树立团队意识，培养集体精神，增强学科意识，积极探索有价值的论题。

主要参考文献

爱德华·萨丕尔:《语言论-言语研究导论》(汉译本),商务印书馆,2007年版。

白解红:《性别语言文化与语用研究》,湖南教育出版社,2000年。

本杰明·李·沃尔夫《论语言、思维和现实》,高一虹译,湖南教育出版社出版,2000年。

蔡辉,尹星:西方幽默理论研究综述,《外语研究》,2005年第1期。

陈本明、傅永祥:《昭通彝族史探》,云南民族出版社,2001年。

陈月红:母语语法与外语习得,《外语教学与研究》,1998年第2期。

丁石庆:《达斡尔语言与社会文化》,中央民族大学出版社,1998年。

丁石庆:《双语族群语言文化的调适与重构》,中央民族大学出版社,2006年。

丁石庆:论语言保持——以北方人口较少民族语言调查材料为例,《中南民族大学学报》2008年第4期。

丁石庆主编:《莫旗达斡尔族语言现状与发展趋势》,商务印书馆,2009年。

鄂温克族自治旗编纂委员会:《鄂温克族自治旗志》,中国城市出版社,1997年。

傅爱平:汉语信息处理中单字的构词方式与合成词的识别和

理解,《语言文字应用》2003年第4期。

韩国阿尔泰语学会:《阿尔泰濒危语言实地调查》,韩国:太学社,2006年。

何自然:从西方的妇女解放运动谈到英语句子的一致关系问题,《外语教学与研究》1979年第3期。

何自然:《语用学概论》,湖南教育出版社,1997年。

胡亮节:《泰国学生汉语比较句习得偏误分析》(硕士论文),云南师范大学,2002年。

胡坦:《汉藏语概论》之《藏语篇》,民族出版社,2003年。

黄伯荣、廖序东,《现代汉语》,高等教育出版社,1991年。

姜亮夫:《昭通方言疏证》,上海古籍出版社,1988年版。

金小方:试论佛教的生命观,《安徽大学学报》2004年第4期。

瞿霭堂:《中国少数民族文字》之《藏文》,中国藏学出版社,1991年。

亢世勇等:汉字义类信息库的研究与实现,《汉语语言与计算学报》2001年第1期。

雷颖娟:浅析韩剧在中国流行的原因,《新闻知识》2008年第2期。

李蓝:现代汉语差比句的语序类型,《方言》2003年第3期。

李宇明:词语模,载邢福义主编《汉语语法特点面面观》,北京语言文化大学出版社,1999年。

刘福长:从合作原则看英语幽默的产生,《现代外语》1987年第1期。

刘宏宇:新疆察布查尔县锡伯族语言使用情况比较研究,《满语研究》2006年第1期、2007年第2期。

刘乃实:试析幽默的语用合作原则,《清华大学教育研究》2002年。

吕光旦：《英语幽默分析—理解和欣赏》，上海外语教育出版社，1990年。

吕叔湘：《现代汉语八百词》，商务印书馆，1981年.

吕叔湘：《中国人学英语》，中国社会科学出版社，2005年版。

罗常培、王均：《普通语音学纲要》，商务印书馆，1981年。

马德元：汉维语复合词对比研究，《和田师范专科学校学报》（汉文综合版）2004年第1期。

苗东升、刘华杰：《浑沌学纵横论》，中国人民大学出版社，1993年。

南佐民：会话幽默的语义作用过程解析，《外语与外语教学》2000年第11期。

庞继贤、王敏：二语习得定性研究方法述评，《浙江大学学报》2001年第2期。

骈宇骞、王铁柱：《语言文字词典》，学苑出版社，1999年。

普里戈金(比)：《从浑沌到有序》，上海译文出版社，2005年。

奇车山：新疆察布查尔锡伯自治县锡伯族语言文字使用现状，《满语研究》2002年第2期。

申传胜："混沌"的基本特征及其在教学设计中的应用，《安庆师范学院学报》（社科版）2008年第6期。

沈小峰等：关于浑沌的哲学问题，《哲学研究》1988年第2期。

史新慧："天命玄鸟，降而生商"的神话意蕴，《华北水利水电学院学报(社科版)》2007年第4期。

孙汝建：《性别与语言》，江苏教育出版社，1997年。

陶阳、钟秀：《中国神话》，商务印书馆，2008年。

图尔迪·阿合默德、安赛尔丁．木沙、乃斯如拉．由力希尔地：《现代维吾尔语》(维语版)，新疆教育出版社，1989年。

王道英：汉语语用研究概述，《汉语学习》2003年第4期。

王国宇、王伟：从比较句看布依语与汉语的内在联系，《中央民族大学学报》(增刊)1990年。

王开恩：试论作为系统发展的判据的对称破缺，《自然辩证法通讯》1990年第2期

王文昌：chairman还是chairperson？——美国的妇女运动与语言改革，《外国语》1979年第1期。

王希杰：论潜词和潜义，《河南大学学报》1990年第2期。

王希杰：潜词和修辞，《语文月刊》1989年第9期。

王希杰：潜义和修辞，《语文月刊》1989年第6期。

王希杰：显句和潜句，《语言教学和研究》1996年第1期。

王希杰：《修辞学通论》，南京大学出版社，1996年。

王显志：《英汉语性别歧视现象的对比研究》，中央民族大学博士学位论文，2010年。

王永会：简论道家佛教生死观的差异，《中国道教》2000年第5期。

王勇：由关联理论看幽默言语，《外语教学》2001年第1期。

威廉·冯·洪堡特著，姚小平译：《论人类语言结构的差异及其对人类精神发展的影响》，商务印书馆，2002年。

温锁林：当代"克隆语"初探，《山西大学学报》2003年第4期。

文秋芳、王立非：二语习得研究方法35年回顾与思考，《外国语》2004年第4期

乌丙安：《中国民俗学》，辽宁大学出版社，1988年。

吴彤：《复杂性科学的方法论研究》(博士论文)，清华大学，2005年。

武杰等：对称性破缺创造了现象世界——自然界演化发展的一条基本原理，《科学技术与辩证法》2008年第6期。

夏中华：语言潜显理论价值初探，《语言教学与研究》2002年第5期。

徐立新：《幽默语篇分析》，河南大学出版社，2003年。

徐余龙，《对比语言学概论》，上海外语教育出版社，1992年。

许国萍：《现代汉语差比范畴研究》（硕士论文）复旦大学，2005年。

杨晓雍：对称、对称破缺和认识，《科学技术与辩证法》1999年第1期。

杨永林：《社会语言学研究：功能 称谓 性别篇》，上海外语教育出版社，2004年。

姚小平译著：《洪堡特语言哲学文集》，湖南教育出版社，2001年。

叶蜚声，徐通锵：《语言学纲要》，北京大学出版社，1997年版。

尹斌庸：汉语语素的定量研究，《中国语文》1984年第5期。

于根元：《应用语言学纲要》，华语教学出版社，1999年。

苑春法等：基于语素数据库的汉语语素及构词研究，《世界汉语教学》1998年第2期。

张东：对称性破缺及其应用——纪念李政道、杨振宁获诺贝尔物理学奖50周年，《北京联合大学学报(自然科学版)》2008年第1期。

张公瑾、丁石庆：《文化语言学教程》，科学教育出版社，2004年。

张公瑾、丁石庆：《浑沌学与语言文化研究》，中央民族大学出版社，2005年。

张公瑾、丁石庆：《浑沌学与语言文化研究新视野》，中央民族大学出版社，2008年。

张公瑾、丁石庆：《浑沌学与语言文化研究新进展》，中央民族大学出版社，2009年。

张公瑾：浑沌学与语言研究，《语言教学与研究》1997年第3期。

张公瑾：《文化语言学发凡》，云南大学出版社，1998年版。

张公瑾：走向21世纪的语言科学，《民族语文》1997年第2期。

张乐、孙宏文：混沌科学的发展研究综述，《中国集体经济》2009年第5期。

张莉萍：《称谓语性别差异的社会语言学研究》，中央民族大学博士学位论文，2007年。

赵金铭：从类型学视野看汉语差比句偏误，《世界汉语教学》2004年第4期。

赵金铭：汉语差比句的南北差异及其历史嬗变，《语言研究》2002年第3期。

赵蓉晖：《语言与性别：口语的社会语言学研究》，上海外语教育出版社，2003年。

中共鄂温克族自治旗委党校《鄂温克族自治旗要览》编辑部：《鄂温克族自治旗要览》，内蒙古自治区新闻出版局，2003年。

中国社会科学院语言研究所词典编辑室：《现代汉语词典（2002年增补本）》，外语教学与研究出版社，2002年。

周荐："语模"造语浅说，《语文研究》2008年第1期。

周国炎：布依语比较句的结构类型，《布依学研究》，贵州民族出版社，1998年第7辑。

周洪波：新词语预测，《语言文字应用》1996年第2期。

朱燕：关联理论对幽默言语翻译的逢释力，《外语与外语教学》2007年第2期。

兹维金采夫著，伍铁平、马富聚等译：《普通语言学纲要》，商务印书馆，2002年。

邹芳芳：《对称性破缺的哲学思考》，大连理工大学硕士学位论文，2006年。

《中国人口较少民族经济和社会发展研究丛书》编委会：《中国人口较少民族经济和社会发展调查报告》，民族出版社，2007年。

Chomsky, N. A. Reflections on language. New York: Pantheon books, 1976.

Long, M. H. Input, interaction and second language acquisition. In Winitz, H. (ed.), Native language and foreign language acquisition. Annals of the New York Academy of Sciences, 1981:379, 259-78.

Mitchell, R.; Myles, F. Second language learning theories. 2nd edition. London: Arnold, 2004.

Swain, M. Communicative competence: some roles of comprehensible input

Swain, M. Three functions of output in second language learning. In Cook, G. and Seidlhofer, B. (eds), Principle and practice in applied linguistics: Studies in honour of H. G. Widdowson. Oxford: Oxford University Press, 1995.

Schuman, The Pidginization Process: A Model for Second Language Acquisition, Newbury House Publishers, Massachusetts, 1978.

Trask, R. L. Historical linguistics. London: Arnold, 1996.

Van Lier, L. The ecology and semiotics of language learning. Mass: Kluwer Academic Publishers, 2004.

Elman, J. L. et al. Rethinking Innateness: A Connectionist Perspective on

Finch, A. Complexity in the language classroom, 2001. Retrieved November 14, 2006, from http://www.finchpark.c om/arts/complex/ind01. htm

Hatch, E. M. Discourse analysis and language acquisition. In Hatch, E. M. (ed) Second language acquisition: a book of readings. Rowley, MA: Newbury House, 1978:401-35.

Krashen, S. D. The input hypothesis: issues and implications. London and New York, Longman, 1985.

Larsen-Freeman, Diane and Michael H. Long. An introduction to second

Larsen-Freeman, D. Chaos/complexity science and second language acquisition. Applied Linguistics, 18(2), 1997: 141-165.

Larsen-Freeman, D. Language acquisition and language use from a chaos / complexity theory perspective. In C. Kramsch (Ed.), Language acquisition and socialization. London: Continuum International Publishing Group, 2002.

Lightfoot, D. The development of language: acquisition, changes and evolution. Malden, MA: Blackwell, 1999.

and comprehensible output in its development. In Gass, S. M. and Madden C. G. (eds), Input in second language acquisition. Rowley, MA: Newbury House, 1985:235-53

De Bot: Second Language Acquisition: An Advanced Resource Book. Abingdon: Routledge, 2005.

Development. Cambridge, MA: MIT Press, 1996.

Dolitsky, Marlene: Aspects of the unsaid in humor. Humor: International Journal of Humor Research. 1992.

Dorais, L. J. 1971. The Canadian Inuit and Their Language. Arctic Languages: An Awakening. Unesco Paris, 1990 P185-290

E. N. 洛仑兹(美):《浑沌的本质》,气象出版社,1997年。

Foster, M. k. 1982. Canada's First Language. Language and society(Ottawa)No. 7,P. 7-16

Fromkin, V. & R. Rodman. 1974. An Introduction to Language. Harcourt Brace.

Goldgerd 著,吴海波译:《构式:论元结构的构式语法研究》,北京大学出版社,2007年。

Grice: Logic and Conversation. in P. Cole and J. Morgan (eds.). 1975.

Jenness, D. EskimoAdministration: III Labrador. Montreal, Arctic Institute of North American P. 94

Jones, et al. 1997. Oxford Advanced Learner's Dictionary. Oxford: OUP.

language acquisition research. New York: Longman, 1991.

Lansen-Freeman Emerging: Complexity, fluency, and accuracy in the oral and written production of five Chinese learners of English. Applied Linguistics, 2006(4) p590-619

Martyna, Wendy. Beyond the he/man approach: The case for nonsexist language[A]. In: Barrie Thorne, Cheris Kramarae & Nancy Henley (eds). Language, gender and Society[C]. Cambridge, MA: Newbury House, 1983.

Nash. W. : The Language of Humor. London: Longman. 1985.

Raskin, Victor: Semantic Mechanisms of Humor. Dordrecht:Reidel. 1985.

Van Lier, L. : The classroom and language learner. New York: Longman, 1998